Zur Autorin:
Ursula Dietzsch-Kluth, geborene Kluth, wurde 1911 in Berlin geboren. 1921 zog sie mit ihrer Familie nach Köln, wo sie ab 1928 für sechs Semester an der Kölner Kunstschule u.a. Malerei, Kunstgeschichte, Werbegrafik und Drucktechnik studierte. 1931 bis 1934 studierte sie an der Abendakademie Paris und arbeitete neben freier künstlerischer Tätigkeit in der Kunstdruckerei Loubok und als Modezeichnerin. Nach Köln zurückgekehrt war sie freischaffende Zeichnerin und Grafikerin für diverse Verlage, u.a. DuMont Schauberg. Ursula Dietzsch-Kluth weigerte sich, der Reichskulturkammer beizutreten und konnte deshalb bis 1945 nicht ausstellen. Die Kriegsjahre lebte sie in der Nähe von Landshut, kehrte aber 1948 nach Köln zurück. Dort nahm sie ihre Verlagsarbeit wieder auf, u.a. mit Theaterzeichnungen, Reportagen, Werbungen und Buchillustrationen. 1960 war sie als Gastdozentin an der Kunstschule Aachen beschäftigt, 1963 – 1975 folgte die Tätigkeit als Kunsterzieherin an der Kaiserin-Theophanu-Schule in Köln. Während dieser Jahre arbeitete sie zudem als freie Malerin. Ausstellungen in ganz Deutschland, darüber hinaus u.a. in Paris und mit dem Deutschen Kunstrat in Haiti, Beirut, Bangkok, Manila und Saigon. Ursula Dietzsch-Kluth lebt heute in Brühl bei Köln.

Ursula Dietzsch-Kluth

Ein Sandkorn im Getriebe der Zeitgeschichte

Erinnerungen, Briefe und Gedanken
aus den Jahren 1929 – 1949

Bibliografische Information Der Deutschen Bibliothek:
Die Deutsche Bibliothek verzeichnet diese Publikation in der
Deutschen Nationalbibliografie; detailierte bibliografische
Daten sind im Internet über <http://dnb.ddb.de> abrufbar.

Copyright © 2004 Ursula Dietzsch-Kluth
Herstellung und Verlag: Books on Demand GmbH, Norderstedt
Lektorat, Satz & Layout: Lorenz Richter
Umschlaggestaltung: Lorenz Richter
Umschlagmotiv Vorderseite: Ursula Dietzsch-Kluth, „Selbstporträt" 1940
Umschlagmotiv Rückseite: Ursula Dietzsch-Kluth, „Die anderen Welten" 1968
Made in Germany
ISBN 3-8334-1143-0

Für meine Schwester Charlotte

In dankbarer Erinnerung an ihre
liebevolle Hilfsbereitschaft

Inhalt

Zum Geleit	8
Einführung	
1911 – 1928	11
Teil I 1929 bis 1945	
1929 – 1930	19
1931 – 1933	31
1934	48
1935	65
1936 – 1939	71
1940 – 1941	81
1942	95
1943	113
1944 – 1945	130
Teil II 1945 bis 1949	
1945 – 1947	195
1948 – 1949	231

Zum Geleit

Ihnen, lieber Leser, wünsche ich ein paar spannende Stunden bei der Reise durch die schwierigen Jahre 1929 – 1949, die wir so oft „unsere verlorene Jugend" nannten. Begleiten Sie mich auf den Wegen und Umwegen durch meine Studienzeit in Paris und Italien, schauen Sie mir über die Schulter bei meinen ersten Schritten als Graphikerin und Malerin in Köln und suchen Sie mit mir einen Schlupfwinkel vor dem Bombenkrieg. Tauchen Sie mit mir in eine Zeit ein, in der unsere Fantasie das winzige Papierschiffchen unserer Hoffnung in einen Viermast-Segler in voller Fahrt verwandeln konnte. Vergessen Sie bei allem bitte nicht, wie viel Freundschaft und Hilfe diese Zeit begleiten, als das Lächeln erstarb vor dem vernichtenden Hintergrund der größten Katastrophe ihrer Zeit.

Ursula Dietzsch-Kluth

Brühl, April 2004

Einführung

1911 – 1928

„So ein Krümel!", sagte mein Vater, als ich am 16. Februar 1911 dem warmen Schoß meiner Mutter entschlüpfte. Haarlos und mit nicht viel mehr als einem Knopf als Nase. Trotz der anfänglichen Mickrigkeit blieb ich sein Liebling unter seinen drei Töchtern. „Krümel" blieb seine zärtliche Anrede. Allmählich mauserte ich mich; auch die Nase bekam Profil.

Mit drei Jahren zeigte sich schon meine Reiselust. Freunde der Eltern in Berlin-Westend hatten mich eingeladen. Ich verlangte nach meinem grünen Froschmantel und der Milchflasche und machte mich auf den Weg zur Straßenbahn, wo man mich wieder einfing. Meine Leidenschaft für Wasser brachte mir manche Schelte ein, denn ich zerstörte immer den Aufbau zum Familienfoto am Strand von Heringsdorf, weil ich im wichtigsten Moment ausriss und ins Meer strebte.

Schöne friedliche Sommertage. Meine Mutter mit ihren riesigen, wagenradgroßen Sommerhüten, rings mit Rosen drapiert, mein Vater, elegant, mit Hut und nie ohne Stock, seinen gepflegten Kaiserbart zwirbelnd, immer zu Lustigkeiten bereit.

1914 brach die größte Katastrophe über Europa aus. Niemand wusste mehr, was Krieg bedeutet, aber es lernte sich schnell. Der Siegestaumel verebbte und machte dem Hunger Platz. Es muss ein furchtbarer Sturz gewesen sein, als die Welt meiner Mutter zerbrach.

Meine Erinnerung hält nur ein paar Fetzen zurück: Die schimmernde Ballrobe meiner zarten Mutter, wenn sich die Eltern zu einem ihrer Feste verabschiedeten; mein Vater, im Frack und Zylinder, beugte sich über mein Bettchen, sein weißer Seidenschal kitzelte mein Gesicht. Unser Kinderfräulein weigerte sich mit uns auszugehen, wenn wir sommers nicht ganz in Weiß gekleidet waren. Mein Vater zählte einmal 19 Spitzenkleidchen auf der Leine.

Dann, 1915, Ende der Feste.

Mein Vater wurde eingezogen und, wie damals üblich, fristlos entlassen. Ende der Zehnzimmerwohnung mit den fünf Bediensteten. Die Kriegsanleihe brachte keine Zinsen. Der Stiefbruder meiner Mutter benützte ihre geschäftliche Unwissenheit und erschlich sich zwei ihrer besten Miethäuser, um seine Spielschulden zu bezahlen. Plötzlich stand meine arme, zarte Mutter einer ihr feindlichen Welt allein gegenüber. Die Freunde früherer Festessen in ihrem Hause blieben aus. Mein Onkel Albert, als kaiserlicher Hofspediteur und mit einem Stall von zwanzig Pferden, nutzte seine Möglichkeiten. Ihm fehlte es an Nichts. Nur an Herz.

Dieser Onkel war ein Berliner Original. Dick und rotgesichtig versäumte er nie, auch nach nächtlichen Eskapaden im Abendanzug, nachts nach seinen Pferden zu sehen. Man hatte ihm nicht gestattet seine Büros über die Ställe zu bauen, wegen der Ausdünstungen. Also baute er eine breite Rampe und verlegte die Ställe in die Belle Etage. Er war der Einzige, der es gewagt hatte, mit seinem Kutscher und den zwei Rotfüchsen Majestät vor dem Brandenburger Tor zu überholen. „Kann ick dafür, wenn mir die Gäule durchgehen?" Nur meine Mutter, für die Schiebertum ein Fremdwort war, bedachte er nicht mit der kleinsten Hilfe. Und sie konnte nicht bitten.

Erst spät begriff ich, welche Kraft durch die Liebe zu „ihrer Brut" diese schwache Frau entwickeln konnte. Sie konnte plötzlich alles, besohlte unsere Schuhe mit Linoleum, nähte uns drei Mädchen Wintermäntel aus ihren teuren Kostümen, zauberte Leckereien aus Haferflocken. Und war die beste Krankenpflegerin der Welt. Uns fehlte es, aus unserer Sicht, an Nichts. Was auch die Zeit meiner Mutter zugemutet hat: Was nicht zu zerstören war, das war ihre Haltung. –

1918 endete der Krieg, nicht aber das Unglück für die Bevölkerung. Eine Grippewelle brach unter den entkräfteten, unterernährten Menschen aus, und griff Hunderttausende mit tödlichen Viren an. Hilflos waren die Menschen ausgeliefert. Meine Mutter floh mit uns an die Ostsee, wo ihre Schwester in Zoppot lebte. So entgingen wir dem Schlimmsten. Und hatten eine herrliche Zeit ohne Schule in Freiheit, ein Kindertraum.

Ende 1918 kam mein Vater zurück, der Letzte, der Einzig-Überlebende seiner Kompanie. Kam aus Verdun, Douaumont und den verwüsteten Schützengräben dort.

Aber das war nicht mein Vater! Dieser zerlumpte, ausgemergelte Kerl, dem noch die getrockneten Kreideschlammklumpen an der zerfetzten Uniform klebten! Ich weigerte mich ihn zu umarmen. Noch heute werde ich rot vor Scham, wenn ich daran denke. Denn ich liebte meinen Vater.

Zu Weihnachten bastelte er uns aus Streichholzschachteln und Siegellack eine wunderschöne Eisenbahn, das schönste Geschenk, unvergessen, so wie auch die winzigen Bötchen aus Kiefernrinde, die er mir schnitzte.

1921, als ich zehn Jahre alt war, übernahm mein Vater nach dem Tod des Inhabers die Firma Wilhelm Ispert, die er bis dahin in Berlin vertreten hatte, und wir übersiedelten nach Köln. Meine Schwestern rümpften die Nase über die engen Straßen der ehemaligen Festungsstadt und die kurzen Straßenbahnwagen, die sich mit Mühe durch die schmalen Gassen schoben. Nur die „Ringe", die breiten Promenaden, frühere Festungswälle, und die „Lämmerweide" fanden Gnade vor ihren Augen. Die „Lämmer" waren die Töchter, die von ihren Eltern sonntags ausgeführt wurden, und von den Studenten, die auf der nahen Opernhausterrasse ihren Frühschoppen hielten, kritisch beäugt wurden.

Bei meiner Einschulung in die Kaiserin Augusta Schule war die Klasse so überbelegt, dass man mir einen Stuhl vor der breiten Fensterbank anwies. „Katzentisch! Strafplatz!", höhnten die Mitschülerinnen. Der Unterricht in Heimatkunde gab mir den nächsten Schock! Wir hatten in Berlin über den Großen Kurfürsten gesprochen und über die Gründung der Stadt. Was hatten die alten Römer denn in Köln zu suchen? Niemand klärte mich auf, dass *Colonia Claudia Ara Agrippinensium* bereits seine kulturelle Blüte hatte, als die zukünftigen Berliner noch in Pfahlbauten über den Sümpfen des Spreewaldes hausten.

Dann kam die Religionsstunde. Ich betete brav mein Vater Unser und setzte mich. Amen. Die anderen Schüler erzählten noch lange von Maria und einer Menge Heiliger, von denen ich keine Ahnung hatte. Die kleine dicke Lehrerin stürzte sich auf mich, fragte wütend welcher Religion ich angehörte. Verschüchtert bekannte ich, dass ich evangelisch sei. Sie wies mich aus der Klasse auf den Korridor.

Da stand ich und wusste nicht welcher Verfehlung ich angeklagt war. Und weinte. – Ein Mädchen kam die Treppe herunter auf mich zu und fragte nach meinem Kummer.

„Komm einfach zu uns, wir haben genug Platz", sagte sie. So landete ich bei den Israelis, deren Hilfe aus meiner peinlichen Situation ich nie vergessen habe.

Dank der Spende amerikanischer Organisationen gab es in der Schule die „Quäkerspeisung" für unterernährte Kriegskinder. Für mich, spindeldürr und mickrig, reichte es nie zu einem Becher voll. Ich durfte den Kübel auskratzen – vielleicht hatte ich mich nicht genügend vorgedrängt?

Die „Goldenen Zwanziger Jahre" waren nur golden für den, der Devisen besaß. Die Nachkriegszeit war ein Tanz auf dem Seil bei leerem Bauch. An uns Kindern glitt sie vorbei, wir waren zu jung, um an den Glanzlichtern der Kultur teilzuhaben, die jene Jahre auszeichneten. Die rasante Geldentwertung war uns unverständlich, Inflation ein abstrakter Begriff. Nur an der Praxis lernten wir. Meine Schwestern bekamen ein gemeinsames Fahrrad für 250.000 Reichsmark. Als die Luft aus den Reifen entfloh, kauften sie eine Pumpe für 2.000.000 Mark. Zwei Millionen! Der amtliche Kurs endete dann bei 4,2 Billionen für einen Dollar.

Mein Vater mit seiner Import/Export-Firma hatte größte Schwierigkeiten, denn der Kurs verlor zwischen Morgen und Mittag rasant, wenn die Auslandskunden die Zahlung verbummelten. So musste er einmal nach Holland fahren, um seinem Kunden diese Verluste zu erklären. Als er dort einen Tausendmarkschein erhielt, drehte er ihn zu einem Fidibus und steckte sich seine Zigarre damit an. Entsetzen bei dem Kunden. Mein Vater erklärte ungerührt, die Streichhölzer seien inzwischen teurer.

Während meiner Schulzeit erkletterte ich die Stufenleiter der Wissenschaft von Klasse zu Klasse, von Jahr zu Jahr. Endlich hatte ich die Unterprima hinter mich gebracht. Wenn nur die Lateinstunden nicht gewesen wären...!

Teil I

1929 bis 1945

1929 – 1930

Wie ich diesen Menschen hasste, der da vor mir auf dem Katheder thronte. Mit seinem stoppelbesetzten Kugelkopf voller schwarzer Leberflecken. Mein ganzes ästhetisches Gefühl sträubte sich, und so blieb mir auch die Schönheit lateinischer Grammatik verschlossen. Aus den schönsten Träumen schreckte er mich auf, wenn ich dem ungeordneten Sturzflug weißer Tauben vor bleigrauem Himmel nachsah.

„Ursula, übersetzen Sie: ‚ut desint vires'" („Wenn auch die Kräfte fehlen.")

„Wenn auch die Männer dagegen sind", war meine Antwort, die ein hemmungsloses Gelächter auslöste.

Und doch verdanke ich diesem Menschen die glücklichsten Jahre meines Lebens...

Eines Tages wurde ich zum meinem Lateinlehrer, der auch der Direktor der Schule war, befohlen. Zitternd und düsterer Ahnungen voll, schob ich mich ins Allerheiligste.

„Warum verschwendest du eigentlich deine Zeit in der Oberprima?", fuhr er mich an. „Was willst du denn studieren?"

„Archäologie oder Geologie, aber mein Vater hält das für aussichtslos in der heutigen Zeit. Er möchte, dass ich Zahnärztin werde, aber ich niemals!"

„Und warum gehst du nicht auf die Kunstschule, wohin du bei deiner außergewöhnlichen Begabung gehörst?"

„Das geht nicht. Meine älteste Schwester ist Malerin, und das kostet nur."

Er hielt mir einen wunderbaren Aquarellkasten vor die Augen: „Das hat die Firma Günther Wagner dir geschickt; du hast einen ersten Preis gewonnen."

Da hatte meine Zeichenlehrerin, auch so ein freudloses Geschöpf, die mir immer meine Bleistifte anspitzte, weil sie meine Zeit als zu kostbar dafür hielt, eine Arbeit ohne mein Wissen zu einem Wettbewerb eingeschickt. Damals ahnte ich noch nicht, wie sehr dieser gewonnene Aquarellkasten mein Leben beeinflussen sollte.

So kam es, dass der Direx meinen Vater überzeugte, dass bei dem Heer von fünf Millionen Arbeitslosen ein studiertes Mädchen kaum eine Chance hätte, und dass ich besser daran täte, meine Begabung zu nutzen. Nach einigen Umfragen nach anderen Möglichkeiten als der Malerei, durfte ich mich zum Jahresende an der Kunstschule Köln als Gebrauchsgrafikerin eintragen. Die Aufnahmeprüfung schüttelte ich sozusagen aus dem Ärmel.

Nur ein eben aus dem Gefängnis Entlassener kann nachempfinden, wie mir zumute war!

Mein Dank für die Großzügigkeit meines Vaters: Am Morgen stand ich vor dem noch verschlossenem Tor der Schule und des Abends ging ich als Letzte, zusammen mit den Putzfrauen, nach Hause.

Erst zwanzig Jahre später konnte ich meinem Vater beweisen, dass ich seiner Großzügigkeit würdig war, als ein fünf Meter langes Schild über dem Kölnischen Kunstverein meine Ausstellung ankündigte. –

Wie ich die Kunstschule Köln liebte! Endlich durfte ich meinen spielerischen Fähigkeiten nachgehen, die mir sonst immer verboten gewesen waren, weil sie mich von den

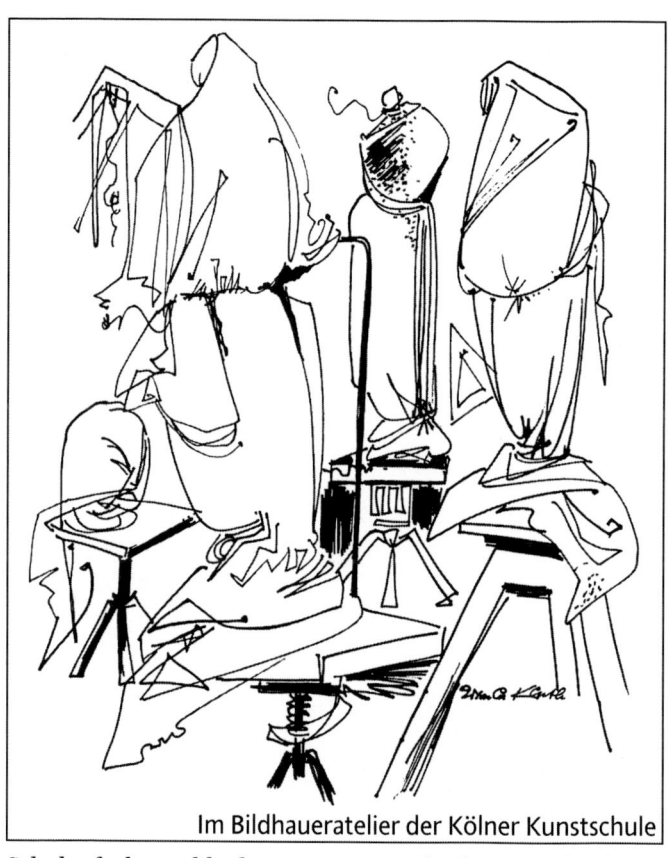

Im Bildhaueratelier der Kölner Kunstschule

Schulaufgaben ablenkten. Der Besuch der verschiedenen Werkstätten, der Farb- und Terpentingeruch aus der Klasse für Malerei, das Hämmern aus der Goldschmiedeklasse, die unendlichen Möglichkeiten, in alle handwerklichen Berufe hineinzuschnuppern, zuzusehen und sogar selbst Hand anzulegen war ein Vergnügen. Beglückend, wie aus einem rohen Werkstück etwas Gestaltetes wird! Sogar die Schriftkunst war bei einem guten Lehrer ein Vergnügen. Was es an dieser Werkkunstschule an Seminaren und einschlägigen Kursen gab, habe ich in den sechs Semestern in mich hineingefressen, dank meiner guten Lehrer, Prof. H. Hussmann und Prof.

F. Ahlers-Hestermann, die beide dem Bauhausgedanken folgten.

Meine liebsten Arbeiten waren modisch-künstlerische Titel für die „Vogue" oder die „Dame". Eines Tages, gegen Ende meiner Ausbildungszeit, kam wieder mal ein Wettbewerb (von denen ich nie einen mitmachte), diesmal von der I.G. Farben. Der Professor vermisste meine Arbeit.

„Bis morgen früh liegt sie auf meinem Tisch", befahl er. So setzte ich mich in der Nacht damit auseinander. Am Morgen um halb neun beriet die Jury, um neun Uhr hatte ich den ersten Preis.

„Und was machen Sie mit den 250 Reichsmark?", fragte Professor Hussmann.

„Ich fahre nach Paris!" Um zehn Uhr war ich auf dem Konsulat, um mein Visum für Paris zu holen.

Paris! Wohin sind heute deine zartvioletten Abende, wenn tausende kleiner Kamine wie umgestülpte Blumentöpfe schwarz vor der Dämmerung standen, *le ciel de Paris sans fumée,* der scheußliche, so gewohnte Gestank der Metro nach Chlor, der Duft blühender Bäume oder das Vorüberwehen eines Parfüms von Worth, *je reviens.* Wo die beglückende Weite der Prachtboulevards, die man ohne Ängste überqueren konnte. O Paris!

Nach der Enge einer ehemaligen Festungsstadt wie Köln, mit seinen Wällen, Mauern, Gräben und Forts, umrandet von Kappesfeldern, konnte es nicht ausbleiben, dass ich weiche Knie bekam während der ersten Tage in dieser großartigen Stadt. Mein erster Weg, wie der Aller, die Künstler werden wollten, führte mich ins Cafe du Dôme. Später erst begriff ich, dass für die Alteingesessenen jedes neue Gesicht eine Abwechslung und damit Interesse bedeutete. Um aber meinen Auftritt zu illustrieren, muss ich mich beschreiben: Ein selbstgenähtes mausgraues Jäckchen aus Kaninchenfellen, das Stück für eine Reichsmark, eine winzige Baskenmütze, der ich zur besseren Signalwirkung einen weißen und einen roten Pompon aufgenäht hatte, aschblonde „Schnittlauchhaare" und, bis auf etwas *rouge au levres,* völlig ungeschminkt,

Entwurf für ein Vogue-Titelblatt

was damals fast unangezogen wirkte. Endlich hatte ich meinen *café crême* vor mir, aber vor Aufregung konnte ich ihn nicht trinken, ohne etwas zu verschütten. Nur wenige Minuten Ruhe waren mir vergönnt, schon kam eine mitleidige Seele, sich meiner Einsamkeit zu erbarmen. Leider hatte unser heißgeliebter Lehrer in der Schule versäumt, uns auf diese Art Konversation vorzubereiten. Ich zog also bald Leine, und das Individuum folgte. Ich näselte: „Merci. Je prends un Taxi." „Ah, bien, prenons un Taxi." Schon fuhr ein Taxi

Paris - Place de la Concorde

vor. „Mais moi seul!" Und damit schlug ich ihm die Tür vor der Nase zu, schnöde auf sein gut gemeintes Angebot verzichtend. Der Chauffeur fragte, wohin. „Ach bitte nur bis um die Ecke, ich habe gar kein Geld und konnte den Kerl anders nicht loswerden!" Das ist das Schöne bei den Franzosen, sie verstehen sofort. Ein Engländer wäre indigniert, ein Italiener würde sofort etwas für ihn Erfreuliches wittern, ein Franzose sagt: *au revoir et bonne chance*. Und so habe ich nun Frankreich für alle Zeiten in mein Herz geschlossen.

Viel Zeit blieb mir nicht bei diesem ersten Besuch, Paris zu entdecken. So verschob ich die Sehenswürdigkeiten auf die nächste Reise und trödelte lieber durch die alten Straßen des Rive Gauche. Schlenderte über die Ile St. Louis und bewunderte die vornehme Abgeschiedenheit hinter hohen Bronzegittern der diskreten Stadtpalais. Fand den Place des Vosges, das Seineufer und trabte mit müden Füßen die Rue de Rivoli entlang, eine, wie auch die überwältigende Weite des Place de la Concorde, dieser städtebaulichen Großzügigkeiten in Paris. Dann, eingesponnen in die Stille des Jardin du Luxembourg, träumte ich mich in das Leben dieser Stadt.

Ich hatte wenig Talent zu einem flüchtigen Touristen, ich wollte mitten drin sein in dem pulsierenden Leben dieser Stadt, und dazu gehörte die Arbeit.

Mein Vater, ein international versierter Import-Kaufmann, hatte durch seine Erzählungen über Geschäftsreisen in alle benachbarten Länder wohl diesen Traum in mir geweckt, wenn er, zurück aus London, Paris oder Wien, seine mitgebrachten Geschenke vor uns ausbreitete und verteilte. Nie werde ich diese Abende vergessen, an unserem riesigen Mahagonietisch unter der Hängelampe, wenn in seinen Erzählungen die Wunder dieser Städte auftauchten, ihre Gebäude, Museen und Theater. Die damals berühmte Mistinguett und Maurice Chevalier und Josefine Baker in den traumhaften Federkostümen – oder auch ohne –, sie waren mir gegenwärtig. Und in der Tate-Gallery hatte er ein Bild meines Schwagers, Ernst van Leyden, entdeckt.

Von jeher war ich von dem phantasievollen Spiel der Mode fasziniert, ein Erbteil wohl, denn ich konnte mich an dem Knirschen der schweren seidenen Krawatten begeistern, wie auch an dem unverwechselbaren Griff der Qualität edler Herrenhüte, die mein Vater importierte.

Einer Erzählung erinnerte ich mich besonders: Es kam der Vertreter einer belgischen Hutfabrik in seine Firma mit einem Angebotssortiment, das mein Vater als unmöglich provinziell und primitiv ablehnte. Aber sein Kennerblick hatte die fabelhafte Qualität dieser trostlosen Kopfbedeckung erkannt. Umgehend packte er sein Köfferchen, nahm einige elegante Modelle und seinen Tuschkasten mit und fuhr nach Brüssel in diese Fabrik. Dort begann er sofort, die kostbaren Hasen- und Antilopenhaare in neuen Farben zu mischen, ließ die Formen verändern und gab ihnen neue Namen. So wurde in Kürze aus dieser kleinen, langweiligen Firma eine Weltmarke: Le Beau Brummel.

Der ruhende Pol in der Familie war meine Mutter. „Rehäuglein" nannten wir sie um ihrer goldbraunen, oft vor den Zudringlichkeiten der Welt verschreckten Augen willen. Unmerklich vom Hintergrund aus lief alles im Haus wie selbstverständlich ab. Wir kamen mit den ausgefallensten Wünschen zu ihr und sie zauberte unsere Garderobe mit geschickten Händen nach den eleganten Zeitschriften, die wir ihr brachten. Denn nie wollten wir das anziehen, was alle trugen. Das amerikanische Ideal, eine Mode erst zu akzeptieren, wenn sie millionenfach verkauft war, lehnten wir ab. Irgend etwas an gekauften Dingen wurde immer verändert. Nur einmal erlebte ich eine ihrer seltenen Verweigerungen. Mein Vater schenkte ihr zu Weihnachten ein bescheidenes Hauskleid. Sie bedankte sich artig und beglückte unser Dienstmädchen damit. Und erschien zum nächsten Fest, einer großen Gesellschaft, in einem violetten Seidensamt Chaussuble, mit breiter Verbrämung aus zartgrauem Fuchs.

Meine beiden Schwestern, vier und sechs Jahre älter als ich, waren meine Idealbilder. Schmal und schlank alle beide, Karin, deren klassisch schönes Gesicht später in Paris Fotografen wie Man Ray und den Modefotograf Baron von Hoyningen-Huene beeindruckte, war die sehr begabte Malerin. Sie heiratete 1928 den holländischen Maler Ernst van Leyden, eine dominante Persönlichkeit, der sich schon mit seinen Porträts von Strozzi und dem Papst einen Namen gemacht hatte.

Charlotte, oder Lo, immer verträumt, stand unter dem Druck ihrer Schwester, und versteckte sich hinter ihrer Bewunderung und deren Rücksichtslosigkeit, obwohl ihr hübsches Gesicht, umrahmt von wundervollem Haar, viel mehr Wärme und inneren Reichtum ausstrahlte. Erst als Karin aus ihrer Nähe verschwand, entfaltete sich ihre Persönlichkeit.

Während der Semesterferien verbrachte ich einen Sommer in Holland bei meinem Schwager Ernst van Leyden und meiner Schwester. Ein Traumhaus über dem Loosdrechter Plaazen, im balinesischen Stil, Reed gedeckt auf Pfählen über dem See, das mein Schwager nach einem Aufenthalt in Bali gebaut hatte. Innen reich an Schätzen aus aller Welt: Bilder, russische Ikonen, indische Skulpturen, Bücher und dem spielerischen Handwerk aller Kulturen. Eine Erfahrung, die meine Wertvorstellungen vom Wohnen bis heute beeinflusst hat.

Sie hatten einflussreiche Freunde in aller Welt. Wie gut erinnere ich mich an einen nächtlichen Besuch bei dem Kunst- und Antiquitätenhändler Carel van Lier in Amsterdam. Ein schmales hohes Haus an der Amstel, in mehreren Etagen jeweils die Kunst verschiedener Epochen. In einem

Raum zog er einen rotsamtenen Vorhang beiseite, in einer Nische stand nur eine einzelne erlesene Bronze aus Asien, davor eine flache Schale mit Rosen. Welche Kultur! Jahre später wurde er umgebracht – weil er Jude war.

Wieder zurück in Köln, wo sich die braune Meute inzwischen ausgebreitet hatte. Als Kriegskind der Jahre 1914 – 1918 hatte ich gelernt: Krieg ist böse und tut weh! Der Marschtritt der genagelten Stiefel bedeutete Krieg. So konnte ich den Aufmärschen der braunen Truppe keine Sympathie entgegenbringen. Wieder für kurze Zeit in der Kunstschule spürte man schon den Beginn einer Gesinnungsspaltung. Wir, die wir der grenzübergreifenden Kunst anhingen, standen den Studenten der Uni entgegen, die durchsetzt war mit Nazis. Ich entsinne mich eines Tages eines Tumultes. Oben im Treppenhaus der Uni stand der Rektor, Professor Kroll, und rief in das Chaos hinunter: „Aber meine Herren, wo bleibt die akademische Würde?!" – Was für eine Sprache, die damals verloren ging. Für uns, noch unbeleckt von politischen Parolen, waren es Spielereien, mit Wasserkübeln oder ähnlichen Scherzen, nichts Ernstes. Oder doch?

Nach den sechs Semestern wollte ich auf die Hochschule für Druckgrafik, die in Leipzig war. Mein Vater: „In das Drecknest willst du? Die haben nicht einmal überall Kanalisation! Ich dachte, du gehst nach Paris!"

Um zu erklären, wie mein Leben an einem roten Faden ablief, muss ich zurückgreifen:

Eines Tages erzählte eine Kollegin aus Bonn vom Ball der ausländischen Studenten. Ich war wütend, dass ich wieder einmal von solchem Vergnügen ausgeschaltet war, weil mein Professor, eifersüchtig auf meine gute Arbeitsleistung, mich in einem kleinen Verschlag, genannt Atelier, von den anderen isoliert hatte. Zorn und Kummer wird bei mir immer zur Tat. Also bat ich die Kollegin, ob ich wohl am Abend des Balls bei ihr in Bonn übernachten dürfe. Großzügig lud sie mich ein. Ich besaß ein wunderschönes Abendkleid, eine Kopie von „Chanel", das von der Modelklasse für mich angefertigt

Arbeit aus der Kölner Kunstschule

worden war, und als Schlusspunkt einer Modenschau antiker Kleider aus dem Kunstgewerbemuseum von mir vorgeführt worden war. Es war eine gelungene Zusammenarbeit der Kunstschule mit den Museen.

Auf dem Fest kannte ich niemanden und saß etwas verloren an einem Tisch mit mir Fremden. Dann tanzte ich einige Tänze mit einem gutaussehenden argentinischen Studenten.

Er fragte mich, ob ich wohl den Wettbewerbs-Tango mit ihm tanzen würde. Wie gern ich wollte! Es gibt nichts Schöneres, als mit einem guten Tänzer eine ganze Tanzfläche für sich allein zu haben. Und wir gewannen den ersten Preis! Bald danach tauschten wir unsere Adressen, wobei er mir noch die Adresse seines russischen Freundes in Paris aushändigte. Ein glücklicher Wink des Schicksals, wie sich noch herausstellen sollte. –

Inzwischen hatte sich die wirtschaftliche Situation noch nicht verbessert, mein Vater hatte eine schwierige Zeit mit seiner Firma. So rückte denn Paris in weite Ferne.

Noch immer in Köln, es mag Ende 1930 gewesen sein, lernte ich durch meinen Professor einen Regisseur der Oper kennen, und, theaterbegeistert, interessierte ich mich für die Gestaltung eines Stückes. Im Laufe des Gesprächs beklagte ich die langweilige naturalistische Dekoration. Spontan übergab mir der Regisseur Hetzel das Buch mit der Bitte, Entwürfe dazu zu machen. Wie immer nahm ich solche Angebote nicht ernst, machte aber dennoch einige Skizzen, frech und frisch, wie es mir der Text eingab. Und vergaß es wieder. Nicht lange danach bekam ich Karten für die Proszeniumsloge zu der Oper „Alessandro Stradella", auf dem Programm stand: Bühnenbildner Ursula Kluth. – War ich aufgeregt? Ich flog! Ich erinnere mich nur noch, dass die Bühne ebenso frech hingeworfen ausgestattet war wie meine Skizzen es vorschlugen, und dass ein Raunen durch das Foyer ging, ich habe nie nachgefragt, ob freundlich oder nicht. Es war wie ein frischer Wind. – Und es blieb auch der einzige, denn die nächste Oper wurde schon nicht mehr aufgeführt, der Regisseur, da er Jude war, 1933 entlassen. Später erzählte mir Professor Hussmann, dass man Hetzel in Wien auf der Straße erschlagen habe.

Der Gedanke in Paris weiter zu studieren ließ mich natürlich nicht mehr los. Traum und Realität zu verbinden, bleibt immer ein Stück Lebenskunst. Mein Vater, der sein Versprechen mich in Paris studieren zu lassen, nicht einlösen konnte, bemühte sich um eine andere Möglichkeit, mir einen Aufenthalt in der französischen Hauptstadt zu vermitteln. So fand er eine Familie, in Saint-Germain-en-Laye, nahe Paris, die ihre Tochter in eine deutsche Familie geben, und im Austausch mich für einige Monate aufnehmen wollten.

Ehe ich mich endgültig von Köln verabschiedete, machte ich mit meiner Schwester Charlotte in der Wohnung meiner Eltern ein großes Karnevalsfest – das Fest der blauen Affen – und ich lud rücksichtslos alle meine Verehrer und Freundinnen zusammen dazu ein. Auch den schönen Argentinier aus Bonn, Armando. Im Morgengrauen bat er meine wachsame Mutter um meine Hand. Aber was sollte ich mit 20.000 Rindern? Ich wollte nach Paris!

1931 – 1933

1931. Endlich saß ich wieder einmal im Zug nach Paris, Herz und Seele zitternd, aber offen für alles, was mich dort erwarten würde. Eine Mappe mit Arbeiten dabei und dem unvermeidlichen Aquarellkasten, der mein Leben so beeinflusst hatte.

Madame Morhard, meine Gastmutter, holte mich von der Bahn ab. Alles war fremd für mich. Das kleine ebenerdige Häuschen, die Sprache, denn obwohl beide Morhards fließend Deutsch konnten, wurde nur Französisch gesprochen. Auch die strenge Hausordnung in der Familie war mir ungewohnt. Mein Vater hatte ausdrücklich gebeten, mich überall hingehen zu lassen, wohin ich wollte. Hier jedoch war eine Fahrt nach Paris, alleine, fast unmöglich, und ich brachte die Familie mit meiner Erziehung, die auf Vertrauen beruhte, durch meine sorglose Selbstständigkeit etwas in Angst.

Er, ein Professor der Medizin, gelähmt, aber geistig der Mittelpunkt seiner Kollegen. Madame Morhard, eine temperamentvolle Südfranzösin, deren Großherzigkeit in der schwierigsten Zeit und unter Umständen, die an die Grenzen des Erträglichen rührten, ich niemals vergessen werde. Sie,

St.-Germain-en-Laye

die als junges Mädchen in einem erstklassigen Internat in Bad Godesberg erzogen worden war, und seit damals eine tiefe Liebe für Deutschland, hatte mich nach kurzer Zeit wie eine Tochter ins Herz geschlossen. Sie vermittelte mir bald eine Möglichkeit, in einem der berühmten Modesalons als Zeichnerin zu arbeiten.

Schüchternheit und der Mut zum Abenteuer hielten sich die Waage, als ich vor der eleganten Fassade am Place Vendome stand, in meinem selbstgenähten Jäckchen, aber ein Zurück gab es nicht, der Portier riss mir die Tür auf... Stolz, und mich nun auf dem Gipfel meiner Träume wähnend, betrat ich die geheiligten Salons, die, aus Angst vor Design-Spionage, nur auf persönliche Einladung hin geöffnet wurden. Schon stürzten sich einige superelegante Wesen auf mich, fragten nach meiner Firma, welche Modelle ich vorgeführt haben wolle, obwohl ihr kundiger Blick meine unbedarfte Provinzialität längst durchschaut hatte. Endlich rettete mich die Directrice aus dieser Klemme und brachte mich zu dem mir angemessenen Platz als Zeichnerin – unter dem Dach. Treppen sind eine wunderbare Möglichkeit für einen wirkungsvollen Auftritt. Nur gegen Hintertreppen bin ich allergisch.

So erschien ich jeden Morgen wieder durch die Eingangstür und entschwebte eiligst auf dem roten Teppich zu den oberen Etagen. Beim Hinausgehen riss mir wieder der Portier die Tür auf: „Erwarten Sie Ihren Wagen, Madame, oder soll ich ein Taxi rufen?" „Nein, danke, ich möchte noch eine Besorgung machen." Es war ein Spiel, um das Gesicht zu wahren.

Leider beschränkten sich die gewünschten Zeichnungen auf Detailgenauigkeit und ließen mir keinen künstlerischen Spielraum. Dazu kam, dass die Modesalons in finanziellen Schwierigkeiten waren, so wie sich jede Wirtschaftskrise den Luxus als erstes Opfer sucht. „Mirande" arbeitete speziell für den spanischen Hof. Als dieser sich auflöste, war es auch das Aus für den Salon Mirande.

Aber Paris hält immer Überraschungen bereit: Mein Schwager, Ernst van Leyden, zur Zeit in Holland, hatte sein Pariser Atelier an einen russischen Maler vermietet. Da Ernst keine Antwort von jenem Russen erhielt, einen antiken Tisch betreffend, den Marc Chagall im Atelier untergestellt hatte, bat er mich, mich darum zu kümmern.

Gern nahm ich diese Gelegenheit wahr, in der Hoffnung, auf diesem Umweg auch Chagall kennen zu lernen, und erschien bei dem Russen in Ernsts Atelier, um nach dem Tisch zu fahnden. Es öffnete mir ein gut aussehender Mann, die typische Persianermütze, weiche Stiefel, der elegante lange Russenmantel, alles stimmte, nur wo war der Tisch? Um mir dies zu erklären bat er mich einzutreten und zu der obligaten Tasse Tee. So hockte ich mich auf eine Ecke des Diwan. Seine Erklärungen wurden lang und undurchsichtig, ich war schon bereit zu gehen, als bei ihm die russische Leidenschaft ausbrach und er über mich herfiel, mich in größte Bedrängnis bringend. Wegen eines dämlichen Tisches, der mich nichts anging, wollte ich nun wirklich nicht meine Unschuld verlieren! In meiner Not angelte ich nach einem über mir an der Wand hängenden Dolch, den ich ihm unter die Nase hielt. „Um Gottes Willen! Der ist vergiftet!" Damit verlöschte die

Flamme der Begeisterung jählings, und ich nahm den Augenblick wahr, um zu verschwinden. Und überließ es Marc Chagall, sich selbst um seinen Tisch zu kümmern.

Inzwischen hatte ich eine Bewerbung an einen berühmten Modezeichner, Ernst Dryden, geschrieben, dessen elegante Zeichnungen mich schon seit längerem beeindruckten. Natürlich hatte ich, aus der Provinz Köln kommend, keine Ahnung, dass Dryden bereits zu den Großverdienern gehörte, als ich vor seiner Villa in Neuilly-sur-Seine stand. Ein Butler öffnete, ein perlfarbenes Pudelchen begrüßte mich, und ich dachte nur: Entweder er wirft dich gleich raus oder er lädt dich zum Abendessen ein. Der Butler schob einen Cocktailwagen in den Garten, der Hausherr, elegant wie seine Zeichnungen, seine Krawatte im gleichen Zartviolett wie das Pudelhalsband, erschien, um mir sofort zu sagen, dass sich wöchentlich mindestens fünf Zeichner bei ihm bewerben würden. Aber meine unschuldige Unverfrorenheit hatte ihn wohl neugierig gemacht. Er sah die Arbeiten genau an. Um mir dann den nächsten Hieb zu versetzen: Für Mode hätte ich gar kein Talent. Aber die Bühnenbilder gefielen ihm sehr. Außerdem könne er mich als Modell an die besten Salons empfehlen. Stolz und Vorurteil haben mir diese fabelhafte Karriere verdorben. In Köln war der Beruf des Modells noch unter den letzten, unmöglich vor meinen Eltern. Der wirklich sehr nette Dryden war ziemlich beleidigt. Gräfinnen und Prinzessinnen wären Modells in den besten Salons der *Haute Couture*. Die Arbeit wäre anstrengend, denn die Entwürfe wurden nicht nur auf dem Skizzenblock, sondern an der Figur selbst abgesteckt und entworfen, wobei das oft stundenlange Stehen eine Geduldsprobe war. Später, wenn ich gelegentlich die Begum im Fernsehen sah, dachte ich an meine verpatzte Karriere. Das charmante Abendessen, zu dem mich Dryden trotz allem nach Montfort l'Amaury einlud, passte zu dieser neuen Erfahrung, dass sich auch Absagen in Liebenswürdigkeiten verpacken lassen.

Aber ungebrochen in meiner Zähigkeit, mich in Paris durchzusetzen, entsann ich mich des Russen, Freund des schönen

Gaucho, der wiederum einen Russen kannte, dem eine der besten Kunstdruckereien in der französischen Hauptstadt gehörte. Der Chef, interessiert an meinen modischen Arbeiten, bot mir die Möglichkeit, des Öfteren Aufträge zu übernehmen. Aber es war mein letzter Tag in Paris, und ich bot ihm an, wenn er meine Mitarbeit wünsche, so möge er mir ein Fixum geben. Dann bliebe ich in Paris. Wir einigten uns, ich erbat noch einen freien Tag wöchentlich, und durch diese Winkelzüge erreichte ich, worauf viele so verzweifelt warteten: sich über mehrere Jahre in Paris, nun, am Leben zu erhalten. Ich hatte wieder einmal den roten Faden meines Lebens erwischt. Ich bin mir bewusst, dass heute, wo Sicherheit des Arbeitsplatzes, Gesetze, Gewerkschaften, Verträge und Prozesse das Leben reglementieren, diese Art der Bewegungsfreiheit nicht mehr verstanden wird. Frankreich war das freieste Land der Welt. Es war großzügig, wenn man sich den Gesetzen von Anstand und Ordnung fügte. Es war eine Mutter für alle Verfolgten. Aber es war plötzlich arm geworden. Die Amerikaner, oft als unkultiviert verspottet, aber wegen ihrer großzügig verteilten Dollars sehr geschätzt, hatten den New Yorker Schwarzen Freitag hinter sich und blieben aus. Aber das Leben ging weiter, man arrangierte sich, und keiner meiner neuen Freunde dort klagte über mehr, als dass er seine russischen Zigaretten nicht mehr bekam.

Eines sommerlichen Tages in Saint-Germain-en-Laye rief mich der nette Russe an, der Freund des von mir enttäuschten Argentiniers. Er fragte, ob ich Lust hätte zu einem Ausflug an die Marne. Seine Freunde, ein russisches Emigrantenehepaar aus höherem Adel, kämen mit dem Auto, um mich abzuholen. Wie immer sah Madame Morhard meinen Unternehmungen mit Sorge entgegen. Was dann kam, war ein Taxi. Mit Sorge dachte ich an die Taxikosten bei einer so weiten Fahrt – bei meinem sehr mageren Budget. Diese Angst war unbegründet. Der Graf fuhr selbst. Er war Taxichauffeur! Es wurde ein wunderschöner Tag mit diesen reizenden Menschen. Doch ein tiefgreifender Schock blieb mir nicht erspart: Als wir, zum obligaten russischen Tee zu ihrer Wohnung fuhren, sah ich, dass sie vor einem Kohlenkeller wohnten. Die Fenster zur Straße mit Papier beklebt, nicht aber wie es bei Künstlern gelegentlich gemacht wurde, in hübsche Spitzenmuster geschnitten, sondern einfach nur so. Auch die alten Obstkisten waren ein weiteres Zeugnis dieser bitteren Armut: Kein einfaches Deckchen deckte sie schamhaft zu, keine lustige Farbe, um etwas Fröhliches in diese Herberge zu bringen. Wie gerne hätte ich ihnen geholfen mit meiner Fantasie und Geschicklichkeit, aber ich fürchtete sie zu kränken. Ich habe diese lieben Menschen nie wiedergesehen, wofür ich mich noch heute schäme. Aber ich wusste noch nichts von dieser echt russischen Mentalität, das Unglück des Zurückgeworfenseins durch die ihren angeborene Hochadeligkeit gelassen und klaglos zu ertragen, andererseits aber auch ohne das Bedürfnis etwas zu ändern, was mit Mühe verbunden war. Auch dies war eine Lehre für mich, sich niemals vor der Ungunst der Verhältnisse kampflos fallen zu lassen.

Ich war kein Kämpfer, aber immer auf den Barrikaden.

Paris

Natürlich musste ich nun von der Familie in St.-Germain Abschied nehmen und eine Bleibe in Paris finden. Mont Parnasse mit dem Dôme war nicht „in". Quartier St.-Germain, wo Sartre residierte, war das Mekka, das Café Flores und Deux Magots.

Das Leben bereichert sich an den Gegensätzen. Jeden Tag Kaviar wäre ebenso unerträglich wie die täglichen Bratkartoffeln. So wechselte ich aus dem romantischen Häuschen in Saint-Germain-en-Laye, mit seinem winzigen Gärtchen und dem *prunier rouge* in ein uraltes, sogenanntes Hotel um, dessen ausgetretene Holztreppen mich wegen ihrer schiefen Lage immer etwas schwindeln ließen, und dann und wann ein klagendes quietschendes Geräusch von sich gaben. Ungehört betrat hier niemand die bescheidenen Räume. Ein Dachzimmer, wie einer Inszenierung aus Boheme entliehen, nahm mich auf, meinem damaligen Budget angemessen. Des Menschen Wille ist sein Himmelreich. Aber ich war in Paris!

Natürlich hatte ich wie die meisten keine Arbeitserlaubnis, aber wer fragte schon danach. Natürlich hing man zwischen den Seilen, aber ohne Risiko ist das Leben nicht interessant.

So trabte ich frühmorgens zur Metro, fuhr zum Place d'Italie, aß einen Maiskolben zu Mittag oder ein Baguette mit einem *petit suisse*. Saß in einem verräucherten, etwas schmierigen Atelierraum der Druckerei zusammen mit den Opfern Jahrhunderte alter internationaler Auseinandersetzungen, an deren ersten Steinwurf sich längst niemand mehr erinnerte. Alles reizende Kollegen, mit denen es viel Spaß gab. Abends ging ich in eines der vielen privaten Ateliers, wie auch Fernand Léger eines unterhielt, zum Malen oder Aktzeichnen.

Einmal, während einer seiner vielen Geschäftsreisen, nahm mein Vater mich mit in eine Revue mit Josephine Baker, und es blieb auch das einzige Mal, dass ich etwas von dem köstlichen, frivolen, berüchtigten und glanzvollen Paris zu sehen bekam. Denn die Eintrittspreise waren für mich natürlich unerschwinglich. Vergessen darf man nicht, dass zu der Zeit nach Hitlers Machtergreifung 1933 Geldsendungen aus Deutschland unmöglich waren. Die abenteuerlichen Schmuggelverstecke waren längst ausgereizt, Geld in Zahnpastatuben zu drücken, Fahrkarten bis an die äußersten Orte als unbenützt am Schalter zurückzugeben, alles war dem Zoll und der Gestapo längst geläufig. So blieb es auch meinen Eltern unmöglich, mein kümmerliches Gehalt aufzubessern. Aber ich hatte den meisten Emigranten eines voraus: Ich konnte jeden Tag zurück ins Deutsche Reich.

Es war eine verrückte Zeit damals, hinter dem Vorhang. Und Deutschland war weit weg. Wir waren eine Gruppe junger Menschen aller Hautfarben und Nationalitäten. Nur sprach man nie davon, ob einer Tscheche, Pole, Chinese, Jude, Neger, Grieche, Amerikaner oder Deutscher war. Nur einmal kam Unmut auf, als Arno Breker erklärte, er könne nun nicht mehr mit Juden und Tschechen verkehren. Aber wir konnten leicht auf ihn verzichten. Auffallend viele Japaner gab es, alle sehr gut gekleidet und von ihrem Staat mit reichlichen Geldmitteln versehen, um die teuersten Sprachlehrer zu bezahlen, gefürchtet bei allen Industrieunternehmen wegen ihrer penetranten Fragen, und nie ohne Fotoapparat, um im Geheimen Modelle, Designs und technische Pläne zu kopieren. Es war ja erst knapp hundert Jahre her, dass ihre Häfen für den Handel geöffnet worden waren und sie hatten einen enormen Nachholbedarf.

Es ist verständlich, dass ich mich auch für Filmvorführungen über Folterungen interessierte, die von den sogenannten „Sicherheitsverwahrungen" handelten, wie die Inhaftierungen in KZs zu Beginn der Nazizeit beschönigend genannt wurden. Eine Stimme aus dem Publikum bat um Abbruch der Bilder: „Wir haben unsere Familien noch in Deutschland und dort ist Sippenhaftung!" Ich habe diese Szene ebenso wenig vergessen wie einen kurzen Besuch von Max Bing, dem späteren Chef der Metropolitan Opera in New York, der jede Nacht bei einem anderen Logenbruder übernachtete, bis ihm die Ausreise gelang. Auch mein Vater war Logenbruder, sein Gast Max Bing sprach kein Wort über seine Zeit im Konzentrationslager. „Ich sage nichts. Bis ich aus Europa draußen bin!"

Mit der Familie Prof. Morhard blieb ich weiter in Kontakt und erfuhr, dass ihre schöne Tochter sich mit dem Sohn sehr reicher Wiener Juden verlobt hatte.

Meine freien Tage waren reichlich ausgefüllt. Das überwältigende Angebot an Kunst nahm mir den Atem wie den Mut, meine bescheidenen Arbeiten in Galerien vorzulegen. Meinem Vater hatte ich versprochen, mich nicht mit der freien Malerei zu beschäftigen. Nur meine geliebten Vogue-Titel versuchte ich anzubringen, aber leider vergeblich. „Zu modern!", hieß es. Das nun hatte mich ehrlich erschüttert. Da kam ich aus der, damals noch recht provinziellen, Stadt Köln in das Mekka der Künstler und war zu modern. Wie fortschrittlich damals, vor der Nazizeit, die Kunst in Deutschland war, und wie fortschrittlich die Ausbildung nach dem Prinzip des Weimarer, später Dessauer Bauhauses, die Kunst und Handwerk als Einheit lehrte...

Im Zeichenatelier der Druckerei „Loubok" bot sich das gleiche Völkergemisch wie überall in Paris. Es gab keine Politik zwischen den Armeniern, Schweizern, Griechen und Franzosen, dazu ich als einzige Deutsche, nur den Ehrgeiz, gute Arbeit zu liefern. Mein Ressort war die Mode, kleine Arbeiten

Entwurf für ein Vogue-Titelblatt

für Revlon, Coty, Worth oder Weill, und es machte mir Spaß. Nur eine der Putzfrauen war Chauvinistin und brachte mich in Schwierigkeiten. Morgens stand ein Polizist vor meinem Zimmer und nahm mich, weil ohne Arbeitsgenehmigung, mit zur Wache. Freie künstlerische Tätigkeit war erlaubt, aber ich arbeitete ja im Atelier. Eine Ausweisung wollte ich auf keinen Fall riskieren, aber wie meistens in brenzligen Situationen fiel mir etwas ein. Erzählte Wunderdinge von den gefährlich explosiven Kompressionsgasgeräten mit denen ich meine diffizilen Entwürfe druckreif machen müsse, was im Hotelzimmer wegen der Explosionsgefahr verboten sei. Die armen Jungs verstanden nichts, ich auch nicht, aber es half. Wer gibt schon einem Ausländer gern zu, dass er nichts verstanden hat.

Während einer Auftragspause fuhr ich für ein paar Tage nach Köln, um den Karneval nicht zu verpassen, das letzte Schlupfloch für unsere Freizüngigkeit, wo wir unsere so herrlich verblödeten Lieder sangen, keinen Horst Wessel.
Auf dem Lumpenball lernte ich den Freund von Freunden kennen, den „schönsten Mann von Köln". Wir blieben das ganze Fest über zusammen, ich schwebte auf verliebten rosa Wolken, und im Morgengrauen verlobten wir uns. Doch als ich nach Hause tänzelte, lag da ein Telegramm aus Paris, das meine sofortige Rückkehr erforderte: Großauftrag für Revlon, den ich nach meiner Rückreise bearbeitete.
Einige Tage später erhielt ich einen Brief aus Gütersloh. Der schönste aller Männer schrieb, er trüge nun auch die schwarze Uniform mit dem silbernen Totenkopf!
Gottlob saß der Stachel noch nicht tief im Herzen. Es bleibt niemandem erspart, Stellung zu beziehen, wenn er sich für eine Gesinnung entschieden hat. Stolz und Eitelkeit und ein flüchtiger Traum standen gegenüber dem Gefühl mich selbst zu verraten, wenn ich mich der Gruppe anschloss, deren Brutalität schon jetzt offenbar war. Hier gab es für mich überhaupt keine andere Möglichkeit, als einen so scharfen Brief, der jede weitere Verständigung ausschloss. Ich schrieb: Falls er mir auf der Straße in Uniform begegnen würde, so würde ich mir seinen Gruß und jegliche Annäherung verbitten, und würde auf die andere Straßenseite wechseln. Das hatte genügt!
Es mussten Jahre vergehen, millionenfaches Leid, ein verlorener Weltkrieg. – Aber an einem Abend und auf dem gleichen Fest 1947 begegnete ich wieder diesem Mann. „Hätte ich nur auf dich gehört!", das waren die ersten Worte, die er mir dort sagte. „Ich habe alles verloren! Hätte ich nur auf dich gehört!"

Wieder in Paris, eines Tages Ende 33, erschien der Besitzer der Druckerei Loubok persönlich im Atelier und fragte mich nach dem Beruf meines Vaters. Als er hörte „Generalrepräsentant der Firma Mossant, in Paris hochangesehen", fragte er weiter, ob ich Jüdin sei oder in irgendeiner politisch gefährdeten Lage in Deutschland. Ich verneinte dies und fügte noch hinzu, wenn ich den Mund hielte und nichts gegen das Regime unternähme, so könne mir nichts passieren. Loubok, Weißrusse und vermutlich selbst Jude, bat mich, meine Stelle für eine jüdische Emigrantin frei zu geben, die in Not sei.

Nun war ich also wieder auf freier Wildbahn, und wie immer waren ein paar Freunde da, die hier oder da etwas wussten, wo es zu verdienen gab. Da war etwas für „Black and White Scotch" oder ein Schaufenster für Philipps-Radio zu gestalten. Kopf und Hände der ausgestopften Puppe gelangen gut. Aber an dem Corpus konnte ich verzweifeln. Also ließ ich alles stehen und liegen samt der Kiste Füllmaterial für den dicken Mann, und verschwand über die Hintertreppe, verzichtete auf das Honorar. An Weihnachten sah ich dann auf der Champs Élysées meinen Kopf gemütlich im Schaufenster. Reich wird man nicht auf diese Weise... Aber Paris war eine Hungerkur wert. Eine junge Französin aus unserem Kreis erlangte durch ihre Stellung am Ministerium des Beaux Arts Einladungen zu offiziellen Empfängen mit Konzerten, Ausstellungen und, sehr begehrt, einem Büffet, mit Sandwich und Champagner. Mein schönes Abendkleid lebte immer noch, wurde mit einem Kördelchen hochgebunden, damit ich mit der Metro fahren konnte, dann, ganz große Dame, schlug man sich den Bauch voll, ganz diskret und in aller Eile versteht sich, und hatte wieder ein Mittagessen gespart. Alles war ein Spaß und das alte preußische Sprichwort bewährte sich: „In den Magen sieht dir keiner."

Einmal hörte ich, dass ein Restaurant, das feine Auberge St.-Germain, eine Dekoration für ein Schlachtfest suchte. „Du kannst das doch", sagte man mir. Also ging ich hin. Der Besitzer wollte etwas mit Palmen dekoriert. „Aber das ist unmöglich", meinte ich, „Schweine unter Palmen! Ich mache nur Schweine." Erstens waren sie leicht in ihrer komischen Rundlichkeit und füllten gut, denn es gab nur diese Nacht, um den gesamten Raum zu dekorieren. Um Mitternacht hatte der Besitzer sich immer noch nicht entschieden, wie und mit wie viel er mich bezahlen wolle, und ich begann, den Braten zu riechen. Dann kam es schon: Er wolle mir ein Atelier einrichten. Ach ja? Aber ich habe ein schönes Atelier, danke. – Dann fragte er, ob ich verlobt sei. „Ja. In sechs Wochen heiraten wir." Nun wusste er nichts mehr zu bieten und übergab mir ein Wochenabonnement für köstliche Menüs in der Auberge als Honorar. Na warte! Die Rache ist süß. Ich fragte den elegantesten unserer Freunde mit mir dort zum Essen zu gehen, Bedingung: Frack und Abendkleid, und sehr auffällig mit mir zu flirten. So erschienen wir, als kämen wir gerade aus dem Theater, hungrig aber elegant, in die Auberge und aßen den Wert des ganzen Abonnements genüsslich an diesem Abend auf, unter den Blicken des Besitzers, der sich recht ungemütlich fühlte. Der Tag der Rache kommt immer, und dafür konnte man ein paar magere Tage gut ertragen. Das Restaurant betrat ich nie wieder!

Ideen gab es genug. Abenteuerliche Angebote wie zum Beispiel mit einem Inder eine Tanzschule zu eröffnen oder eine Boutique, aber alles scheiterte an der Frage eines Anfangskapitals. Und wie viele Zeichnungen habe ich nie bezahlt bekommen! *Paris cimitière* hieß es damals. Paris hatte seine schlechteste Zeit. Für mich war es eine dreijährige Lehrzeit, um Leben zu lernen.

Die Briefe meines Vaters aus Köln klangen zuversichtlich. Die Wirtschaft hatte einen großen Aufschwung begonnen, als ich mich vor der unlösbaren Frage sah: Schuhe reparieren, Uhr reparieren oder einmal wieder richtig zu Mittag essen, und als ich mich dabei ertappte, vor einer Bäckerei anbetend die Baguettes zu betrachten, musste ich mir sagen: Adieu, Paris. Es wurde auch immer schwieriger ohne Arbeitserlaubnis. Massenweise ergingen Ausweisungen, dazu kam ein politischer Mord im Konsulat. Ich packte meine Sachen und trat den Heimweg an, zu den leckeren Fleischtöpfen meiner Mutter.

Aber die Schwierigkeiten waren nicht der einzige Grund, Paris aufzugeben. Ich hatte viele nette Freunde dort gefunden, aber ich war immer alleine. Die romantische Vorstellung, es müsse sich etwas Außergewöhnliches ereignen, Stolz und vielleicht auch Angst hatten eine gläserne Mauer um mich gezogen, der *coup de foudre* hatte mich noch nicht getroffen. Und eines Tages saß er neben mir im Dôme. Grauer Flanell, gepflegte schlanke Hände, ein schmales Gesicht mit gutem Profil. Ich sah nicht an ihm vorbei, wie sonst immer bei zu viel Nähe, ich sah ihm in die Augen. „Ein Rennpferd...", fuhr es mir durch den Kopf. Wir redeten miteinander, redeten und es wurde ein gutes Gespräch, obwohl es mir die Kehle zuschnürte. Dann, als schon die letzten Sonnenstrahlen die Staubkörnchen der Luft in ein violettes Flimmern verwandelten, als eine nach der anderen der altmodischen Straßenbeleuchtungen ihren gelblichen Lichtschein andeutete, standen wir auf und gingen den Boulevard Raspail hinauf. Meine Hand fand sich vertrauensvoll in der warmen Höhlung seiner Hand.

Er hatte seinen Schreibtisch für meine Arbeit leergeräumt, besorgte Papier und Farben, und, endlich, begann ich meine kleinen Pariser Skizzen in große Bilder zu verwandeln, die noch heute ihre Gültigkeit beweisen.

Und dann kam der Brief aus Riga. – Er hatte von seiner Russlandreise erzählt, vom rasanten Eissegeln auf den einsamen, vereisten Stränden der Ostsee, von einer Freundin, die er dort besucht hatte. Und von dem Elend in Russland. Plötzlich ist das alles nicht mehr eine Plauderei, sondern greift in das Leben ein. Sie schrieb, sie habe sich in letzter Not vor dem Verhungern einem Damenhockey-Club angeschlossen, um ein Minimum an staatlicher Unterstützung zu erhalten, falls sie gut spiele. Dieser Club käme zu einem Wettkampf nach Paris, sie hätte die Möglichkeit zu fliehen, aber ohne Pass und Geld. Was dies hieß, hatte ich an den deutschen Emigranten zur Genüge erlebt.

Es waren so schöne Wochen gewesen, warum sollte ich diese Erinnerung zerstören durch einen zermürbenden Kampf – und sie hatte stumpfe Waffen. So fragte ich nur, wann der nächste Zug nach Köln ginge. Diese Entscheidung, wie bitter sie auch war, hat mich nie gereut. Ich war noch ein Füllen ohne Halfter, ich war erst auf dem Weg meine Richtung zu finden. Die wollte ich nicht auf ungelösten Problemen aufbauen.

Wieder in Köln erschien als Erster ein Herr der Reichskulturkammer bei mir. Die Ehrung, in den Verein aufgenommen zu werden, war einer der unterschwelligen Zwänge jener Jahre. Denn bei Weigerung und bei Verdacht auf „entartete Kunst" nicht aufnahmeberechtigt, verlor man die Erlaubnis, an Ausstellungen teilzunehmen, Material zu kaufen und finanzielle Unterstützung bei Reisen zu erhalten. Von jeher hasste ich staatliche Vereine. Auch war mir noch ein Abend in München in Erinnerung, als bei einer Bücherverbrennung das Volk schweigend auseinander ging, nur die SA johlte.

So erklärte ich dem Herrn, ich sei nicht interessiert. Er aber bestand auf meiner Mitgliedschaft. Ich sagte, ich kenne viele Maler, deren Bilder ich weit höher schätze als meine, die aber nicht in der Kulturkammer seien. Ich wusste sehr wohl, wen ich meinte, Nolde, Beckmann etc. „Aber dann können Sie nicht ausstellen!", sagte er. „Ach, dann warte ich eben", und überließ seiner Fantasie, was ich damit meinte.

Dass ich das Ende des Tausendjährigen Reiches damit meinen könnten, solche Frechheit überstieg offenbar sein Fassungsvermögen. Er verschwand, ohne die Nachzahlung für die Jahre im Ausland zu erwähnen. Nur eine so unbedeutende Person wie ich zu der Zeit konnte sich solche Freiheit ungeschoren erlauben. Wäre ich ein bekannter Künstler gewesen, man hätte mich mehr unter die Lupe genommen. Erst Jahre später bemerkte ich, dass es auch über meine uninteressante Person eine Akte geben musste, in der all meine Aktivitäten notiert wurden.

Wie wild wir auch damals die Künstler verachteten, die das Genre der Nazikunst nachahmten, um zu leben: Erst als ich selber Kinder hatte, begriff ich, dass es Zwänge gibt, die schlimmer sind als die Kitschmalerei. Ich war noch frei und konnte über mein Leben verfügen bis in die Gefahrenzone. Vielleicht habe ich damals nur die Freiheit verteidigen wollen, auf meine Art. Ein Märtyrer wollte ich nicht werden, die verschwanden kommentarlos in der Versenkung.

Bei der Kölnischen Zeitung und anderen Verlagen nahm ich meine freie Mitarbeit als Zeichnerin wieder auf. Es war immer ein Genuss, die Kommentare der Redakteure aufzuschnappen, die noch immer demokratisch und fast unbeeinflusst vom Zwang arbeiteten. Meine Reiseberichte mit Zeichnungen wurden gern gedruckt, meine Fantasie war vielleicht manchmal etwas gewagt, denn einige von mir beschriebene Länder hatte ich nie besucht. Aber auch Schiller schrieb den „Tell" und war nie in der Schweiz.

Eines Tages berief mich der „Westdeutsche Beobachter", die Nazizeitung, in ihre Redaktion. Neugierig ging ich hin, und brachte mich schon mit einem „Guten Morgen" anstatt mit „Heil Hitler", in die falsche Position. Man bot mir an, in die dortige Redaktion einzutreten, da meine Berichte und Zeichnungen sehr gut gefielen. Ich dankte höflich, sagte aber, dass ich für die Kölnische Zeitung arbeite und nicht wechseln möchte. Sie boten mir die doppelte Gage, ich dankte wieder herzlich für das Angebot, aber leider, ich arbeite schon so lange für den Verlag und möchte nicht wechseln. „Ja, das werde Sie aber müssen", schrie mich der Redakteur an, ich glaube er hieß Winkelkämper, „denn wir schließen diese Zeitung!" „Auch dann nicht", meinte ich ungerührt, „Ich gehöre nicht zu den Ratten, die das sinkende Schiff als Erste verlassen. Guten Morgen, meine Herren." Wochenlang hatte ich ein recht ungutes Gefühl im Rücken, aber, o Wunder, es geschah weiter nichts. – Letztendlich aber konnte sich die Kölnische Zeitung nur durch den Eintritt ihres Verlegers in die Partei retten...

1934

Die im Nebel verschwimmenden zartgrauen Farbnuancen der Stadt Köln beeinflussten meine Arbeit sehr. Zartheit erschien mir plötzlich als Schwäche. Wo blieben die feurigen Farben, die die Palette bereit hielt?

Meine Schwester Charlotte, immer bereit für neue Ideen, fand die Lösung: Du musst die Koffer packen und dich einmal in Italien umsehen!

Zum Reisen braucht man bekanntlich Geld. Da bot sich glücklicherweise ein großer Auftrag an, eine üppige Karnevalsdekoration für das Café Reichard. Mit einem Kollegen, Anton Wolf, schafften wir eine hinreißende Verschönerung des Lokals, leider nicht ohne einen kostbaren Wandspiegel durch den Kleber „Wasserglas" zu ruinieren. Aber was waren das für komplizierte, mühevolle Kunstwerke, halbplastische Tiere, Fische mit schimmernden Schuppen, Löwen mit wehender Mähne! Etwas politisch thronte Haile Selassie I. auf seinem Wappentier. Fabeltiere, Wunderwerke aus Papier und Leim. – Wie armselig sind heute die paar Fertig-Girlanden, die ewigen Luftballone, geistlos und ohne amüsanten Witz.

Positano

Italien war ja das einzige Land, in das man noch ausreisen konnte, ohne dem Staat die verlangten 1.000 Reichsmark für ein Visum in den Rachen zu werfen. Ich bekam also 250 Mark an Devisen, und das musste eben solange reichen wie möglich. Die Übung im Sparen hatte ich ja in Paris bekommen.

Das Ziel war so weit südlich als möglich. Das Fahrgeld war nur innerhalb unserer Grenzen teuer. Italien, in dem sich die Lira in einem wirtschaftlichen Desaster befand, bot sagenhaft billige Fahrkarten an, je weiter, desto billiger, das Ziel: südlich von Neapel, ein Dorf!

O Positano! Du so malerisch vergammelter Ort in der Bucht von Salerno! Mit deinem Palazzo Murat, erbaut vom König von Neapel um 1808, mit den, bei *scirocco* – dem heißen Wind, der vom afrikanischen Kontinent hinüberweht – leicht stinkenden Gässchen und dem Duft der Orangenblüten. Deine von Glyzinien überwucherten Treppen, dein Wein und die Olivengärten, den Felsen abgerungen, die sich vom Meer aus auf 1.500 Meter in die Höhe recken. Deine Häuschen, auf jedes Stückchen Fels geklebt mit den flachen Kuppeln, die an die geschnürten Busen der Nonnen erinnerten. Deine Siamkatzen, die sich ungeniert mitten auf der Straße räkelten, wo kein Auto sie stören konnte. Wo Lastträger über die tausenden Treppenstufen ihre Säcke mit Holzkohle und Orangen auf den Schultern trugen. O Positano, wo Lord Rollo seine englische Smokinghose gegen eine tomatenrote Caprihose tauschte, während Carlino, der Gastgeber, sich in ein Dinnerjackett zwängte. Wo der Schuh im Koffer blieb, weil eine schlichte Ledersohle, mit einem Minimum an Lederband, für die Treppen genügte. „Sünderin Treppe", wie wir die Stiegen Jahre später nannten – betitelt nach dem denkwürdigen Film mit Hildegard Knef – und Sünderin für alle Spießer, die nicht mehr wissen was Freiheit ist. Was hat man heute aus dir gemacht? – Aber noch ahnten wir nichts von alledem, es war Nacht, als wir ankamen.

In Neapel mit dem Zug anzukommen ist ein Schock. Ich saß vor dem Bahnhof, umgeben von unserem Gepäck, während sich Charlotte um die Weiterbeförderung kümmerte. – Kein Süditaliener lässt eine sich bietende Verdienstmöglichkeit aus. So griffen sich ein paar dubios aussehende Männer unsere Koffer und luden sie auf ein Taxi. Des Italienischen nicht mächtig, was sollte ich tun? Ich erinnerte mich, dass man laut und schnell schimpfen müsse, um verstanden zu werden,

Positano

denn auch eine liebevolle Szene wäre ohne Dramatik dort nicht denkbar. Was aber fällt einem so schnell ein, was dramatisch und wütend zugleich klingt? Mir kam nur Schillers „Glocke" in den Sinn, die ich entsprechend rasant deklamieren konnte. Zu Tode erschrocken ließen die armen Schlucker die Koffer fallen oder holten sie vom Dach des Taxis herunter.

Dann nahmen wir den Abenddampfer Richtung Amalfi. Positano, in ruhiger Abgeschiedenheit dahindämmernd, einige Kilometer westlich von Amalfi, hatte natürlich, auch wegen der winterlichen Brandung, weder einen Pier noch einen Landungssteg. So kletterten wir erst einmal vom Dampfer in ein Ruderboot, in tief dunkler Nacht. Zu bewegt war das Meer, um das Boot auf den Strand zu ziehen. Aber der findige Italiener hängt in Gottvertrauen ein Brett über die praktische Nase des Kahns. Zwei Jungen hielten das Brett an Land, und mit ein paar Schritten und einem Sprung ins Ungewisse hatten wir es geschafft. Nun kam erst das wahre Abenteuer, und ich möchte es nicht eintauschen gegen den bequemsten Flug mit einem Jet. Wo, in dieser Finsternis, sollten wir zur Nacht bleiben? Ein Knirps von vielleicht acht Jahren rief laut in diese ungewöhnliche Ankunft der ersten Fremden nach dem Winter: „Deutsches Pension, San Matteo." Na also. Dem vertrauten wir uns, und unsere Koffer dem Rest der Neugierigen an, der zu einer kleinen Karawane anwuchs. Nun wussten wir zwar, dass es schon in einigen Häusern Elektrizität gab, falls sie nicht durch ein Gewitter gerade ausfiel. Aber die Sträßchen waren nur durch winzige mitgebrachte Ölfunzeln zu erleuchten. Und das war gut so, denn bei Tage sah ich später, wie sich die Treppen, von winzigen Mäuerchen begrenzt, an Abgründen entlang schlängelten. Wir stiegen und stiegen. Man ahnte und erfühlte die Stufen, denn sehen konnte man nicht. Und wir stiegen. Anderntags zählte ich die Stufen: es waren mehr als tausend!

Endlich war ein Halt und es empfing uns eine junge Frau, die sich als Dojo Flatow vorstellte und mir Freundin für ein ganzes Leben werden sollte. Sie führte uns in einen dieser zusammengebackenen Kuben, wo die Wände sich der Form des Felsens anpassen, meterdick wegen der Hitze, und wo die Räume durch die vorgegebenen Grundrisse keinen rechten Winkel kennen. Meine Schwester verlangte ein Bad. Was für eine Idee, wo die einzige gefasste Wasserstelle am Ende des Dorfes lag! – Aber am Morgen gegen fünf Uhr, als ich aus dem Fenster sah: welche Aussicht! Die Fischer kamen gerade vom Nachtfischen heim, sie zogen die Boote an Land, auch

Positano am Tyrrhenischen Meer

aus der Ferne, welche Bronzegestalten! Welche schimmernde Bläue des Meeres, es war unbeschreiblich. Es war der tiefe Süden. Nie wieder hat mich auf den vielen Reisen meines Lebens die Einfachheit eines beginnenden Tages so sehr ergriffen.

O Positano... wo das christliche Kreuz an der Stalltür friedlich neben die Hand der Fatme gemalt war, schützend auch sie, denn Allah ist groß und man kann ja nie wissen. Wo die Lampen der ausgefahrenen Fischerboote des nachts funkelten wie vom Himmel gestürzte Sterne, wo die Armut so groß war, dass kleine Kinder in Kitteln herumliefen, eine Briefmarke aus Amerika samt Adresse darauf, weil die Verpackungsleinwand aus den USA als Kleiderstoff verwendet wurde. Wer weiß noch, wie viele auswanderten, zwei Drittel der männlichen Bevölkerung, um den Daheimgebliebenen zu helfen. Aber um die Braut zu holen und um zu sterben, kamen sie zurück. Wie strahlend leuchteten die bunten Ziegel der Kirchenkuppel, Verzeihung von der Jungfrau erbittend für die Sünden während der Zeit der Prohibition in den USA. Wer kennt noch die vielen Sagen, die sich um den Ort rankten, die Geschichten, die das Leben illustrierte? O Positano, wo jedes uneheliche Kind den Namen „Cinque" erhielt, weil es ja hätte sein können, dass es einen der für diesen Zweck immer wieder beschworenen fünf Seeräuberbrüder zum Vater hatte. Wen kümmern heute noch die geheimen Tragödien oder die zauberhaften Romanzen, die sich hier abspielten. O Positano, was hat man aus dir gemacht!

Meine 250 Reichsmark schmolzen dahin. Ich musste die Fahrkarte verlängern lassen. So schloss ich ein Abkommen mit Dojo, der Pensionsinhaberin: Morgens eine Scheibe trockenes Brot, auf der Herdplatte geröstet, abends ein Teller Spaghetti mit Salat. Zusammen 3,50 Mark am Tag. Der Lunch bestand aus einem Stück Weißbrot, Käse und einer Orange, den ich wegen der tausend Stufen am Strand einnahm. Ein Knirps brachte mir diese Schätze. Als ich ihn fragte, was es koste, meinte er: „Was willst du geben?" Das sah verdächtig danach aus, als hätte er es irgendwo gemaust. Frag nie zu viel, auch er wollte etwas verdienen.

Auch zog ich um in einen kleineren Kubus für acht Reichsmark monatlich. Ein Bett, ein Stuhl, ein altertümlicher Ständer mit Waschgeschirr. Für einen Tisch war kein Platz. Wer sitzt denn auch im Zimmer im Süden. Eine Tür gab es nicht, aber zwei Nägel und ein Vorhang genügten, denn wer sollte schon stören in diesem kleinen Hof. Das Fensterchen hatte Fliegengaze aber kein Glas. Wozu auch, das Klima war wunderbar. Nur ein nasser Hund suchte einmal Schutz bei mir.

Nun kann auch der Faulste nicht ganz ohne Beschäftigung leben, und so nahm ich Unterricht im Teppichweben aller Techniken, wie Smyrna, Gobelin etc. bei Wölfchen, einem lieben alten Juden. Man hat ihn später während eines Hitlerbesuchs aus „Sicherheitsgründen" in der Krypta des Domes in Amalfi eingesperrt. Danach verlor sich seine Spur. –

Einmal noch, vor meiner Abreise, wollte ich die ganze Schönheit des Golfes unter mir erleben. Auch Gerhard Flatow, der Bruder meiner Freundin Dojo, wollte Abschied nehmen. Für ihn bedeutete das Abschied von Europa. Als Halbjude ohne Zukunft in Deutschlang ging er nach China, wo ihm

Neapel

dank der hilfreichen Vermittlung des Unternehmers Otto Wolff eine gute Stellung in dessen Filialbüro in Shanghai sicher war. – So stieg ich an einem sehr frühen Morgen mit Gerhard auf den höchsten der Berge des Golfes, den 1.500 Meter hohen Monte San Angelo, mit Kletterei zwischen den brüchigen Kalktürmen, und mit entsetzlicher Angst. Aber, wo es kein Zurück gibt, da gibt es meistens ein Weiter. Und weil Neapel so nah war, von oben gesehen, liefen wir rund um den Golf von Neapel, 23 Stunden insgesamt, ohne Pass und ohne Geld, denn wir wollten ja nur einen Spaziergang machen.

Am Saum des Meeres entlang reihte sich ein kleiner Ort an den anderen. Es wurde inzwischen Nacht, aber der Corso war immer voller Menschen, die lachend und schwatzend die Sommernacht genossen. Bei aller Armut, die das südliche Italien seinen Bewohnern auferlegt, weil fruchtbare Erde rar ist, und weil die staatlichen Subventionen auf dem Weg in den tiefen Süden versickern, das Lachen haben sie nie verlernt. Mag der Vesuv sein drohendes Wölkchen in den Himmel blasen, kaum dass die Lava abgekühlt ist, so wird schon wieder ein Löchlein gebohrt für einen jungen Weinstock, etwas Lava rundherum angehäuft, und der liebe Gott um Segnung gebeten. Das Lächeln ist das goldene Kleid der Armen.

Wir waren um fünf Uhr früh in Neapel. Ich zählte meine blauen Flecken, die ich bei der Kletterei erworben hatte. Die ersten Kippensammler waren schon unterwegs. Das Gemüsebötchen für Positano war abfahrbereit und wir stiegen ein, um als normale Mitbürger nach Posa zurückzufahren. Gerhard hatte bei Freunden in Neapel etwas Geld dafür geliehen.

Hoch oben aber am Monte, in der Ritze eines alten Wehrturmes, steckte ein Zettelchen von mir, das mich nach der abergläubischen Überlieferung dorthin zurückrufen sollte. Bis 2001 hat es gewirkt!

Anfang Juli 1934 waren Geld und Aufenthaltsgenehmigung am Ende. Mit einem Stück getrockneten Hirtenbrots und dem Koffer voller Skizzen und Bilder trat ich den Rückweg zu den Fleischtöpfen meiner Mutter an. Für eine Woche hatte ich mich verabschiedet, und war nach vier Monaten wieder zu Hause. Wie grausam können Kinder zu ihren besorgten Eltern sein.

Kaum zurück stürzte ich mich auf meine Arbeit, denn ein „Aussteiger" wollte ich wirklich nicht werden. Nach einigen Tagen hatte ich einen schönen Auftrag für eine Serie von Großanzeigen für ein feines Herrenausstattungsgeschäft in der Hohe Straße, und alles lief wieder normal. Vorwürfe bekam ich nie.

Nur in Deutschland lief nichts normal. Am 30. Juni 1934 wurde eine konterrevolutionäre Gruppe der SA nach einem Fest in Bad Wiessee im Schlaf überfallen und ermordet. Immer öfter offenbarte sich, welche verbrecherischen Elemente jetzt die Oberhand gewannen. Mit Trauer gedachte ich der Gespräche mit einem jungen Freund meiner Freunde, der von einer sauberen SA träumte und mit dem Tode bezahlte.

Mit Politik wollte ich nichts zu tun haben. Aber diesmal kam man ohne eine bestimmte Stellungnahme nicht herum, zu der man stehen musste, der weitreichenden Konsequenzen nur vage gewärtigt. Sich raushalten war das Gebot der Stunde, aber entsprechend wurde der Kreis der Vertrauenswürdigen immer enger. Ich hasste die Masse, hasste die hysterischen, geifernden Reden Hitlers im Radio. Hasste das selbstgefällige Sich-breit-Machen der Menge und ihr Halleluja. Aber das hatte ich schon in Paris gelernt: Nur wer so unwichtig am Rande des Geschehens stand, konnte sich des Ja-Sagens enthalten. Der „deutsche Blick über die Schulter" – Vorsicht, wer hört mir zu? – und die Undurchschaubarkeit der Rede war das Wichtigste.

Immer mehr Firmen und Menschen wurden von der Partei aufgesogen. Auch zu meinem Vater kam eine Abordnung. Seine kleine, aber internationale Firma wollte man als „Nationalsozialistischen Musterbetrieb" abstempeln. Das war nun aber das Letzte was sich mein Vater wünschte, der seinen Auslandskunden immer freundschaftlich verbunden war. Er servierte den Herren einen guten Wein nebst Zigarren und meinte, sein Betrieb sei seit langem ein patriarchalischer Musterbetrieb und brauche keinen Stempel. Außerdem sei er Logenbruder und die hätte die Partei doch gar nicht gern. Und doch sicher nicht jemand, der nur seinen Mantel nach dem Wind drehe. Aber, wenn Sie öfter vorbeischauen wollen, ein gutes Glas Wein und eine Zigarre sei immer für sie da...

Was sich alltäglich vor den Augen des Volkes abspielte, entzog sich in seiner Konsequenz doch seinem Verständnis. Die Eindringlichkeit der „Parolen" besänftigte die Sorgen meines Vaters. Es scheint mir wichtig, hier einen Auszug aus dem Buch von Rudolf Diels einzufügen, dessen Klarsicht die Zeit um 1933 besser beschreibt. Rudolf Diels, für ein Jahr Chef der Geheimen Staatspolizei, bis er von Heinrich Himmler aus seinem Amt gedrängt wurde, sollte als Regierungspräsident von Köln meinen Lebensweg noch des Öfteren kreuzen.

Aus: Rudolf Diels „Lucifer ante Portas"

März bis Mai; Dynamik allenthalben 1933

...Doch zurück zu dem Aufstand der SA. Der Versuch einer systematischen Darstellung ertötet das Bild der brodelnden Wirklichkeit. Das Konglomerat von Enthusiasmus und Ver-

brechen entzieht sich der Darstellung; und noch einmal: die offiziellen Daten haben nichts mit den Tatsachen gemein, weder im Guten noch im Schlechten. Wer bei seinen Darstellungen an ihnen haften bleibt, dringt nicht zur Wirklichkeit vor. Die Verordnung über die Aufhebung der Grundrechte, die der Reichspräsident nach dem Reichstagsbrand erließ, und ihre Ergänzung durch das Ermächtigungsgesetz hatten zwar die letzten gesetzlichen Dämme des Verfassungsstaates gegen das Unrecht eingerissen; tatsächlich aber waren sie schon vor dem Ansturm der SA gefallen.

Die Bedeutung des Ermächtigungsgesetztes, der Kapitulation des Parlaments vor Hitler, erblickte ich lediglich in den Rückschlüssen, die es auf die Geistesverfassung der erschreckten Reichstagsabgeordneten gestattete. Die drohende Faust der SA hielt sie alle in Schach. Diese papierenen Deklarationen haben die Revolution weder ermuntert noch gehemmt. Die SA-Führer spotteten ihrer. Sie bedurften keiner Chartas. Sie verhöhnten auch alle Beschwichtigungen und Beschwörungen gegen die Revolution, von der Erklärung des ohnmächtigen Reichsinnenministers Frick, daß die Revolution „abgeschlossen" sei, bis zu der Kundmachung von Goebbels vom 5. Juli 1933 gegen die „Revolution in Permanenz". Wie die Warnungen Hitlers vor den Provokateuren in der SA, so wurden die Erklärungen von Goebbels als das verstanden, was sie sein sollten, als eine Vertuschung des wirklichen Treibens.

Hitlers Aufruf vom 10. März, der sich gegen die „kommunistischen Spitzel" in den Reihen der Verbände gerichtet hatte, war von der SA mit einem Höllengelächter beantwortet worden. Daran erkannten sie ihren klugen Führer. Der Aufruf hatte sie nur ermuntern können. Wenn sich der Führer gegen kommunistische Provokateure wandte, so brauchte sich der brave SA-Mann nicht getroffen zu fühlen. Ich hatte Hitler erklärt, daß man mit den Rabauken nicht durch die Blume reden könne.

Am 12. März 1933 entschloß er sich in einer Rundfunkerklärung zum Flaggenerlaß des Reichspräsidenten zu deutlicheren Worten unmittelbar an die Adressaten:

„... Mit dem heutigen Tage, da nun auch symbolisch die gesamte vollziehende Gewalt in die Hände des nationalen Deutschland gelegt wurde, beginnt der zweite Abschnitt unseres Ringens. Von nun ab wird der Kampf der Säuberung und Inordnungbringung des Reiches ein planmäßiger und von oben geleiteter sein. Ich befehle euch daher von jetzt ab strengste und blindeste Disziplin! Alle Einzelaktionen haben von jetzt ab zu unterbleiben... Wer von jetzt ab versucht, durch Einzelaktionen Störungen unseres Verwaltungs- oder des geschäftlichen Lebens herbeizuführen, handelt bewußt gegen die nationale Regierung."

„Das muß der Führer sagen, schon des Auslandes wegen, in Wirklichkeit meint er das Gegenteil!" war der Kommentar der SA-Führer. Wenn der Gehorsam die Tugend der Revolutionäre ist, so waren diese nicht tugendhaft.

Doch wem sollten sie auch gehorchen! Es gab in Wirklichkeit weder Befehle noch Verbote. Vor oder nach meinen Vorträgen bei Göring und Hitler über die Gewalttaten im Lande berichteten SA- und SS-Führer von der Bravour ihrer Männer auf dem Felde der Revolution. Sie wurden ebenso gutgeheißen und belacht, wie dieselben Taten kopfschüttelnd mißbilligt wurden, wenn ich sie als Exzesse gegen die Autorität des neuen Staates anprangerte.

Die SA drang bereits in die Polizeigefängnisse ein, um sich der Kommunistenführer zu bemächtigen, die nach dem Reichstagsbrand verhaftet worden waren und denen sie ihre besondere Rache zugedacht hatte. Aus dem Polizeipräsidium entwendete sie die Akten, die ihre Führer belasten konnten; die verschüchterten Beamten gaben heraus, was sie forderte. Ernst hatte es besonders darauf abgesehen, alles in die Hand zu bekommen, was sich an geschriebenem Material über seine und seines Freundes Röhmhild abwegige Beziehungen und von den Briefen seines Chefs Röhm aus Bolivien an Dr. Heimsoht in den Händen der Polizei befand.

Der Tatendrang der SA und der Zwang für ihre Führung, sie nach dem Abflauen der Massenaktionen gegen die „Kom-

mune" zu beschäftigen und in Atem zu halten, degradierte die Schutzpolizei in diesen Monaten zu einer untätigen Reserve auch auf anderen Gebieten. Zum „SA-Dienst" gehörten jetzt auch Straßenkontrollen, durch die Berlin häufig im mehrfachen Umkreis wie von Wegelagerern umstellt war. Sie galten der Fahndung nach Leuten, die ihr entwichen waren. Die Kunde von den Belästigungen ausländischer Autofahrer und von den Ohrfeigen, die hier ein ägyptischer Diplomat und dort ein rumänischer Konsul einstecken mußten, drang schließlich an Hitlers Ohr. Im Mai beauftragte er mich, Ernst und Helldorf sein Mißfallen über solche Art Verkehrspolizei zum Ausdruck zu bringen. Aber je klarer sich ergab, daß die Abertausende der SA in der „permanenten Revolution" weder verbraucht werden konnten noch wollten, um so drängender wurde die Frage, was denn mit ihr werden sollte.

Es war gar nicht mehr zu übersehen, in welche öffentlichen und privaten Verhältnisse die SA an allen Orten damals eindrang. Es gab kaum ein Unternehmen, das, zu seinem Schirm und Schutz gegen die Gefahren der Gleichschaltung, der Denunziation und Bedrohungen nicht einen „alten Kämpfer" der SA engagiert hatte. Als selbsternannte Direktoren, Sonderkommissare und SA-Beauftragte waren sie allgegenwärtig. Ich hörte gerüchtweise von mysteriösen Eigentumsübertragungen oder von Riesengehältern, die sie sich bei Filmgesellschaften und in der Industrie ausbedungen hatten. Diese Infiltration ging nicht immer freiwillig vor sich. Die deutschen Geschäftsleute erlebten eine Neuauflage solchen Treibens, als zwölf Jahre später, unter dem Schutz der Alliierten, einstige Opfer der SA, aber auch Berufsverbrecher, als „KZ-ler" in ihre Bereiche eindrangen.

Ein SA-Führer hatte ein Mitglied der Familie Ullstein in einen Wald bei Berlin verschleppt und ihn mit Erschießen bedroht. Als wir den verdächtigen Vorgängen nachgingen, wurden uns ordnungsmäßige Anstellungsverträge mit SA-Führern vorgelegt. Unseren weiteren Nachforschungen entzogen sich die geschäftstüchtigen Erpresser durch die Flucht. Die Verträge wurden annulliert.

In den Verlagen der Zeitungen, die mit ihren im wesentlichen jüdischen Redaktionen den Kampf gegen den Nationalsozialismus getragen hatten, ging es überhaupt hoch her. Wo der SA geschickt und mutig entgegengetreten wurde, konnte damals noch der Fortbestand der Zeitungen, wenigstens über das Jahr 33 hinaus, ausgehandelt und tausenden „arischer", aber auch jüdischer Angestellter und Arbeiter die Existenzgrundlage bewahrt bleiben. Fried Zimmermann verteidigte so die „Vossische Zeitung" mit Erfolg. Den schlimmsten Belästigungen war der Rudolf-Mosse-Verlag ausgesetzt, in dem das „Berliner Tageblatt", das „8-Uhr-Abendblatt" und die „Berliner Volkszeitung" erschienen. Bevor der Verleger, Hans Lachmann-Mosse auswanderte, hatte er den Verlag in eine gemeinnützige Stiftung verwandelt, im Glauben, die Revolution und die Begehrlichkeit der neuen Leute abfangen zu können. Der Verlagsdirektor Karl Vetter mußte sich buchstäblich mit der SA und ihren mit Pistolen fuchtelnden Führern herumschlagen. Es war eine stürmische Reise, die dieser überlebende Steuermann des Schiffes Mosse mit den ihm anvertrauten dreitausend Menschen samt seinen jüdischen Schützlingen antrat. Vetter konnte sich nur schützen und durchsetzen, weil ihn sein Verbindungsmann zur Staatspolizei und zu Lützow, der ehemalige Seeoffizier Obermüller, über die lebensgefährlichen Aktionen der SA gegen ihn und den Verlag orientieren konnte, bis seine soziale Einstellung und sein tapferes Auftreten eine gewisse Sympathie der SA erzwang.

Als ich Göring von dem Treiben der „SA-Beauftragten" bei der „Mossestiftung" berichtete, drang er auf Aufklärung verschiedener Erpressungsvorgänge. Ich konnte den Verleger Lachmann-Mosse telefonisch in der Schweiz erreichen und ihm „freies Geleit" zusichern, wenn er zu einer Untersuchung der Vorgänge nach Deutschland zurückkomme. In Berlin angekommen, mußte dann Mosse zu einer Art Standgericht über den ebenfalls zitierten SA-Führer vor Göring erscheinen. Dieser mußte vor Göring zugeben, daß er seine hochbezahlte Position mit Hilfe seiner vorgehaltenen Pistole erzwungen hatte. Als mir der Erpresser immer peinlichere

Fragen beantworten mußte, unterbrach Göring das Gericht mit dem donnernden Befehl: „Verhaften Sie den Halunken auf der Stelle!" Die Ereignisse, die sich damals in den Berliner Redaktionen abspielten, die sich gegen das „Einschwenken" zur Wehr setzten, verdienten eine eigene Darstellung.

Ich könnte die Reihe solcher Begebenheiten ins Endlose fortsetzen. Die SA verprügelte Lehrer, die einmal die Sprößlinge von „Alten Kämpfern" geohrfeigt hatten, und sie setzte Rechtsanwälte fest, die eine Scheidung gegen einen der Ihrigen betrieben hatten.

Eines Tages setzte in Berlin eine Verfolgung der Hellseher und Astrologen ein. Wir hörten von ihren Einkerkerungen in den SA-Gefängnissen. Da lichtete sich das Dunkel um dieses Treiben durch die Ermordung des Hellsehers Hanussen. Dieser bekannte Stern der Berliner Skala hatte sich gleich einen ganzen SA-Sturm als Leibwache engagiert. Er hielt ihn durch Geldspenden und gewaltige Feste in seiner pompösen Wohnung bei guter Laune. Der Sturm wurde von dem ehrgeizigen Astrologen dazu benutzt, seine Konkurrenten in Berlin niederzuprügeln. Der Umgang mit hohen SA-Führern hatte Hanussen dazu verleitet, seine mit ihrer Hilfe errungene Monopolstellung für seinen politischen Ehrgeiz zu gebrauchen. In der astrologischen Zeitschrift, die er erscheinen ließ, korrigierte und kritisierte er, unter Hinweis auf die Konstellationen der Gestirne, die Führung des Dritten Reiches in einer Weise, wie es ihn die rebellierenden SA-Führer gelehrt hatten. Hitler verbot eines Tages das gewerbsmäßige Hellsehen und Horoskopieren. Astrale Einmischungen in sein irdisches Tun wollte er ausschalten. Anscheinend war Hanussen nun dem obersten Berliner SA-Führer Graf Helldorf lästig geworden, nachdem er dem Tiefverschuldeten beträchtlich unter die Arme gegriffen hatte. Der Mörder, ein unterer SA-Führer, entzog sich der Verhaftung durch Flucht ins Ausland; doch die Untersuchung hatte so nahe an Helldorf herangeführt, daß er die Anwartschaft auf den Posten des Berliner Polizeipräsidenten verlor. Er wurde, trotz der Einsprüche des mit ihm befreundeten Gauleiters Goebbels, auf Görings Drängen seiner Stellung in der SA entkleidet und auf den Posten des Polizeipräsidenten von Potsdam abgeschoben. Ich darf bei der Erwähnung dieses Namens nicht verschweigen, daß ich, als ich zehn Jahre später Helldorf in Berlin begegnete, einen Mann wiedersah, der längst den Landsknechtsführer abgelegt hatte und von dem Treiben der Narren und Verbrecher weit abgerückt war.

Es ist menschenunmöglich, die Fülle des Geschehens niederzuschreiben. Auch wenn mein Gedächtnis mir noch mehr Einzelheiten zutragen würde und wenn mir die Notizen zugänglich wären, die ich mir damals tagebuchartig gemacht hatte, ich könnte den Hexensabbat nicht darstellen. Es sind zusammenhanglose Einzelheiten, die alles in allem nur schwache Anhaltspunkte für die Restaurierung des düsteren Gemäldes bilden können, von dem die Mehrzahl der Deutschen – es sei immer wieder zu ihrer Entschuldigung gesagt – nur die festliche Vorderseite erblickte.

Noch im Oktober 1933 urteilte Oswald Spengler („Jahre der Entscheidung"), ein leidenschaftlicher Gegner des Lärms und der Hetzer und Schwätzer:

> *„Aber es darf schon heute gesagt werden: Der nationale Umsturz von 1933 war etwas Gewaltiges und wird es in den Augen der Zukunft bleiben, durch die elementare, überpersönliche Wucht, mit der er sich vollzog, und durch die seelische Disziplin, mit der er vollzogen wurde. Das war preußisch durch und durch, wie der Aufbruch von 1914, der in einem Augenblick die Seelen verwandelte. Die deutschen Träumer erhoben sich, ruhig, mit imponierender Selbstverständlichkeit, und öffneten der Zukunft einen Weg."*

So sah die Mehrzahl der bürgerlichen Deutschen die Dinge; so wollte sie auch Hitler sehen; mir erschienen sie ganz anders. Aber mich hatten diese Wochen zu sehr abgehärtet, als daß ich bei der Betrachtung des Doppelantlitzes dieser Revolution gemütskrank geworden wäre.

Die Massenaktionen zeigten Ende März ein leichtes Verebben. Die SA entwickelte dafür eine systematische Überwachung der kommunistischen Quartiere. Sie arbeitete dabei mit großer Gründlichkeit. Eines Tages meldete sich bei mir der evangelische Geistliche Schenk, um mir darüber Mitteilung zu machen, daß „die SA" seinen Sohn abgeholt habe; es müsse sich um eine Verwechslung mit einem Kommunisten gleichen Namens handeln. Es gelang seine Freilassung nach mehreren Versuchen, ihn trotz des Irrtums festzusetzen.

1935

Inzwischen hatte ich ein kleines Atelier gemietet, nicht gerade passend für aufwändige Malerei, aber mit hübscher Aussicht über die Dächer, gegenüber St. Kolumba, im Dischhaus. Richtige Atelierräume waren äußerst knapp in Köln. Bürohäuser, wie das Dischhaus, vermieteten ungern an Künstler, denen noch immer das Image anhing, mit Festen und Farbkleckserei en das saubere Büroleben empfindlich stören zu können. Nichts ist schwerer auszumerzen als ein Vorurteil. Ich war ja nur Zeichnerin...

Wieder einmal war Karneval. Die Narren ließen sich durch nichts entmutigen. Es galt, wie in jedem Jahr, eine neue, ausgefallene Idee im Kostüm zu präsentieren. Nur, anders als früher, an politische Witze traute man sich nicht heran. Was hätte man denn auch darstellen sollen?
Auf einem unserer Künstlerfeste tanzte ich mit einem interessanten Mann, der mich, für ein Faschingsfest ungewöhnlich, nicht mit Plattheiten anödete. Leider wurde er abberufen, aber er ließ in Eile meine Adresse feststellen, was auch wie-

der ungewöhnlich war. Aber wer war dieser interessante Mensch?

Zum wiederholten Mal fuhr ich, anschließend an Karneval, nach Italien. Die Fahrkarte kostete von Rom bis Agrigento im südlichsten Sizilien aus irgendeinem unerfindlichen Grunde oder wegen Fremdwerbung nur etwa zehn Mark. Das ließ ich mir nicht entgehen. Irrtümlich bestieg ich den Schnellzug, der natürlich teurer war, und der nur ein Mal mitten in Sizilien hielt, in Enna. Wir hatten Enna schon passiert, als endlich ein Schaffner erschien und zu meinem Schrecken, verständlicherweise, erhebliche Nachzahlung verlangte oder... Aussteigen. Aber da brach ein Sturm los in dem Waggon, ich fürchtete fast um das Leben des Armen. Er wagte gar nicht, das Abteil noch einmal zu betreten. Das Liebenswerte an den Italienern ist ihre unwahrscheinliche Solidarität, wenn sie sich einmal entschieden haben, jemandem zu helfen. Dass ihre gottgegebene dramatische Ausdruckskraft solche Szenen zu großartigen Tragödien aufbläst, erhöht ihre Bereitschaft, sich einzusetzen. Um ein Nichts, versteht sich.

Wie großartig waren die griechischen Tempel in Agrigento! Dank der *Prima vera* des nachts feenhaft erleuchtet, ein letzter Gruß, dem nahen Afrika gegenüber, dessen gelbe Himmel des Abends herüberleuchteten. Sie standen, Wächter unserer Kultur, einsam auf dem gelben Sand. Welches Glück, dieses Erlebnis ganz allein zu haben. Kein einziger Tourist weit und breit. Das Glück der Einsamkeit...

Dann fuhr ich weiter nach Taormina. Die zauberhafte Kulisse des rötlich und weiß leuchtenden Amphitheaters vor dem, noch eine Mütze von Schnee tragenden Ätna, war wohl das Schönste, was das an Szenerie so reiche Italien an Ausblicken bieten konnte. Es gibt immer Stunden, in denen man nur schweigt und schaut...

Der Ort war damals noch klein, der Weg unter blühenden Tamarisken zum kleinen Felsstrand einsam. Dort steht die berühmte Felsklippe, etwa dreißig Meter hoch, von der sich todesmutige Jungen ins Meer stürzten, während mir das Herz erschrak. Auch an dem langen Strand war ich ganz allein. Nur ein Hirtenhund erhoffte sich einen Bissen, harrte aus und bewachte meine Kleider, während ich weit hinaus schwamm. Und dann kamen Carabinieri im Boot und warnten mich vor den Haien! In jedem Paradies lauert die Schlange.

Wieder in Köln kam ein Telefonanruf von Rudolf Diels. Keine Ahnung. Wer sollte das sein? Schließlich klärte sich der Nebel meines Gedächtnisses: Der interessante Mann vom Karneval! Wir verabredeten uns und, stolz auf mein kleines Atelier, lud ich ihn ein, meine Zeichnungen anzusehen. Ich erinnerte mich seiner Bemerkung, dass er Kinderbücher sammle und, als ernsthaftes Interesse, flämische Malerei. Auch dies war nicht das übliche Thema. Aber an sein Aussehen hatte ich keine Erinnerung mehr. Wer dann kam, wirkte unglaublich jung, schlank, mit weichem dunkelbraunem Haar, wovon eine Strähne über die wachsamen Augen fiel. Der sensible Mund widersprach dem eher zerklüfteten Gesicht.

Im Gespräch über Malerei war ich schnell bei meinen Pariser Erfahrungen und der Wirkung deutscher Politik auf die Nachbarländer. „Ja", sagte der Besucher, „wir werden einen Krieg haben, und den werden wir verlieren. Denn viele Hund sind des Hasen Tod."

Langsam dämmerte mir, dass ich den Regierungspräsidenten der Stadt Köln zu mir eingeladen hatte. Er erzählte, bei seinem Antrittsbesuch beim Kardinal habe dieser ihm gesagt, er habe sich vergeblich bemüht, aus den Kölnern gute Katholiken zu machen. Und es würde ihm auch nicht gelingen, gute Nationalsozialisten aus ihnen zu machen.

Das war wieder eine Gelegenheit zu einem Witz: Der Reichspropagandaminister Goebbels lässt Tünnes bitten, ihm eine Liste der Anti-Nazis von Köln zu schicken. Umgehend kommt ein dickes Paket mit dem Kölner Adressbuch...

Für so hohen Besuch erschien mir mein winziger Arbeitsraum plötzlich zu eng und ich war ganz froh, als er sich verabschiedete. Nicht ohne mich einzuladen, ihn in der Regierung zu besuchen.

So stand ich eines Nachmittags vor dem schönen Schinkelbau in der Zeughausstraße und wurde in den Empfangsraum

Rudolf Diels

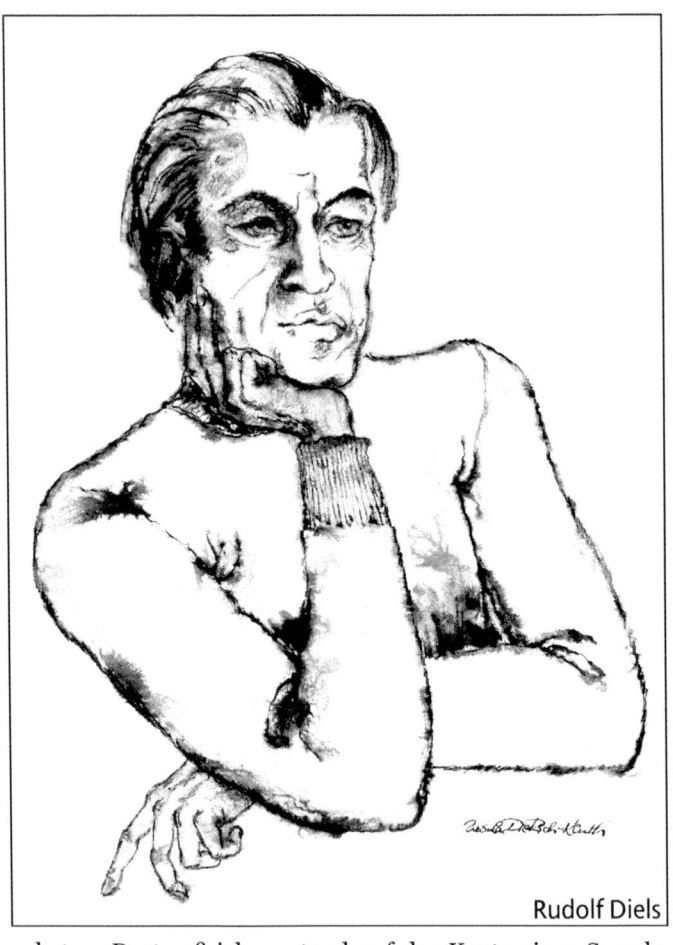

gebeten. Dort saß ich wartend auf der Kante eines Sessels, ungewiss, was ich dort eigentlich wollte. Plötzlich wurde die Tür krachend aufgestoßen und herein stürmte der größte Höllenhund, den ich je gesehen hatte, und lief auf mich zu. Ich liebe Hunde, aber der hier war ein paar Nummern zu groß. So lockte ich mit sanfter Stimme: „Braver Hundi, guter Hundi..." Er kam nah und schmetterte mir seinen dicken Kopf auf die Knie: Um sich kraulen zu lassen. In der noch offenen Tür stand der Hausherr und sah auf die Szene. „Und so was soll mich bewachen!"

Er zeigte mir dann die eleganten Räume der Regierung und sein Arbeitszimmer, wo mich eine Wand gegenüber seines Schreibtisches erstaunte, die mit vielen Spielkarten dekoriert war. Natürlich fragte ich nach dem Sinn. Er öffnete das Schubfach, und fast im gleichen Moment, wie er eine Pistole herauszog, schoss er ein „Ass" in die Wand. „Zur Übung. Man weiß ja nie, wen man vor sich hat."

Diels fragte mich, ob ich mit ihm zu Abend essen möchte. Als brave Tochter bat ich um das Telefon, um zu Hause meine Verspätung anzukündigen. Am Telefon war meine Schwester Charlotte, immer besorgt um mich. „Lass ihn seine Bratkartoffeln alleine essen. Und komm nicht zu spät." Seinem Schmunzeln entnahm ich, dass er das Gespräch am anderen Apparat mitgehört hatte.

Er schlug dann ein Gartenrestaurant vor, weil der Abend so schön war, und wir fuhren zum Frankenforst. Nun sind diese sommerlichen Ausflugsgaststätten wochenabends und ohne Gäste wohl das Ödeste, was man sich denken kann, tödlich langweilig und ernüchternd. Immerhin genoss ich das köstliche Rehfilet mit Waldpilzen und erzählte von Sizilien. Er brachte mich nach Hause. Im Wagen gestand er mir, dass er meine Adresse mit der einer anderen Modezeichnerin, die ich auch kannte, verwechselt habe. Und ich verstand, dass ich ihm einen amüsanteren Abend verpatzt hatte.

Wer hätte damals ahnen können, dass sich daraus eine Freundschaft entwickeln würde, die lange Jahre halten sollte, deren Reiz vielleicht gerade in der Seltenheit der Begegnungen lag, und die mich, ungewollt, in gefährliche Augenblicke deutscher Geschichte führte. Nur ein Ohr am Schlüsselloch, glücklicherweise. Sicher war anfangs bei mir viel Eitelkeit im Spiel, einen Mann zu kennen, mit dem zu flirten, wie mit den Studenten meines Kreises, zu töricht war. Von seiner früheren Tätigkeit als erster Chef der Gestapo wusste ich damals nicht. Offensichtlich war mir, dass Diels keiner der typischen Nazibonzen war, deren Mediokrität man förmlich riechen konnte. Außerdem war bekannt, dass er verschiedenen Juden zur Ausreise verholfen hatte. Eine schillernde Persönlichkeit war er gewiss. Das ergab sich damals schon aus dem politischen Gerangel zwischen Gewissen und politischem Ehrgeiz, als Himmler und Heydrich ihn aus seinem Amt schoben.

Mein Gefühl sagte mir, dass er damals einfach nur einen Menschen brauchte, dem er, ohne intrigante Hintergedanken, vertrauen konnte. Denn ringsum hatte er viele Feinde.

1936 – 1939

1936. Deutschland im Olympiafieber. Nur ein totalitärer Staat konnte sich eine so überwältigend perfekte Organisation erlauben. Ob man für das Regime war oder nicht, eine Hochachtung für die Szenerie konnte man nicht verweigern. Für alle, die nicht bei den Spielen dabei sein konnten, muss der Film von Leni Riefenstahl eine Offenbarung gewesen sein. Töricht, ihr vorzuwerfen, sie hätte den Film „nicht so gut" machen sollen. Töricht und unsachgemäß ihr vorzuwerfen, er sei eine, ihre Bewunderung der nationalsozialistischen Idee. Die Organisation und Planung lag allein in den Händen von Goebbels und Speer. Millionen jubelten, was sollte da ein einziges Nein, das nie an die Öffentlichkeit gelangt wäre? Ein Künstler gibt immer sein Bestes. Er würde sich versündigen, machte er bewusst schlechte Arbeit.

Ich war nicht in Berlin, aber ich hatte ständig in der Redaktion der Kölnischen Zeitung zu tun, um für die Sportbeilage zu zeichnen. Die erfrischenden Kommentare der Redakteure haben mich immer amüsiert. Ihre treffenden Bemerkungen waren ja leider nur noch für den heimlichen Gebrauch hinter verschlossenen Türen. Umso mehr genoss man sie, wie alles

Verbotene. Mein schneller Zeichenstrich, der sich so gut für die Zeitungsreproduktion eignete, war sehr gefragt. Es war für Grafiker eine großartige Zeit, falls man bereit war, rund um die Uhr zu arbeiten. Denn das meiste lag ja, von der Idee bis zum Druck, nur in einer Hand. An aufwändige Malerei konnte ich damals kaum denken. Zudem lebte man schon damals, 1937, mit einem eventuellen Krieg im Rücken. Wohl waren wir, unter Freunden, in Gesprächen immer nahe an diesem Thema, aber wer wollte schon ernsthaft darüber nachdenken. Der Kreis meiner Freunde war in einem Alter, das sich nur sehr vage an den letzten Weltkrieg erinnern konnte. Näher noch waren uns die Erinnerungen an die Nachwirkungen des verlorenen Krieges. Aber das war vorbei und in der Wirtschaft war ein Aufschwung zu spüren, der große Hoffnungen weckte. Es wurde gebaut, wunderbare Fernstraßen, die neuen Autobahnen, über deren Verwendungsmöglichkeiten man nur hinter vorgehaltener Hand spekulieren durfte. Alles wurde unter Druck von oben eilig fertig. Das gab Arbeit. Komfortable Kasernen standen plötzlich in der Landschaft, die, als Wohnhäuser getarnt, bereits während der Besatzungszeit entstanden waren. Man staunte, man wunderte sich, aber es lief alles reibungslos, weil von oben her geordert. Wohl überlegte mancher, wie lange sich das benachbarte Ausland wohl diesen sichtbaren Aufrüstungszustand tatenlos gefallen lassen würde. Aber da sich die Regierungen mit Verträgen, Versicherungen und Abwarten zufrieden gaben, wirkte das Leben in der aufstrebenden Wirtschaft, allen Warnungen zum Trotz, eher einschläfernd. Nur der Kreis der Freunde wurde immer enger. Die gebotene Vorsicht im Umgang mit Fremden belastete jedes Gespräch.

1937 war ich, irgendwann, irgendwo, bei Bekannten eingeladen. Etwas verloren saß ich da herum. Da kam *er* auf mich zu, wieder ein Rennpferd, dachte ich, lange, etwas schlaksige Glieder, grauer Flanell, ein gutes Profil und gepflegte lange Hände. Und das gewisse, etwas spöttische Lächeln im Mundwinkel. Diesmal sah ich in blaue Augen.

Wir unterhielten uns, das heißt, er redete, denn ich hatte einen Kloß im Hals. Plötzlich sagte er: „Mit Ihnen kann man nicht flirten. Da ist es gleich ernst. Wollen Sie mich heiraten?"

Hans Hubert Dietzsch, genannt Peter, arbeitete unter Otto Bayer in der Zentraleinkaufsabteilung einer großen Kölner Geschäftsfirma, die damals noch ein internationales Flair besaß, mit Paris, London, Mailand zusammen. In den Sprachen Französisch, Englisch, Spanisch perfekt, konnte mein Vater in diesem Schwiegersohn den Nachfolger für seine geliebte Firma sehen, für die seine drei Töchter sich nicht engagieren wollten. Peter war voller liebenswerter, etwas verrückter Einfälle, die uns in dieser Zeit fast verloren gegangen waren. So ließ er mir zu einem Geburtstagsmorgen ein Ständchen bringen! Man spürte, dass seine Kindheit durch die Erziehung in einem Künstlerhaus geprägt war: Dietzsch-Sachsenhausen. Sein Vater, ein sehr bekannter Bildhauer zu seiner Zeit, dessen Großplastiken auf den renommiertesten Plätzen in Berlin standen, war auch musikalisch hochbegabt, filmte mit Asta Nielsen zusammen, war ein eleganter Reiter und begeisterter Offizier. Und er war ein enger Freund des Kronprinzen. Vor allem aber war er ein Lebenskünstler, ohne Rücksicht auf Verluste. Geblieben ist nichts als die Erinnerung.

Am 5. Mai 1938 heiratete ich Hans Hubert Dietzsch jun.

Der Jubel in Österreich über den Anschluss an das Dritte, das „Großdeutsche" Reich schockierte mich. Was erwartete man dort? War es verständlich, dass man dort teilhaben wollte an den Fettaugen in der – gefährlichen – Suppe? Ich sah das schöne, leichtlebige Wien unter den Stiefeln der SA erzittern. Aber ängstliche Gedanken gingen unter in der Freude dieser Wochen, wie sie sich jedes Brautpaar wünscht. Das wunderschöne Hochzeitskleid nach einem Modell von Worth, die Hochzeit, die Reise, die Peter plante, Gardasee, Venedig, das war in diesen Wochen unsere Welt. Die Wohnungssuche war das Wichtigste. Auf zwei sehr schöne Wohnungen verzichteten wir, als der Vermieter uns versicherte, er habe sein

Haus von Juden gesäubert! In der Marienburg fanden wir eine hübsche Wohnung mit Kinderzimmer und einem kleinen Raum als Atelier. Das Kinderzimmer, ganz in hellblauem englischen Chintz, hat mein Sohn nie zu sehen bekommen.

Ein Jahr lang konnten wir dort glücklich und friedlich leben. Wir waren immer noch auf der Sonnenseite des Lebens und genossen die neue Erfahrung, die ein gemeinsames Leben uns bringt. Ein Jahr! Und es blieb auch das einzige gemeinsame Jahr in meiner Ehe. Was ist ein Jahr? Kann man wirklich bewusster leben, wenn am Horizont schon das Gewitter heraufzieht?

Für die meisten kam der ganz große Schock ja erst am 9. November 1938 mit der sogenannten Reichskristallnacht. Nun durfte wohl niemand mehr daran zweifeln, wie sich die Zukunft entwickeln würde. Wie kann man diesen menschenunwürdigen, alle ethischen Grenzen überrennenden Hass vergessen, jahrelang geschürt und mit Lügen gefüttert, der da aus dem Pöbel herausbrach, aus Menschen, die man noch gestern als zivilisierte, freundliche Bürger kannte? Wie kann man die Scham vergessen, als man hilflos zusehen musste, wie unschuldige Menschen aus ihren Wohnungen gezerrt, misshandelt und erniedrigt wurden. Nein, dem Rausch der Vernichtung gegenüber war man machtlos. Und doch wurde geholfen, viele riskierten ihr Leben für ihnen Fremde und versteckten sie, oft genug jahrelang. Auch das soll man nicht vergessen.

Für mich, als Kind aus Berlin gekommen, wo zwischen Katholiken, Juden und Protestanten kein Unterschied gemacht wurde, wäre diese Hetzkampagne unverständlich gewesen, wenn ich nicht meine Erfahrungen in Paris gemacht hätte. In unserer Straße in Köln wohnten rundum viele jüdische Familien, ich erinnere mich besonders an die eindrucksvolle Persönlichkeit Otto Klemperer, dem wunderbaren Dirigenten, wie er in seinem langen schwarzen Mantel die Mozartstraße entlang wandelte. Wir hatten hochkultivierte Familien zu Freunden, wie Stefan Moses, dessen Frau aus Solidarität zum Glauben ihres Mannes übertrat. Den Arzt Dr. Lion, aus Nr. 11, der glücklich in die USA entkam. Und manche andere.

Aber der Brand dieser Nacht hörte nicht mehr auf zu schwelen, und in manchen Familien zerstörte er das Vertrauen zwischen Kindern und Eltern.

1938. In diesen Tagen schrieb mir Mme Morhard aus Saint-Germain-en-Laye, sie käme kurz über Köln und ob sie mir etwas aus Paris mitbringen solle. Ich bat um ein Pfund Butter. Aber das war schon wieder verdächtig: „Butter für Kanonen!" hieß die Nazidevise, also brachte sie ein Pfund Gänseleber mit. Und eine große Bitte: Ihre schöne Tochter Jacqueline hatte sich mit dem Sohn sehr reicher Juden namens Goldsand in Wien verlobt. Er war schon in Paris, um zu versuchen, sich dort eine Existenz aufzubauen. Um ein klein wenig beweglichen Besitz als Geschenk zu retten, brachte Mme Morhard bei ihrem nächsten Besuch ein paar „Kleinigkeiten" aus Wien mit, in der Hoffnung, ich könne sie nach Paris hinüberretten. Die Kleinigkeiten bestanden aus einem sehr wertvollen Breitschwanzpersianer, einer unschätzbaren echten Orientperlenkette, ein paar Brillantringen mit Armband und einem Necessaire, dessen Inhalt, alle Flaschen, Dosen und Behältnisse aus 24 Karat Gold gefertigt waren. Die einzige Möglichkeit etwas Verwertbares zu schmuggeln. So ausgestattet saß ich wieder einmal, aber diesmal erster Klasse, im Zug nach Paris, innerlich zitternd, aber lässig bemüht, nicht aufzufallen. Erst nach dem Krieg erfuhr ich die näheren Umstände der Heirat von Jacqueline mit dem jungen Goldsand. Folgendes: Spät nachts rief der Bürgermeister, der *maire* von St.-Germain bei Morhards an, es würde am frühen Morgen ein Gesetz in Kraft treten, dass Französinnen nicht mehr deutsche Juden heiraten dürften. Zu viel Scheinehen waren wegen der Vorteile geschlossen worden. Es galt also, den jungen Mann nachts aus Paris zu holen und in aller Eile die Formalitäten zu erledigen, und im Morgengrauen wurden sie getraut.

1949 erhielt ich von Dr. Konrad Adenauer persönlich ein Visum und konnte die Morhards besuchen. Dort erfuhr ich, dass außer Jaqueline und ihrem Mann fast die ganze Familie Goldsand in Auschwitz vergast worden war. Nur der alten

Großmutter stand ich plötzlich gegenüber und ich komme auch heute noch nicht über die entsetzliche Scham hinweg, die mich dort, unfähig ein einziges Wort zu sagen, überwältigte. Die Großherzigkeit mit der man mir dort begegnete machte meine Situation als Deutsche nur noch schlimmer.

Im März 1939 ließ Adolf Hitler Prag besetzen. Noch immer rührte sich nichts in England. Nur Einsprüche und Proteste. Ich erinnere mich, wie ich gelegentlich in einer Unterhaltung darüber sagte: Hitler wird seine Unverschämtheit noch soweit treiben, dass er ein Bündnis mit dem Erzfeind Stalin macht. So war es dann tatsächlich 1939.

Im Mai die Drohungen gegen Polen. Es wurde immer enger. Noch einmal haben wir aufgeatmet, als Neville Chamberlain das berühmte und viel bezweifelte Abkommen mit Hitler in München unterzeichnete. In der Praxis war es aber ein Zeitgewinn, der England zum Ankurbeln seiner Rüstungsindustrie diente. Kaum jemand glaubte ernstlich noch an eine Verhinderung des Krieges.

Im Juni machten Peter und ich einen ausgedehnten Urlaub auf Ischia, in dem sicheren Gefühl, dass es wohl für lange Zeit der letzte sein würde.

Es waren herrliche ungetrübte Wochen, die wir dort genossen. Es gab nur wenige Touristen in der winzigen Pension in San Angelo: Marianne Hoppe, Elisabeth Flickenschildt, den Ballettmeister Graf Arco und die Frau des Malers Kamphausen. Und Karl Heinz Schroth, der immer mit einem Korken im Mund am Strand entlang lief und Sprechübungen machte. Er meinte, er sei solch ein Pechvogel, dass er noch auf eine Mine von 1915 treten würde. Aber wir dachten nicht an Krieg, wir wollten Haifische angeln. Dazu schickten wir einen Jungen auf den Markt in Forio, um eine Kiste Köderfische für eine lange Legeangel zu besorgen. Es kam kein Junge zurück und kein Geld und auch keine Fische. Bei nochmaligem Versuch bekamen wir unsere Fische, konnten sie auf die dicken Stahlhaken spießen und auslegen. Aber als wir andertags die Schnüre einholen wollten, fand sich kein Fischer und kein Ruder. Die Nacht war aber nicht verloren, wir machten ein Fest daraus, und in der Morgendämmerung erklärte sich auch ein Fischer bereit, uns zu rudern. Die meisten Köder waren abgefressen, wir hatten ihnen ja Zeit gelassen, oder von größeren Fischen mitsamt den dicken Haken verschluckt. Nur ein Sandhai von etwa 120 cm musste daran glauben. Wir aber waren sehr stolz. Doch am späten Morgen fanden wir die kostbare Beute zerschmettert am Strand. Von einem Hai kann man praktisch alles gebrauchen, die Leber und das Fleisch schmeckt sehr gut, vor allem die Haut war als Schmirgel sehr begehrt. So groß war aber der Hass der Fischer auf den Raubfisch, dass sie ihn gesteinigt hatten, denn ihr Aberglaube verlieh ihm Teufelskräfte.

Wir waren alle noch so herrlich töricht in diesen Tagen, wir sammelten Muscheln am Strand und wühlten im Sand nach winzigen Korallen und Turmalinen. Als wollten wir die Freiheit noch einmal tief in uns einsaugen. Dann fuhren wir nach Paestum, um die herrlichen griechischen Tempel zu bewundern, die schweren dorischen Säulen, wie sie im Abendlicht golden schimmerten und fast durchsichtig wirkten.

Aber auch diese Freiheit musste einen letzten Tag erleben. Auf dem Rückweg über Malcesine am Gardasee sahen wir noch eine Aufführung von einem der uralten Thespiskarren, wandernden Schauspielern, die zu Kirmeszeiten die abgelegenen Dörfer aufsuchten. Karl Heinz Schroth erinnerte sich, dass es immer seine Angst gewesen wäre, einmal so seine Karriere beenden zu müssen. Es war etwas schwierig dem Stück, auf Italienisch, zu folgen, denn mangels Schauspielern musste jeder etwa vier Rollen übernehmen, was für uns immer zu Verwechslungen führte.

Wieder zurück in Köln gingen wir an einem herrlichen Sonnentag zum Schwimmen ins Eis- und Schwimmstadion. Es war der 1. September 1939. Plötzlich ertönte aus den großen Lautsprechern über die Liegewiese: „Um fünf Uhr fünfundvierzig haben wir zurück geschossen!" Der Krieg war da. So oft war er zurückgedrängt, verwünscht und als Unmöglichkeit besprochen. Und oft als ein Spaziergang unserer wunderbaren Wehrmacht herbeigerufen. Er war da.

Wir gingen auf der Wiese auseinander. Kein Wort fiel. Kein Hurraruf. Ernst und still packte jeder sein Badezeug zusammen und verschwand.

Am anderen Tag bestätigte mir mein Arzt, dass ich mein Kind erwarte.
Vielleicht wäre ein anderer Termin praktischer gewesen, uns aber war jeder Zeitpunkt recht. Wir freuten uns. Eine aufwändige Planung fiel sowieso aus, denn im gleichen Augenblick, in dem Großbritannien und Frankreich Deutschland den Krieg erklärten, erschienen auch die Bezugsscheine und Lebensmittelmarken, sodass man keine Babysachen mehr kaufen konnte. Meine ganze Wäscheaussteuer hatte schon ein Jahr zuvor mein Vater nur noch in Wien einkaufen können, wo er sie mit Liebe und textilem Sachverstand besorgte. Meine Vorbereitung auf den Kriegsfall beschränkte sich darauf ein Fahrrad zu erstehen, obwohl der schöne dunkelrote Mercedes noch in der Garage stand. Meine Schwester Lo war weniger vorausschauend, und wie sehr hat sie es bereut.
Wie grauenvoll der Krieg in Polen auch begann, er war weit entfernt. Der Westen war noch ruhig, man sprach sogar von freundschaftlichen Annäherungen der Soldaten an der Maginot-Linie. Der Mensch lebt niemals ohne Hoffnung. Auch in diesen Tagen glaubte man noch an ein Abwenden der großen Offensive gegen Frankreich. Auch die Franzosen hofften und fühlten sich geborgen hinter der unüberwindlichen Mauer der Maginot-Linie.
In diesen Tagen hatten wir zwei denkwürdige Besuche. Walter Hewel, ein Studienfreund meines Mannes, besuchte uns mit dem Anliegen, Peter in den Stab von Außenminister Joachim Ribbentrop zu lancieren, dessen rechte Hand Walter Hewel war. Ein verlockendes Angebot für einen ehrgeizigen Mann. Wir besprachen diese zweifelhafte Chance nur kurz. Wir waren uns beide einig, dass auch die vielen Annehmlichkeiten, die damit verbunden wären, nicht den Wechsel der Gesinnung aufwiegen würden. Man kann nicht mit einer solchen Lüge leben und sich mit diesen Leuten zusammentun,

die man für rechtlos hält. Die Ausrede war schnell gefunden, weil Peter als Juniorchef in die Firma meines Vaters eintrat.

Der zweite Besuch war ungleich gefährlicher. Es erschienen zwei Herren von der SS. Sie boten meinem Mann die Ehre an, in die Waffen-SS einzutreten, blond, groß und blauäugig wie er war, und – rein arisch. Hier war nun ein einfaches Nein praktisch unmöglich. Welche Finte sollte man erfinden, um aus diesem, für uns schrecklichen, Angebot auszusteigen? Es ist mir in den langen Jahren des Regimes immer wieder aufgefallen, dass man – wenn überhaupt – nur bestehen konnte, wenn man sich der parteieigenen Worte und Ideen bediente. Es musste einem halt das Richtige einfallen... Die Frechheit, mit der ich seinerzeit meine Verlobung mit dem SS-Mann löste, wäre hier allerdings wohl KZ-reif gewesen. Mein Mann, geschockt von dem peinlichen Angebot, sagte zunächst das Übliche, den Dank, die Ehre. Dann aber meinte er, es habe wenig Sinn, da er als unabkömmlich eingestuft wäre. Er sei in einem wehrwirtschaftlichen Betrieb. Ah – das wäre ja etwas anderes, und dürfe man fragen, welcher Betrieb? Leider dürfe er nicht darüber sprechen, verständlicherweise. Die Herren verzogen sich dankend. Dass es sich bei dem Betrieb meines Vaters ausgerechnet um etwas handelte, was absolut unmilitärisch war, nämlich Herrenhüte! Nicht etwa Stahlhelme! Das hieß nun, ehe die SS durch eine eventuelle Nachfrage dahinter käme, etwas zu unternehmen. Und das hieß, sich in den Schutz der Wehrmacht zu begeben und sich freiwillig zu melden, da sein Jahrgang ohnehin aufgerufen war.

Inzwischen lernte man die neuen Umstände innerhalb des Haushaltes, zum Beispiel den Umgang mit Lebensmittelmarken. Wieder einmal musste man die durchdachte Organisation bewundern. Der „uns aufgezwungene Krieg" war von Hitler hervorragend eingeleitet worden. Er hatte zweifellos aus den Erfahrungen des ersten Weltkrieges viel gelernt, und das Gelernte planvoll eingesetzt. Ich war immer der Ansicht, dass der Krieg 1914–18 als eine weit erschreckendere Katastrophe über die Menschen hereinbrach. Es blühte das Schiebertum, Lebensmittelkarten gab es erst, als es nichts mehr zu essen gab, und das Volk hungerte erbärmlich. Jetzt lagen die

Karten pünktlich bei den Ämtern, die Frauen erhielten ihre angemessene Unterstützung, während die Soldaten nur ihre karge Löhnung erhielten. So hatte Hitler die Frauen hinter sich. Der Krieg konnte lange dauern. 1914–18 wurden viele rücksichtslos bei Einberufung von ihren Arbeitgebern entlassen, die staatliche Unterstützung lag bei 35 Mark pro Monat. Meine Mutter, verwöhntes Millionärstöchterchen, mit 150.000 Goldmark gezeichneter Kriegsanleihe („Gold gab ich für Eisen"), konnte sich nicht überwinden, diesen Hungerlohn abzuholen.

1940 – 1941

Mai 1940. In Köln fielen die ersten Bomben. Es gab einige Frühgeburten durch die Aufregung, aber wer nicht heraus wollte aus der warmen, sicheren Höhle meines Bauches, das war mein Sohn. Der Einberufungsbefehl für meinen Mann lag schon beim Wehrkreiskommando, aber der Zufall ließ einen meiner Freunde aus der Pariser Zeit, der dort arbeitete, darauf stoßen. Seltsamerweise lag die Akte Dietzsch danach immer zuunterst im Stapel, und wartete, dass mein Sohn sich endlich in diese grausliche Welt bequemte. Endlich, am 18. Mai war es soweit. Unter einem besonders starken Luftangriff der Engländer und unter vielen Schmerzen kam Michael zur Welt. Nicht ohne auch dem Arzt erhebliche Schwierigkeiten zu machen, da er es vorgezogen hatte, sich quer zu legen. Aber dann war der Sonntagsjunge da. Und Peter fuhr mit dem Arzt in der verdunkelten Nacht fast in eine verdunkelte Straßenbahn. Drei Tage später musste er sich stellen. Aber in diesen drei Tagen fand er für mich ein Sommerhäuschen oberhalb von Hoffnungsthal, wohin ich gleich nach dem Klinikaufenthalt zog, ohne meine schöne Wohnung in Köln je wiederzusehen.

Wegen seiner herausragenden sprachlichen Kompetenzen wurde Peter sofort für den Stab als Dolmetscher reklamiert. Den größten Schrecken hatte ich schon hinter mir, denn in der zweiten Nacht nach der Geburt hatte eine Bombe das Säuglingszimmer in Kalk getroffen. Die zersplitterten Scheiben der Fenster staken als Dolche in den Babybettchen, die zum Glück noch aus dicken Daunen bestanden. So wurde kein Baby verletzt. Meine ganze Angst war die, dass die Babys in der Aufregung vertauscht werden könnten. Als der Arzt mir nach vier Tagen erlaubte, mal eine halbe Stunde aufzustehen, meinte ich nur, ich sei doch jede Nacht im Keller.

Der Sommer in dem Häuschen in Unterlüghausen war traumhaft schön. Wir lebten hier oben in Ruhe unter den blühenden Kirschbäumen und bestellten unser kleines Gärtchen mit Gemüse. Der Himmel immer blau, die Sonne lachte, und der Blick von der Terrasse über die Ebene und auf das tiefgelegene Panorama von Köln war herrlich. Wären da nicht die düsteren Rauchwolken gewesen, die von den Angriffen der vergangenen Nacht zeugten. Des Nachts war der Himmel durchschnitten von den Strahlen der Scheinwerfer, die selbst die Sterne verdunkelten. Köln wurde erleuchtet von den Trauben der Leuchtkugeln, von dem roten Feuerschein brennender Gebäude und den Blitzen abgeschossener Granaten.

Nacht über Köln (von Ursula Dietzsch-Kluth)

In goldenen Nebeln sinkt und hinter glühenden
   Wolken
Der Trost dieser Welt. Aus vergehendem Glanz
Schöpft sich der Mond seine silbrige Schale voller
   Licht.
Dunkler senkt sich die Nacht, süßerer Düfte voll
Schwebt ein verwehender Hauch über die
   schlummernde Welt.
Doch nicht mehr duldet der Mensch die sanftere Stille
   des Abends,

Und umsonst nicht stahl uns der Himmlische
Von den Göttern die heilige Flamme.
Wo die Sonne versank steilen die Säulen empor
Eisigen Scheines, vermessen, die Höhe der Sphären ertasten
Gellend, zum Aufruhr, weckt uns,
Entehrend den Namen der Nymphe, ein schauriger Ton,
Kaum erträgt ihn das Ohr.
Dann fällt die Stille zurück wie in geborstene Krüge,
Und in den Lüften rauscht uns flügeltragend das Schicksal.
Schon ergreift es ein Strahl, am Saume des samtenen Mantel
Glitzert der fliehende Stern, in Strahlenbündel gefasst,
Und in die Tiefe leuchtend strebt wie aus Perlenschnüren
Und blitzenden Steinen ein zaubrischer Schmuck.
Siehe, da löst es sich, schwebend sinkt es herab,
Die Traube des göttlichen Bacchus. Greller als Sternenschein
Zerteilt es in Schatten und Licht
Was ihm gnädig ein Dunkel verbarg.
Aber die Himmlischen neiden den Menschen solches Geschmeide
Und es wissen die Götter das Maß, welches uns Irdischen gilt.
Birst denn die Erde auf, stürzen die Himmel ein?
Eint sie beide die Qual, die Geburt neuen Seins?
Zitternd duckt sich der Mensch, eisig erstarrt sein Blut,
Die er entfesselt hat, nicht mehr bann er die Macht.
Aus dem brüllenden Chaos hebt sich, reiner als je,
Was den Göttern gehört. Trümmer und Weh bleibt dem Mensch.
Aus misshandelter Nacht weht,
Wie brennende Fahnen, die jauchzende Flamme.

****

Eines sonnigen Tages überraschte mich ein Offizier zu Pferde auf meiner Wiese. Er bat um Wasser für sein Pferd und für sich. Dabei erzählte er uns, dass er einen geeigneten Platz suche für eine Flagstellung hier oben. Was dies bedeuten würde erfuhren wir, als die Anlage in Eile fertiggebaut war. Schon in der ersten Nacht fielen Bomben ganz in der Nähe, wir trugen das Kind schon vor Alarm jede Nacht in den Keller, obwohl auch dies kein Schutz gewesen wäre. Dann kam eine Nacht, da sausten die Bomben mit dem pfeifenden und quietschenden Geräusch über uns weg, als käme ein D-Zug auf uns zu. Kaum kam Entwarnung packten wir unsere Sachen zusammen, um uns aus dem Staube zu machen. Nur wohin, das war uns noch nicht klar. Die paar Sachen bestanden immerhin aus einem Kinderbett, Laufstall, Kinderwagen und etwa sechs Koffern, dazu das Kind und eine übernervöse rote Setterhündin aus Frankreich namens Katja.

Inzwischen war auch Paris gefallen. Ich konnte kein Siegesgefühl empfinden, wie sehr ich mich auch für die Soldaten freute, die ihren Triumph feierten. Es tat mir weh für meine Freunde in Frankreich und um das schöne Paris, das nun unter dem Druck einer Besatzung leiden musste. Wie heißt das schöne, friedliche Wort? „Ich kenne keine Nationen, ich kenne nur meine Freunde." In Köln liefen plötzlich viele Frauen mit kostbaren Pelzen herum. Die Lösung lag nahe, einige wurden bezahlt, aber die anderen? Bei einer der Gelegenheiten, da mein Mann als Kurier Offiziere von Frankreich nach Köln fahren musste, denn Zugverkehr gab es noch nicht wieder, brachte er eine kostbare Nerzdecke mit, die er, auf Wunsch seines damaligen Majors, zu dessen Frau nach Berlin schicken sollte. Als der Major zurückfuhr, lag die Decke noch immer im Wagen. Der Major war wütend, denn seine Frau wollte die Decke mit zur Kur nehmen. Peter murmelte etwas, dass es in der Truppe Schwierigkeiten gegeben habe, weil einige Soldaten sich an Eigentum vergriffen hatten. Der Major verstummte. Und die Nerzdecke ging zurück, wo sie her kam.

Bei solch einem Kurzbesuch holten wir Offiziere im Hotel Exelsior ab. Im Gespräch kamen sie auf den drohenden Russlandangriff. „Das ist nur ein Spaziergang für uns", meinte einer der dekorierten Herren. „Ja", meinte ich, „das hat Napoleon auch gedacht!" Dann hörten diese Kurzbesuche auf und Peter kam als Sonderführer in die Verwaltung nach Cambrai.

Ich aber hatte auf dem Bahnsteig, als ich gerade mit Sack und Pack, mit Kind und Hund und Wagen den Zug nach Freiburg besteigen wollte, wohin mich eine Kollegin eingeladen hatte, die „Königin" getroffen, eine Werbeberaterin für die ich schon viel gearbeitet hatte. Sie hatte alle ihre Grafiker an die Wehrmacht verloren...

Sie bot mir eine Zweizimmerwohnung in ihrem Haus in Bensdorf-Sayn bei Koblenz an. Es wäre die ideale Möglichkeit, mit mir ihre vielen Aufträge zu bearbeiten. Aber nach zwei Monaten in dem gastlichen Haus der Baronin von König in Bensdorf-Sayn standen andere Dinge dagegen, und wieder einmal wurde mir verwehrt, das Angenehme mit dem Nützlichen zu verbinden. Zum Ersten war die Ernährungslage dort prekär, denn wo Wein wächst, gibt es keine Kartoffeln und wo Wald ist, gibt es keinen Platz für Gemüse. Es gab, außer unserem armseligen Brot und Fleischmarken, zum Zweiten in der uns völlig unbekannten Gegend keine Möglichkeit, uns zusätzlich zu versorgen. Aber der weit schwerer wiegende Grund war der von jenem Offizier vor einem Jahr genannte „Spaziergang" nach Russland.

Kindheitserinnerung mögen jahrelang im Unterbewusstsein schlummern, sie sind ein Trauma, und eines Tages brechen sie hervor mit einer erstaunlichen Klarheit. Plötzlich sah ich wieder meine Mutter im vorigen Krieg, wie sie versuchte ihre drei Kinder zu ernähren, wie sie um fünf Uhr früh am Hafen stand, um ein paar Flundern zu bekommen, wie sie nicht wusste, wie sie uns erklären sollte, warum es nur eine Scheibe Brot gab, warum das Brot mit Kartoffelschalen gestreckt wurde und was das denn sei: Frieden?

So nahm ich Deutschlands Landkarte zur Hand und überlegte, wo wir unser Domizil aufschlagen könnten: Korn, Kartoffeln, Gemüse und Milch, damit wären wir wohl schon zufrieden. Aber wie das Leben nun einmal mit uns spielt, das sogenannte „einfache Leben" ist schwer zu erlangen.

Zunächst suchte ich mich von den Grenzen fern zu halten. Das Wort von Rudolf Diels klang mir noch im Ohr: „...und den werden wir verlieren!" Also kamen Westpreußen und Schlesien wegen der Polen nicht in Frage. Norddeutschland wegen der Engländer, Baden wegen der Franzosen, und Mitteldeutschland wegen der dortigen Rüstungsindustrie. Es blieb Bayern. Ich kannte Oberbayern von verschiedenen Reisen, ich sah wunderschöne Berge vor mir, auf denen außer Gras nichts wuchs. Ich sah die wunderschönen Sommerhäuser, die längst von höheren Rängen der Nazis bezogen worden waren, also keine Hoffnung dort Butter oder Eier zu bekommen, wenn man sich nicht parteigläubig auswies oder, zumindest, gute Tauschware hatte. Was blieb war Niederbayern, ein noch sehr rückständiger Landteil was Wirtschaftlichkeit und Technik betraf. Still und ruhig, mit Kornfeldern, Kartoffeln und mit Kühen. Ein sehr streng katholischer Landstrich und fern der provokatorischen Aufmärsche.

Wie man sich doch täuschen kann!

Hier war meine Schwiegermutter, die in München lebte, sehr hilfreich. Sie wusste von Freunden, dass der junge Graf Franz von Spreti sein Schloss Rotting bei Landshut für Bombenflüchtlinge offen hielt, während sein Vater, der alte Graf, der Komtur des Malteserordens war und ebenfalls in dem Schloss hauste, gefährdeten kirchlichen Persönlichkeiten ein Gastrecht gab. Der junge Graf und seine Frau vermieteten einige der Räume so wie sie waren, mit Ahnenbildern, kostbaren Kachelöfen und antiken Möbeln. Uns schien dies zwar nicht das einfache Leben eines Bombenflüchtlings, aber im Augenblick ideal, und wir baten um die Freundlichkeit uns aufzunehmen, denn meine Schwester Charlotte, hatte sich endgültig entschlossen mir behilflich zu bleiben, mit unserem Sohn Mischa und der Hündin Katja.

Als wir endlich in Landshut aus dem Zug stiegen, musste der Graf von Spreti erst einen Anhänger an seinen Wagen hängen, um unsere Habe zu befördern. Katja machte sich selbstständig, und um sich gleich richtig einzuführen, badete sie sich unterwegs in einer Jauchegrube, wohl um den Gestank der Eisenbahn mit natürlichen Gerüchen zu vertreiben.

Die Ufer der Isar blieben zurück, die Landschaft dehnte sich sanft gewellt in die Weite. Äcker und Wiesen im Wechsel, ein paar Kühe, und hin und wieder ein Waldstück. Selten unterbrach eine Kirchturmspitze in der Ferne den Horizont. Keine landschaftliche Attraktion, Auge und Seele konnten ausruhen. Dann bog die Straße in eine kleine Allee altersschwacher Apfelbäume ab, in einer windgeschützten Senke ein Park mit uralten riesigen Bäumen, ein Blumenrondell und da lag auch das Schloss, behäbig nüchtern, flankiert von zwei runden Türmen, deren Krönung ein flaches Zwiebeldach war. Unser verwöhntes Auge aus dem reicheren Rheinland vermisste die heiteren Stuckaturen und die lichten Barockfarben der Fassaden. Aber die Großzügigkeit des Innenhofes, von Säulen und breiten Kolonnaden umsäumt, erinnerte uns an das härtere Klima hier. Man hatte auch die offenen Korridore verglasen müssen, da der Schnee im Winter vor den Zimmern lag. Breite, schwingende Treppenfluchten führten zu den Etagen. Die Frage nach männlichem Dienstpersonal erübrigte sich jetzt im zweiten Kriegsjahr: Der Graf trug die Koffer selbst. Ein kleines, altes Frauchen in Schwarz, mit weißgestärkter Schürze und Häubchen, die „Mamsell", zeigte uns unsere Zimmer. Hier war nun wirklich rückhaltlose Begeisterung geboten. Großzügige, hohe Räume, ein Kachelofen in Porzellanweiß mit Empirereliefs auf den Kacheln. Riesige, goldgerahmte Ahnenbilder der Vorfahren vergangenen Glanzes, Betten und Möbel, kostbare Antiquitäten. Ich war froh, dass mein Sohn noch so klein war, denn Krabbeljungen ist bekanntlich nichts heilig. – Und doch vermisste ich auch hier meine schöne Wohnung in Köln – die ich nie wieder sehen sollte.

Nun saßen wir wieder einmal in der Loge des Lebens. Es war ein zauberhaftes Jahr, das wir dort verlebten. Wir vertrieben uns die langen Abende gemeinsam mit den jungen Grafen mit improvisiertem Theaterspielen, mit dem Vortragen von Gedichten und mit langen Gesprächen, denn unter den Gästen waren oft sehr interessante Persönlichkeiten. Redakteure der Frankfurter Zeitung, geistliche Würdenträger, Menschen, die zeitweilig etwas untertauchen wollten, wie die Zeit das so mit sich brachte. Als einmal der Abt von Ettal durch den Park wandelte, in seinem langen Habit, gefiel es meinem Sohn laut zu rufen: „Mammi, die Tante hat ja einen Bart!"

An einen geistlichen Diplomaten, der nur Pater Bastian genannt wurde, erinnere ich mich besonders. Er brachte uns die verbotenen Hirtenbriefe des Bischofs von Münster, Graf von Galen, die nur von Hand zu Hand gegeben wurden. Sein Anti-Mythos, die wissenschaftliche Bekämpfung der Ideen Alfred Rosenbergs, war bei der Druckerei J. P. Bachem in Köln erschienen. Von Galens drei große Predigten gegen die Übergriffe des nationalsozialistischen Regimes hätten längst ausgereicht, ihn in einem der Konzentrationslager verschwinden zu lassen. Aber die Regierung hatte es nicht gewagt, sich an diesem, im Volke tief verwurzelten Mann zu vergreifen. Durch Pater Bastian bekamen wir auch Schriften zu lesen wie etwa eine Rede von Ernst Wiechert in der Universität zu München, „An die Jugend", die, wenn auch verschlüsselt, zu seiner Verfolgung durch die Nazis beitrug.

Einer der Gäste, Ernst von Harnack, „der rote Landrat", von den Nazis seines Amtes enthoben, reiste nun als Vertreter für Militärtuche, eine gute Tarnung, die ihm Zugang zu allen Stäben der Wehrmacht bot, und so hatte er unauffällig als Verbindungsmann während der Vorbereitung der Widerstandsbewegung fungiert. Auch ihn traf später das Schicksal seiner Freunde, er wurde zusammen mit den übrigen Widerstandskämpfern gehängt.

Im Sommer kam der Urlauber Peter zu Besuch. Das junge Grafenpaar von Spreti machte sich einen Heidenspaß, indem er in einer alten Dienerlivree, die er auf dem Speicher gefunden hatte, als Diener auftrat und seine Frau als Kammerkätzchen: „Ihr Bad ist bereit, Herr Leutnant!" Zum Essen schien es Peter doch seltsam, dass das Kammerkätzchen mit an der Tafel saß – bis er den Spaß durchschaute. Nur der Graf meinte, er spiele nie mehr den Diener, der Koffer war mit zwei Schinken und etlichen Würsten aus Frankreich zentnerschwer.

In den bisherigen verschiedenen Fluchtorten hatten wir keine Gelegenheit gehabt Mischa taufen zu lassen. Endlich in Landshut gab es eine evangelische Kirche. Und endlich auch ein paar Tage Urlaub für Peter. Graf Franzl machte gern den Taufpaten, Mischa, über ein Jahr alt, lief zu Fuß durch die Kirche. Abends feierten wir, zusammen mit dem Grafenpaar, das auch gerade einen zweiten Sohn bekommen hatte, der natürlich in der Schlosskapelle getauft wurde. Die Abendtafel schimmerte in Silber und Kristall. Weinflaschen mit edlem Etikett, leer aus dem Keller geholt, enthielten anstatt des gegorenen Rebensaftes... Sprudelwasser! Aber wir waren glücklich... und der Krieg war fern.

Aber der Winter kam und mit ihm der karge Speisezettel: Mehlspeise und Kohl, und Kohl und Mehlspeise mit Holunder. Der Graf erzählte, sie hätten als Kinder eine Birne zum Nachtisch unter vier Kindern geteilt. Was auf dem Hof gebuttert wurde, wurde verkauft. Auf den Tisch kam die Butter nie. Unglücklicherweise war Obst und Gemüse spärlich angebaut worden, und nun bei der Zuteilung rächte es sich. Fische gab es keine. Aber wozu hatten wir einen so praktischen Menschen wie meine Schwester im Hause. An der Südfront des Schlosses, da wo die Sonne immer herrlich schien, wurden im nächsten Frühjahr Tomaten gesetzt. Der arme alte Graf wurde um sein Hobby gebracht, das Rondell vor dem Schloss, wo früher mal die Jagdwagen herumkutschierten, mit einem Muster von Blumen zu bepflanzen. Salat hieß die Devise, und schweren Herzens willigte er ein, Salat zu pflanzen. Auch im Schloss, im riesigen Speisesaal in der Halle, gab es Veränderungen. Der Dorfschmied, der sonst nur Pferde beschlagen konnte, musste sich an seine Lehrzeit erinnern und schmiedeeiserne Wandarme herstellen, die der nüchternen Beleuchtung abhalfen. Wir haben ihn sogar dazu gebracht, unter Mischas Kinderwagen Kufen zu montieren, aus Schmiedeeisen. Der Meister war überglücklich, endlich mal etwas Schönes machen zu dürfen.

Inzwischen war unsere Tomatenplantage prächtig gediehen. Die Sonne prallte von der geweißten Schlossmauer auf die Pflanzen zurück. Ein ideales Treibhaus.

Eines Morgens stand die alte Gräfin davor, hüftkrank mit ihrem Krückstock. Etwas unwillig über unsere unaristokratische Veränderung ihrer Blumenrabatten, aber doch neugierig, erklärte sie dem Pfarrer, der sie gichtkrank und hinkend begleitete, diese kriegsbedingte Verbesserung unserer Ernährungslage. Am Tor erschien der Landbriefträger, dessen rechtes Bein schon im vorigen Weltkrieg verloren gegangen war. Schon vom Weiten rief er: „Grüß Gott Frau Gräfin! Grüß Gott Herr Pfarrer! Da sein wir drei Huppferten ja beieinander!" Dann gab er mir einen gewichtigen Brief von der Stadt Köln und bat um Empfangsbestätigung. In diesen Tagen waren mir alle amtlichen Schreiben zunächst einmal suspekt, also ging ich damit auf unsere Zimmer. Die Kölner Werk-Kunstschule schrieb... und machte mir ein wunderbares Angebot: Ich sollte die Leitung der Klasse für Mode und Design zu übernehmen...! Diese Aufgabe würde, über kurz oder lang, automatisch zu einer Professur führen. Mir zitterten die Knie. Nicht lange, leider, nur bis zum nächsten Satz: „Verbunden ist diese Lehrtätigkeit mit dem nationalpolitischen Unterricht und der Vermittlung nationalpolitischen Gedankenguts in der künstlerischen Arbeit." Und ich war nicht einmal in der obligaten Reichskulturkammer. Da stand ich wieder einmal und sägte an den Stufen zu meiner Karriere.

Wie sollte ich, Tag für Tag, jungen Menschen etwas vermitteln, das ich von Grund auf ablehnte? In einem einmaligen Vortrag könnte ich mich wohl um die Lüge herummogeln, aber ein intensiver Unterricht... Wie sollte mir das möglich sein? Wem dürfte ich vertrauen? Diese Studenten, wohl die meisten, waren in dem Alter, das für die Verführungen der Parolen besonders empfänglich ist, jene Parolen, die ein Glaubensbekenntnis für sie waren. Also dafür fehlte mir einfach der Mut. So brach ich alles ab. Ich schrieb meinen Dank für die Ehre, das Vertrauen, aber, leider sähe ich mich außerstande, diesen politischen Unterricht zu erteilen. Ein weiterer Kommentar erübrigte sich. Ich hörte nie mehr etwas darüber. –

Einmal kam einer der Söhne des alten Grafen von Spreti zum Urlaub. Wieder lernten wir etwas von dem vorausplanenden, aufgezwungenen Eroberungskrieg, denn Graf Karl von Spreti, Bruder unseres Grafen Franzl, war Architekt und als solcher einberufen, um Wehrdörfer für die besetzten und noch zu erobernden Gebiete zu entwerfen. Im Typ alter Germanen-Wagenburgen! Wieder dachte ich an die Worte von Rudolf Diels: Man kann Länder zwar mit Terror und Angst erobern, aber befrieden kann man sie diesen Mitteln nicht.

Eines der im Schloss dienstverpflichteten Mädchen durfte plötzlich seine Stelle verlassen, um, ebenso wie ihr Verlobter, einen Lehrgang zu absolvieren als Farmer in Afrika. Geimpft und als tauglich befunden war sie bereits. Noch hatten wir den Krieg dort nicht gewonnen, da waren schon unsere Leute da, um Farmen zu übernehmen, die ihnen nicht gehörten. Wie sich die Bilder gleichen: Meine Schwiegermutter verlor ihre Kaffeeplantagen in Südafrika in den ehemaligen deutschen Kolonien nach 1918 an die britische Regentschaft.

****

Einem Kameraden (von Rudolf Kreutzer, im Osten)

Die Tage kommen und gehen.
Wir wandern noch immer zu zweit.
Nur Asche fällt auf das Herz uns
Von der rasch verlodernden Zeit.

Wir sehen im kahlen Geäst
Den Mond wie er steigt und verfällt.
Und den Wald wie er rauscht und verschweigt.
Und die ewigen Dinge der Welt.

Wir wissen nicht mehr was war.
Wir schauen nicht mehr zurück.
Kommt manchmal Erinnerung her
Ohne Leid, ohne Schmerz, ohne Glück.

Ferne Gärten im Lande der Kindheit.
Früher Feste verdämmernde Ufer.
Alle Fraun, die wir sehr geliebt.
O Herz, du dunkler Rufer!

Wir wollen auf dich nicht mehr hören.
Hart klingt unser eherner Schritt
Durch den hellen Tag ohne Traum.
Die Sehnsucht, die geht nicht mehr mit.

Nur Asche befällt unser Herz noch
Von der rasch verloderten Zeit.
Die Tage kommen und gehen –
Wir aber wandern schon weit.

Im Juni 1941 hatte der Russlandfeldzug begonnen. Die Fanfaren der Sondermeldungen aus dem Propagandaministerium lösten sich ab. Es war unmenschlich, was für Leistungen den Männern draußen abverlangt wurden. Es war unnatürlich, von uns Frauen immer wieder positive Briefe an die Front zu verlangen, aber dies war ein Teil unserer Aufgabe. Wie konnte man, selbst bei der tiefsten Ablehnung dieser Angriffskriege den Männern andeuten, dass sie für eine verlorene Sache ihr Leben hingaben. Die englische Wappendevise war hier angebracht: „Right or wrong, it is my country." Feldmarschall Dietl ordnete an, Mütter hätten nur über die Kinder zu berichten. So berichteten wir über die Kinder, die ihren Vater nicht kannten, die oftmals ihre Väter nie gesehen hatten und sehen würden. „In stolzer Trauer!" So war der Text der Todesanzeigen, und keiner fragte nach dem Weh, der Sehnsucht.

Immer in Notzeiten entstehen makabre Witze, die trotz der Gefährdung schnell von Mund zu Mund gingen. So auch dieser: Fritzchen steht vor einer großen Weltkarte. Zeigt auf ein kleines rosa Feld zwischen andern Ländern. „Was ist das?" „Das ist Deutschland!" Dann zeigt er auf ein riesiges grünes Feld dicht daneben. „Und was ist das?" „Das ist Russland." Schweigen, dann: „Weiß das unser Führer?" –

Mit dem Ende des Sommers kam der Schlamm. Nach dem Schlamm kam die Kälte. Endlich gestand die Wehrmacht indirekt, dass Adolf Hitler diesen Feldzug unvorbereitet begonnen hatte, die Armee war auf diese unglaubliche Kälte nicht eingerichtet, und nun versuchte man bei der Bevölkerung durch Sammlungen das Defizit an Pelzen und Wollsachen einzuholen. Auch Skier wurden verlangt. Lo heftete auf die ihren ihre Adresse und nach einiger Zeit erhielt sie Antwort: Der Infanterist schrieb ihr, leider hätte er die Skier nicht gebrauchen können, aber er bedanke sich sehr für den einen Augenblick Wärme, als er die Skier verbrannte.

Zwei von einem Frontsoldaten verfasste Gedichte fand ich damals in der Kölnischen Zeitung, die über ihre Ausdruckskraft mehr sagen können, als einfache Worte:

„Ist denn der Himmel die Erde,
die Erde der Himmel geworden?
Ward die Unendlichkeit denn
hier zu Acker und Gras?

Und auch die Morgenröte
wirft sich von Tag zu Tag weiter,
wie Feuerflug vor dem Wind,
in den Ozean Osten hinein."

****

„Sag ein Gedicht zu mir
Bruder, sag nur ein Wort
ein zaubrisches, leises,
eines daraus uns
die Heimat anweht,
der Atemhauch seliger Tage.
Aber du schweigst,
und stumm
lässt du das Feuer verwehn."

1942

Inzwischen klangen die Briefe von Peter aus Frankreich hoffnungsvoll, bemüht, uns mit Päckchen den Speisezettel zu verbessern, vor allem anderen mit Kaffee. Es gäbe unheimlich viel Arbeit in der Verwaltung, Vorträge und vor allem Lehrseminare, die Peter abhalten musste in den verschiedensten Städten über den Gaskrieg! Und immer wieder die Entschuldigung: Kein Urlaub weil unabkömmlich. Hier immer wieder Enttäuschung, die vergeblich gemachte Mühe, es ihm bei der Heimkehr einigermaßen gemütlich zu machen, die Enttäuschung, wieder ein Jahr ohne Urlaub.

Von Köln hörte man andere Töne. Mein Vater schrieb, dass er jede Nacht im Keller sitze. Am Abend nähme er alle seine geliebten Bilder von den Wänden, damit sie nicht beschädigt würden. Am Morgen hänge er sie wieder auf: wegen der trügerischen Gemütlichkeit. Ein alter Frontsoldat, der er war, ist kaum zu erschüttern. Am 2. Juni 42 fuhr Lo über den Umweg Berlin nach Köln, um nach Vater zu sehen und ihm etwas Essbares zu bringen. Der Zug blieb vor Hagen Stunden auf der freien Strecke stehen, weil Großluftangriff auf Köln gemeldet war. Endlich schaffte es der Zug bis Köln-Mülheim,

Endstation für alle Züge nach Köln. Von dort tippelte Lo bis zur Wohnung, immer den Wohnungsschlüssel in der Tasche, aber nicht wissend, ob das Haus dazu noch stand. Ihren Jahrzehnte später aufgezeichneten Bericht dazu lege ich bei:

Charlotte Kluth über die Angriffe vom 2. Juni 1942:

Der Zug fuhr tatsächlich bis Köln-Mülheim. Aber nicht weiter. Ich stieg mit meinem Gepäck aus. Ich weiß nicht mehr, auf welcher Brücke ich den Rhein überquerte. Ich tippelte und tippelte, den Koffer abwechselnd mit einer Hand tragend. Ich dachte im Gehen: „In meiner Tasche ist der Wohnungsschlüssel. Aber ob das Haus noch steht? Und Vater...?"

Überall züngelten Flammen. Am Hansaring retteten Bewohner eine brennende Couch, um sie draußen im Regen abzusetzen. Ein alter Mann zog seine letzte gerettete Habe in einem Leiterwagen in Sicherheit. Ich trottete weiter: „Ich habe den Schlüssel zu unserer Wohnung in der Tasche..."

Schließlich kam ich zur Gilbachstraße. Es mag gegen neun Uhr früh gewesen sein. Das Haus stand. Der Schlüssel passte. Unsere Wohnung war unzerstört. Mein Vater kam mir verschlafen entgegen: „Ich bin erst vor kurzem nach Hause gekommen... Ich versuchte zu löschen, aber Phosphorbomben... da ist nichts zu machen... die Firma ist hin..."

Wir frühstückten, dann gingen wir zur Firma, die Schildergasse, Ecke Neumarkt gelegen war. Die Luft war noch so von Rauch gesättigt, dass ich eine Sonnenbrille aufsetzte. Es war eine Bewegung von Menschenmassen in der Stadt, als ob alles drängte, um ein großartiges Schauspiel zu sehen – aber man suchte nur nach Verwandten, nach Toten.

Die Altstadt war in einem Großangriff mit Phosphorbomben in Schutt und Asche gesunken. Die Menschen, die sich aus dem Feuermeer hatten retten wollen, erstickten, verbrannten und waren, als man sie später fand, in der Glut geschrumpft zu unkenntlichen schwarzen Körpern.

Kreideschrift an bloßgelegten Mauern verriet in weniger betroffenen Straßen einiges über die Bewohner. Hinter viele Namen war das Totenkreuz gemalt. Andere Inschriften sagten: „Finchen bei Tante Josi in Frechen", „Maria mit den Kindern gesund", etc., etc.

Betonbauten hielten Bombenangriffen meist besser stand als Ziegelbauten, die unter dem Luftdruck zerbröselten. Wir stiegen die Treppe zum ersten Stock hoch, wo die Firmenräume lagen. Es war gespenstisch. Alles war noch da und doch nicht da. Es war, noch erkennbar in seiner Form, zu Asche zusammengesunken.

Wo der Schreibtischsessel gestanden hatte, lagen auf dem Fußboden nur die ausgeglühten Sprungfedern des Sitzes. Die Glühbirnen der Lampen waren als flüssiges Glas zu Boden getropft und dort erstarrt. Der eiserne Tisch, auf dem die Zeitschriften gelegen hatten, stand und darauf lag, deutlich erkennbar, der Stapel der verbrannten Zeitungen. Ich blies dagegen, und alles fiel in sich zusammen.

Dem Geldschrank durfte man sich nicht nähern. Der hatte so viel Glut an sich gespeichert, dass er erst drei Tage später geöffnet werden konnte. Sein Inhalt war unversehrt. Briefmarken und Scheckhefte. Verbrannt war das Lager mit dem großen Warenbestand.

Aber was war dieser Verlust gegenüber der ungeheuren Zahl der Toten. Fragte man mich heute, ich würde 4000 als Zahl nennen. Zur Totenfeier, die später stattfand, waren die Särge in endloser Reihe aufgestellt. Aber niemand konnte genau sagen, wer die Toten waren, die bis zur Unkenntlichkeit verbrannt waren. Über diese nicht zählbare Ansammlung von Särgen sprach Erzbischof Frings den Totensegen der Kirche, während Hitler seine Truppen weiter anpeitschte, weil er sich nicht eingestehen wollte, dass sein Krieg gegen Russland bereits verloren war.

Charlotte Kluth

****

Von einer damals benachbarten Freundin aus Köln namens Hilde Keissner erhielt ich folgende, im Krieg verfasste Zeilen:

Köln, 2. Juni 1942

Köln ist eine Stätte des Grauens geworden. Ich glaube sicher, dass zehn Jahre Friedensbaumöglichkeiten nicht ausreichen, um das wieder aufzubauen, was in der einen Nacht zerstört worden ist. Die Innenstadt muss als vollständig vernichtet angesehen werden. Ganz selten findet man in den Straßenzügen mal ein Haus, das nicht bis auf die Grundmauern ausgebrannt ist. Man weiß nicht wo man anfangen soll zu berichten und wo enden. Ich will versuchen, Ihnen ein kleines Bild von Straßenzügen zu geben, die Sie auch kennen. Angefangen am Opernhaus. Die Hohenzollernringstraße zwischen Opernhaus und Ehrenstraße ist auf der rechten Seite, einschließlich Café Wien und „Atelier" restlos ausgebrannt – auf der linken Seite steht inmitten der Trümmer noch ein Haus und das Eckhaus an der Flandrischen Straße – das Ringhotel – ist auch noch unversehrt. Auf der anderen Seite des Opernhauses zum Neumarkt durch die Mittelstraße stehen noch zwei oder drei Häuser, alles andere zerstört. Die Mittelstraße ist beidseitig vernichtet – bis zum Polizeipräsidium, das bis zum dritten Stock ausgebrannt ist. Die Zeppelinstraße zur Breite Straße ist vollständig vernichtet – Kaufhaus Peters, Krüger & Knoop – das Ehape Ecke Berlich, alles existiert nicht mehr. Man kann das alles nur von weitem sehen, denn die Straßenzüge selbst sind dort wegen der Einsturzgefahr gesperrt. Der Berlich ist beidseitig bis zur Zeughausstraße vernichtet. Die Schildergasse macht zunächst den Eindruck, als ob nicht viel passiert sei, aber nur bis zu den ersten Häusern. Von der Antonsgasse an ist auf allen Seiten alles vernichtet, einschließlich Westdeutscher Kaufhof, der immer noch brennt. Das sind nur ein paar größere Straßenzüge zur Orientierung, aber die Nebenstraßen sehen ebenso trostlos aus. Man kann ohne Übertreibung sagen, dass in der Ost-West-Achse, Köln in einer Breite von etwa zwei Kilometern ausgelöscht ist, denn die wenigen Häuser, die noch zwischen den Trümmern stehen, zählen nicht. In Nippes, in Ehrenfeld, in Braunsfeld, in Sülz, überall ist das gleiche Bild – es sind immer ganze Straßen, die auf beiden Seiten bis auf die Keller ausgebrannt sind.

Eine genaue Zeit des Angriffs kann ich nicht angeben, denn wir haben ja schon alle während des schwersten Beschusses unter dem Gekrache der Sprengbomben versucht, die Brände zu löschen. Ich gebe zu, dass den Luftschutztruppen, dem SHD, ein großes Lob von der gesamten deutschen Bevölkerung zusteht, aber ein noch größeres verdient die Zivilbevölkerung in Köln, die in einer derart mustergültigen Weise alles getan hat, was nur möglich war, dass sie eigentlich über jedes Lob erhaben ist. Überall wo Brandbomben gefallen sind, hat die Bevölkerung versucht zu löschen, es haben Tausende in der Nacht ihr Leben aufs Spiel gesetzt.

Wir hatten den Luftschutzkeller räumen müssen, weil das Treppenhaus bereits brannte und dazu die Gefahr bestand, dass der Hauseingang in Brand geriete. Zudem bestand durch den unheimlichen Rauch im Schutzkeller bereits Erstickungsgefahr. Unsere Rettung war, das oben alles aus Beton und Eisen ist, und dass es uns gelungen ist, den Dachbrand zu löschen. Denn wenn das Haus von unten und oben gebrannt hätte, dann wäre für uns alles verloren gewesen.

Ich hatte für alle Fälle ein paar Koffer fertig gemacht und das alles durch das brennende Treppenhaus heruntergeschafft. Sehen konnte man vor lauter Rauch nichts mehr – aber ich glaube, dass man in einer solchen Situation Dinge tut und leistet, die im normalen Alltagsgeschehen unwirklich erscheinen. Mich hat nur der Gedanke beherrscht, nicht vor dem absoluten Nichts stehen zu wollen. (In weiter Ferne schießt es wieder. Wenn es doller wird, muss ich natürlich auch in den Keller!)

Das Elend in Köln ist unbeschreiblich – zu viele Menschen haben nur ihr nacktes Leben retten können. Und das Schlimmste ist ja, dass kein Bezugschein und kein Geld hilft, denn es existiert ja kein Geschäft – die großen Häuser sind auf jeden Fall erledigt. Die Totalgeschädigten werden zum Teil evakuiert, vor allen Dingen werden die Frauen und Kinder aus dem gefährdeten Gebiet herausgebracht. Überall sieht man Soldatenfeldküchen – das Militär ist übrigens bei den Aufräumarbeiten mit eingesetzt – die Feuerwehren von Essen, Bochum, Duisburg, Koblenz, Aachen und so weiter waren hier, Köln war eine lodernde Brandfackel. Genug von allem. Ich wünsche nur, dass keine Stadt in Deutschland so Schweres mitmachen muss – das Leid ist so unvorstellbar groß, dass man jeden Menschen davor bewahrt wissen möchte. Soldaten, die Dünkirchen mitgemacht haben, sagen, dass es dort nicht so schlimm gewesen wäre, wie bei uns. Das sagt eigentlich alles.

Wir haben jetzt schon eine dreiviertel Stunde Alarm – hoffentlich kommt bald Entwarnung, denn ich habe Hunger und möchte zu einer der Feldküchen essen gehen. Es sind schon wieder Bomben gefallen und es hat Tote gegeben. Wann soll das nur aufhören?

Hilde Keissner

****

Lange Jahre nach dem Krieg lernte ich Hildegard Winand-Lehmacher kennen, eine Kölnerin, die ebenfalls Zeugin der schrecklichen Bomberangriffe auf ihre Heimatstadt war. Sie schrieb den nachstehenden, eindrücklichen Bericht.

Ein Tag in Köln gegen Ende des 2. Weltkrieges

Nur eine Episode will ich erzählen von all den schrecklichen Ereignissen, die ich in Köln während des 2. Weltkrieges erlebte. Ich war beschäftigt im Rheinischen Braunkohlen-Syndikat, Köln, Apostelnkloster/Mittelstraße. Unsere Arbeitszeit begann um 7:30 Uhr, aber wenn bei Fliegeralarm die Entwarnung nach 1 Uhr nachts erfolgte, begann die Arbeitszeit um 8 Uhr. So war es auch an diesem Tag. Nun hatten wir Mittagspause. Ich wollte etwas frische Luft schnappen und ums „Viereck" gehen, doch ich kam nicht weit, da heulten die Sirenen – Fliegeralarm, direkt Hauptalarm. Ich kehrte eilig um, denn schon hörte man die feindlichen Flieger herankommen. Das war ein Donnern und Dröhnen, dazwischen das Knattern unserer Abwehrflak. Ich hatte nur noch die Straße zu überqueren, um den Syndikats-Eingang zu erreichen, aber das war unmöglich, denn Granatsplitter fielen pfeifend herunter. So lief ich an dem Eckhaus, wo ich mich befand, ein paar Stufen hoch zur Haustür, die aber war verschlossen, doch das Überdach und die etwa ein Meter hohe Brüstung schienen etwas Schutz zu bieten. Dort hatte auch eine andere Frau Zuflucht gesucht. Ich habe sie noch in guter Erinnerung, es war eine Dame in den mittleren Jahren, die einen breitrandigen, grauen Velourshut auf hatte. Das Donnern der Flugzeuge schien etwas nachzulassen, da hörten wir Pferdegetrampel. Ein Brauereiwagen, von zwei kräftigen Pferden gezogen, kam angesaust. Ich sehe alles noch deutlich vor mir: die prachtvollen Pferde, ein Apfelschimmel und ein braunes Pferd, das Metall am Zaumzeug glänzte. Der Kutscher hielt jäh vor dem Syndikats-Eingang, sprang herunter vom Wagen und lief ins Gebäude. Trotz der Warnung der Dame, die Straße wegen der Splittergefahr nicht zu überqueren, fasste ich allen Mut zusammen, lief über den Fahrweg und gelangte heil ins Syndikat. Die Kollegen waren bereits alle im Luftschutzkeller. Die Feindflieger hatten wieder Köln als Hauptziel aufersehen. Die Hölle war draußen los, es knallte in allen Richtungen, das elektrische Licht ging aus, ein Pfeifen und Einschlag in der Nähe, die Kellerdecke und Wände schwankten. Und trotzdem war es still im Raum, niemand wagte zu sprechen. Der Angriff dauerte wie üblich ca. 20 Minuten. Entwarnung! Jemand rief die männlichen Kollegen auf, Schippen, die im Hof standen, zu nehmen, um Verschüttete in der Nähe des Hauses freizuschaufeln. Am Ende der Mittelstraße nahe am Rudolfplatz waren einige Häuser bei vorherigen Fliegerangriffen zerstört worden, die Keller aber waren unbeschädigt und stark gebaut. Der Schutt lag hoch auf dem Untergeschoss, man sah dies als sicheren Schutz an. In diese Keller liefen bei

Fliegerangriffen vor allem die Angestellten und Fahrgäste der Straßenbahnen, die am Rudolfplatz hielten. Das Unerwartete war heute geschehen. Ein großer Keller war durch eine schwere Bombe eingestürzt und hatte die Menschen begraben. Hierhin waren auch unsere Kollegen geeilt, um Hilfe zu leisten. Man sprach von 60 Toten. – Als wir aus unserem Schutzkeller nach oben gingen, wagte ich kurz auf die Straße zu laufen, um gegenüber nach der Dame zu schauen. Unweit vom Eingang sah ich den Bombentrichter, eine kleinere Bombe war auf den Gehweg eingeschlagen. Dann sah ich die Pferde, sie lagen, aus vielen Wunden blutend, tot auf der Straße. Einem der Pferde quollen die Gedärme aus dem Bauch, ein grässlicher Anblick. Auf der anderen Straßenseite kam mir ein Mann entgegen und sagte: „Da auf der Treppe liegt eine tote Frau. Ihre untere Gesichtshälfte ist weggerissen. Gehen Sie nicht hin, es ist ein grausamer Anblick, darum habe ich ihr den Hut aufs Gesicht gelegt." Dann habe ich doch noch einen Blick auf die Tote geworfen. Ja. Es war die Dame, die ich kurz vorher gesprochen hatte. Ich ging wieder zurück ins Syndikat an meine Arbeit, die erledigt werden musste. Sie lenkte auch etwas die Gedanken von den entsetzlichen Ereignissen dieses Tages ab, aber alle Kölner werden sich ängstlich gefragt haben: was wird die kommende Nacht, was der nächste Tag noch bringen.

Hildegard Winand-Lehmacher

****

Diesen Augenzeugenberichten ist nichts mehr hinzuzufügen. In den Nachrichten kamen die üblichen Hasstiraden auf England. Adolf Hitler war stolz, einem Giganten wie den USA den Krieg erklärt zu haben. Niemand wagte daran zu denken, was für ein Waffenpotential nun an die Alliierten geliefert würde. Praktisch war damit der Krieg bereits entschieden. Ich war in Regensburg, um dort Päckchen von Peter abzuholen. In einer Buchhandlung kam der Inhaber auf mich zu und sagte: „Ich höre, Sie sind aus Köln. Ich bitte für meine Landsleute in

Bayern um Entschuldigung für die schlechte Behandlung, die wir Ihren Bombenflüchtigen oft bereitet haben. Wir haben es uns nicht vorstellen können. Verzeihen Sie uns für Ihre Kölner Mitbürger!"

Die Fanfaren der Wehrmachtsberichte dröhnten weiter, nur hatten sie eine neue Variante zu melden: „Im Osten hatten wir erfolgreiche Frontbegradigungen." Was man sich darunter vorstellen konnte, blieb jedem selbst überlassen. Und ich trug wieder ein Kind in mir!

Nach dem Kölner Bericht meiner Schwester dachte ich zum ersten Mal daran, nicht nur mich mit den Kindern, sondern auch etwas Besitz zu retten. In Köln war kein Möbelwagen mehr zu finden. In den Lagerhallen, auf den Gleisen verbrannt. So fragten wir in Landshut nach. Wenn wir auf unsere Kosten einen Leerwagon schicken würden, kein Problem. Für Lo eine reine Angstpartie, sie war ja die Einzige, die einen Umzug in die Wege leiten konnte. Zuvor aber brauchten wir eine Wohnung, die mehr Platz als unsere möblierten Zimmer in Schloss Rotting bot. Bei Bauern anzufragen war absolut nutzlos. Sie lebten in ihrer Küche, das Schlafzimmer war zu dieser Jahreszeit eiskalt, weil ungeheizt. Das Wohnzimmer, ein Eiskeller, blieb der Apfelernte und Ähnlichem vorbehalten. Außerdem waren für sie die evakuierten Bombenweiber ein rotes Tuch. Nichts als Faulpelze waren wir. Aber die täglichen Spaziergänge mit Mischa brachten Lo eines Tages bis zu einem der Nachbarschlösser, Rost, etwa 13 Kilometer von Rotting entfernt. Das schöne, solide Herrenhaus mit großem Hof und umliegenden Wirtschaftsgebäuden weckte ihre Neugier. Als sie durch das große Hoftor trat, kam eine stattliche Frau auf sie zu und fragte, was sie wünsche. Los Frage nach Wohnraum wurde sogleich abgewiesen, im Schloss sei kein Platz. Aber als sie hörte, wir seien keine Evakuierten, sondern wollten Miete bezahlen, da wies sie auf die jetzt leere Großknechtswohnung in der Ecke des Hofes – und das war nun wieder einmal unsere Rettung. Die Adresse war ein Schloss, man hätte sein Briefpapier mit Stahlstich drucken lassen können. Die Wohnung fand sich oberhalb des Schweinestalls, einer Schneckenstiege, drei Zimmer und Küche. Das Wohnzimmer hatte ein eisernes Öfchen, das Kinderzimmer einen schönen Kachelofen, das Schlafzimmer, wie immer in Niederbayern, unheizbar. Ein schmaler Gang mit dem einzigen Kaltwasserkran. Und das Schönste: das Klo, ein Brett mit einem Loch! O Schloss Rotting! Mit deinen gekachelten Bädern, mit den breiten geschwungenen Treppen, auf denen man zu Pferd zu den Zimmern reiten konnte. Die Jagdtrophäen auf den breiten Gängen, – o gepflegtes Wohnen, was der Seele so wohl tat. Auch diese Erinnerung ist nur noch ein Relikt. Aber je mehr der Moloch Krieg uns in die Niederungen zwingen wollte, desto stärker die Kraft, den letzten Rest von Kultur für uns zu retten. Nicht umsonst sagte Gräfin Ina bei einem späteren Anlass: An uns und an dem was wir daraus machen, sähe man, dass Deutschland nie untergehen könne.

Als der Möbelwagen ankam – welch Wunder ohne Bombenbeschuss unterwegs – kam die Schlossbesitzerin Ströbl neugierig zur Begutachtung. Pyramidmahagoni hatte unsere Kate bestimmt noch nie gesehen. Wir aber hängten fröhlich die Windeln darüber und waren zufrieden. Nur bei meinem ersten Ausgang durch das Hoftor war ich geschockt, denn große Schilder wiesen den Ortsbauernführer und die Frauenschaft aus! Frau Ströbl lud uns zum Kaffe ein und wir umgingen geschickt jedes Gespräch über Krieg, Politik und das nachbarliche Schloss Rotting.

Herr Ströbl, plump und gedrungen, war aus tiefster Seele ein Anhänger Adolf Hitlers. Er gehörte zu der Spezies Mensch, die, wenn sie einmal von einer Sache überzeugt sind, unbeirrt daran festhalten. Wie ein Hund, der sich in etwas verbissen hat: keine Schläge bringen ihn davon ab. Ungebildet aber gewitzt, eine Kraftmaschine, die bei keiner Saalschlacht in München fehlte, hatte er sich für die Idee des Nationalsozialismus bis zum letzten Blutstropfen verschworen. Ein enger Freund Himmlers aus der ersten Stunde und mit dem Parteiabzeichen Nr. 275. Auch an einer gewissen Gutmütigkeit fehlte es ihm nicht, solange es um seinen eigenen Vorteil ging.

Als Vertreter einiger Landmaschinenfirmen traf er vor Jahren auf den eigentlichen Erben des Schlossgutes Rost, der als junger Mann eben erst den Hof übernommen hatte. Ihm verkaufte Ströbl nach und nach den gesamten neuen Maschinenpark. Gegen Wechsel, denn Geld war knapp. Der junge Graf hatte nicht die mindeste Ahnung davon, was das hieß, und eines Tages, als die Wechsel platzten, war Ströbl Schlossbesitzer.

Man brauchte nur sein Wohnzimmer zu betreten, um von den Wänden mit insgesamt 23 Hitlerfotos abzulesen, wie er den Führer verehrte. Der Höhepunkt seines Lebens war auch dokumentiert: wie er und seine Frau Hitler nach Beendigung seiner Haftstrafe von der Festung Landberg mit ihrem Mercedes abholten. Er hatte wohl auf eine hohe Position in Hitlers Gefolge gehofft. Seine Enttäuschung, dass man ihn unbeachtet abschob, muss ihn tief getroffen haben.

Auf seinem Hof herrschte ein strenges Reglement. Er hatte 14 französische Kriegsgefangene als Arbeitskräfte. Es ergab sich, dass davon immer abwechselnd einer in der Woche krank war. Anfangs wollte er sie mit einer Pfeife zur Arbeit treiben, aber die Franzosen ließen Hacke und Spaten fallen und warteten, bis er sich zu einer menschlichen Anrufung bequemte. Aber die Triebfeder seines Lebens war seine Frau.

Frau Ströbl, eine stattliche Gestalt, grobknochig, schwer, aber behände, entsprach ganz dem Typus einer Großbäuerin. Mit ihren schwarzen, wieselflinken Augen übersah sie keine Möglichkeit, die ihr Vorteil bringen könnte. Sie konnte, wo es angebracht war, von mütterlicher Hilfsbereitschaft sein, aber im nächsten Augenblick blitzte es in ihren verschlagenen Augen. Sie war die Jüngste von zwölf Kindern in einer bitterarmen Hilfsarbeiterfamilie gewesen. Als sie sich noch gern bei uns einfand, erzählte sie, mitteilsam wie sie war, viel aus ihrem Leben. Und trotz all ihrer Versuche, uns später Übles anzutun, konnte ich ihr meine Bewunderung für ihre Tatkraft und Cleverness nicht verweigern.

Er, Ströbl, hatte nicht schlecht verdient in München als Vertreter, es war wohl ein bescheidener Wohlstand, trotz der schwierigen Nachkriegszeit. Als Frau Ströbl eine Tochter bekam, erinnerte sie sich ihrer armseligen Kindheit mit den elf Geschwistern, und in der Angst vor einem gleichen beengten Schicksal ließ sie sich von einem jüdischen Arzt sterilisieren. Obwohl es ihr eigener Wille war, nährte sie von daher einen tiefen Hass auf alles Jüdische.

Die Tochter wurde sehr streng erzogen. Zwar wurden ihr alle Wünsche erfüllt, die ein junges Mädchen hatte, gute elegante Kleider, Auto. Aber jedes Mal nur nach einer besonders schweren oder unangenehmen Arbeit, die ihre Mutter, wie etwa nach dem Kellerputzen, mit weißen Handschuhen in den hintersten Ecken überprüfte. Sie wurde in einem sehr guten Internat erzogen, trat nie in Erscheinung mit ihren Eltern, heiratete einen schwedischen Baron. Das Schloss in Bayern und ihre Eltern sah sie nie wieder. –

Etwa in den zwanziger Jahren, noch immer in München, besuchte Frau Ströbl gelegentlich, eher aus Neugier, einen Schönheitssalon, wie sie damals in Mode kamen. Sie ließ alles über sich ergehen, Gesichtsmassage, Zupfen, Mit-Wässerchen-Betupfen, Cremen, Schminken und Parfümieren. Die Rechnung war astronomisch. Stillschweigend bezahlte sie, aber in ihr entstand schon ein Plan, den sie noch am gleichen Tag ausführte: Sie hinterließ ihrer Schwester Hausschlüssel und Mann nebst einer kurzen Erklärung, und nahm den nächsten Zug nach Paris. Ihr Gedanke war, dass das bisschen Getätschel im Gesicht mit dem wenigen Aufwand bei so hohen Einnahmen eine Goldgrube sein musste!

Am Place Verdome in Paris fand sie was sie suchte, ein Beauty Institut. Sie absolvierte einen Kurs in Kosmetik. Frau Ströbl schilderte uns die Lacherfolge, die sie zunächst bei den jungen Pariserinnen hatte, mit ihrem Unterrock in rotem Flanell und dem mageren, um den Kopf geschlungen schwarzen Zopf. Aber die Kolleginnen hatten ihren Spaß daran, aus ihr eine moderne Frau zu formen, auch die Perücke fehlte nicht. Sie benützte die Zeit um alles, was sie erwischen konnte an leeren Parfümfläschchen, Tiegelchen und Dosen zu sammeln, alles für den Einsatz ihres Planes, in München ein elegantes Studio zu eröffnen. Eine außergewöhnliche Geldgier und Intelligenz, ohne moralische Skrupel. Es wäre Stoff genug, mehr darüber zu schreiben, wenn das Thema einen sinnvolleren Wert hätte.

Aber Anfang der dreißiger Jahre hatte sie eine neue Geldquelle entdeckt. Die Autobahnen in der Nähe Münchens wurden gebaut. Frau Ströbl kaufte zwei große Sonnenschirme, drei Klapptische und ein paar Stühle, übernahm eine Vertretung von Bier- und Limonadenfirmen und packte alles in ihren Mercedes. Von Kilometer zu Kilometer folgte sie der Kolonne der Bauarbeiter mit ihrem fliegenden Erfrischungsladen. Eine, damals, einfache und geniale Idee!

Als der Straßenbau beendet war, hatte gerade ihr Mann das Gut Rost übernommen, und sie fand eine neue, lohnende Aufgabe, als NS-Frauenschaftsleiterin. Dadurch hatte sie auch die Kontrolle über die Pakete vom Roten Kreuz an die Franzosen. Und konnte großzügig von deren Mehl, Butter und Zucker für unsere Lazarette Kuchen backen.

Es sind harte Dinge, die ich hier schreibe, aber ich sehe keinen Grund, die Skrupellosigkeit von Menschen zu beschönigen, die ihre Macht zum Schaden Vieler ausnützten, die sich nicht wehren konnten.

Den Sommer über waren wir voll beschäftigt uns in die unwohnlichen Gegebenheiten einzufügen. Als Erstes mussten wir ein Geschäft für sanitäre Anlagen finden. Bei dem Klima dort war von einer Wasserspülung im Klo abzusehen, eine Kanne war das Gegebene. Aber es gab eine dem zwanzigsten Jahrhundert gemäßere Schüssel mit Sitz. Auch als die Kinder später die einzige kostbare Waschschüssel zertrümmerten, ließen wir ein normales Waschbecken anbringen, dem nur die Armaturen und ein Wasseranschluss fehlten. Ein Eimer drunter war genug.

Wer hat das einmal gesagt: „Der Krieg ist die Mutter der Fantasie." Wie aber sollte man in dieser Klause, trotz dreifach übereinander gelegten Perserbrücken, dem Urlauber aus seiner französischen Villa ein gemütliches Heim bieten? Da fuhr er doch wohl lieber nach Paris.

27.10.1942

Liebstes Peterchen.
Lo putzt wieder mal das Haus, die Arme, aber ich kann dabei wenig helfen. Doch findet sich immer eine kleine Arbeit für mich, um mir die Wartezeit zu verkürzen. Ich bin doch froh, wenn das vorbei ist, obwohl es ein braves Babylein war und mir wenig Last gemacht hat, weniger als der Dickkopf, dein Sohn. – Vielleicht ist es auch in Zukunft so ein liebes Kind – hoffentlich ist es vergnügt, trotzdem ich viele traurige Tage mit ihm hatte. Aber sicher wird es reiselustig, denn bei so viel Veränderungen in den neun Monaten! Ich habe bei ihm viel an Ruhe nachzuholen, denn ich habe mich wirklich wenig darum gekümmert. Obwohl ich ohne dies sicher nicht hier wäre. Man sagt ja, dass die zweiten Kinder viel harmonischer wären als die ersten – das wäre ja schön. Wenn es doch ein Mädchen würde – es ist ja schon entschieden – so wünschte ich ihm sehr, dass es hübsch wäre. Mädchen, die nicht hübsch sind, sind so sehr arm dran. Deshalb wäre ich auch über einen Buben so froh – weil ich es nicht ertragen könnte. Aber viel kann man schon tun mit Erziehung und Kleidung, um ein nettes, liebes Ding wenigstens daraus zu machen. Und die große Schönheit oder Apartheid hat es auch nicht leicht im Leben. Leicht machen soll es sich sein Leben auch nicht. Das Leid gehört dazu wie das Glück – reich soll sein Leben sein!
Ganz bald schon wird es das Licht erblicken und aus dem Dunkeln entlassen sein. Nur fremde Menschen werden es begrüßen, und mir ist schon weh ums Herz, dass es dann nicht mehr in mir ist, ich es nicht mehr spüren kann als ganz meines. Sehr süß ist es, die Füßchen und Händchen zu spüren und ein süßer Schmerz, manchmal. Dafür möchte man dann doch wieder alles auf sich nehmen. Und wie wenig ist es schon, wenn man bedenkt, welche Fülle dann erst beginnt, wenn man es geboren hat. Wie viel Glück und Freude aus langer Zeit vorher da wieder wächst im kleinen Menschen, wie viel Leid sich vorbereitet, begründet im Charakter aus undenklichen Vergangenheiten gemischt, mit meinen Sehnsüchten und unerfüllten Wünschen, mit meinen

Schwächen, die hier vielleicht eine Stärke bedeuten – mit deinem Blut so verwandt dem meinen und vielleicht darum im Streit. Was sind Augen und Hände für eine Wirklichkeit, wo solche Dinge sich schon zum Schicksal bilden für den neuen Menschen. Ich bin bestimmt keine allzu zärtliche und geduldige Mutter, aber ich empfinde dieses Leben geben als unerhörte Gnade. Gebe Gott, dass ich ihrer würdig bin. Liebes – deine Kinder, die mich so beglücken. Von dir ersehnt und mit Freude empfangen – beide. Kein Zufall, sondern im Wunsch, Leben zu geben. Möge es ihnen beiden zu einem glücklichen, reichen Leben geholfen haben.

In Liebe deine Frau.

****

Verse auf ein kleines Kind (von Hugo von Hoffmansthal)

Dir wachsen die rosigen Füße
Die Sonnenländer zu suchen:
Die Sonnenländer sind offen!
An schweigenden Wipfeln blieb dort
Die Luft der Jahrtausende hängen,
Die unerschöpflichen Meere
Sind immer noch, immer noch da.
Am Rande des ewigen Waldes
Willst du aus der hölzernen Schale
Die Milch mit der Unke dann teilen?
Das wird eine fröhliche Mahlzeit
Fast fallen die Sterne hinein!
Am Rande des ewigen Meeres
Schnell findest du einen Gespielen:
Den freundlichen guten Delphin.
Er springt dir ans Trockne entgegen,
Und bleibt er auch manchmal aus,
So stillen die ewigen Winde
Dir bald die aufquellenden Tränen.

*Es sind in den Sonnenländern
Die alten erhabenen Zeiten
Für immer noch, immer noch da!
Die Sonne mit heimlicher Kraft,
Sie formt dir die rosigen Füße,
Ihr ewiges Land zu betreten.*

****

Im Herbst meldete sich Claudia mit sanftem Drängen, um ans Licht zu kommen und durch ihren ersten Atemzug zu einem menschlichen, seelenvollen Leben zu werden. Sie hat es mir leicht gemacht. Dort in der Klinik hörte ich zum ersten Mal von dem Grauen bei Stalingrad. Kein guter Beginn für ein junges Leben. Aber die Natur hat die Mutter mit Fähigkeiten begnadet, durch die sie unbeirrt an die Schwierigkeiten herangeht, die ihrem Kind im Wege stehen.

Da Claudia im Krankenhaus eine Infektion von Schälbläschen erwischte, bekam ich eine Säuglingsschwester der Nationalsozialistischen Volkswohlfahrt NSV zugeteilt. Die Adresse „Schloss" hatte sie wohl zu Trugschlüssen geführt, jedenfalls vermisste sie bei uns jeglichen Komfort, vom Kühlschrank bis zum Badezimmer, und auch meine Bemerkung, dies wäre ein echter Kriegseinsatz für sie, tröstete sie nicht und wir trennten uns schnell. Wir hatten ihr erklärt, dass ein offenes Fenster leicht den Kühlschrank ersetze. Unser Badezimmer hatte seinen besonderen Stil: eine alte Zinkwanne fand sich, auf die Perserteppiche gestellt, erst die Füße auf den Brokatsessel und die oberen Partien gebadet, dann den Rest. Nur das Ausschöpfen war schwer und der Rest floss, der Einfachheit halber, die Wendeltreppe hinunter. Mit Frau Ströbl hatten wir ein gut nachbarliches Verhältnis. Wir erhielten einmal sogar einen Teller voll Sülze, als sie eins der „schwarzen" Schweine geschlachtet hatte. Auch brachte ein Telefongespräch von Rudolf Diels aus Odessa, das sie mir übermittelte, mir etwas Respekt ein. Später vielleicht sogar eine Hilfe, denn, „der Herr Präsident der Donau-Schwarzmeer-Schifffahrt-Gesellschaft ist am Telefon!", hatte ihr Eindruck gemacht.

Eines Tages traf ein Brief ein, unbekannten Absenders, der meine Schwester zu einer Besprechung in die Altstadt bat. Instinktiv nichts Gutes ahnend, schlug ich vor, ganz harmlos erst das Terrain zu sondieren und fuhr per Rad nach Landshut. Eines der schönen, gepflegten Bürgerhäuser, ohne Firma oder sonstiger Ausweisung. Die Tür öffnete ein hübscher blonder Jüngling, von dem ich zunächst nur die SS-Stiefel und schwarzen Hosen sah. Darüber ein grünes bayerisches Jankerl, ganz harmlos und beängstigend. Zunächst fragte er, ob wir katholisch seien und war beglückt, dass Nein. Dann kam es: Meine Schwester sollte als Spitzel die Gottesdienste besuchen, hören, was der Pfarrer sagt, auch die Gespräche, auch die von Ärzten etc. Ich erklärte ihm, dass meine Schwester eine hochbezahlte Kraft in ihrem Beruf sei, eine Notlüge, da sie ihre Stelle als Fremdsprachensekretärin bei Ford bereits nicht mehr ausübte. Sie bekäme das gleiche Gehalt, meinte der junge Mann. Dann versuchte ich es anders: Sie hätte kein Fahrrad, um sich fortzubewegen. Sie bekäme eines, kein Problem. Dann fiel mir nichts mehr ein ohne aufzufallen, und ich fuhr, tief beunruhigt, nach Hause. Einen Spion spielen, das war unmöglich. Aber das Nein sagen, ohne zu zeigen, dass man dieses Regime nicht unterstützen wollte, war ebenso unmöglich. Wir überlegten die halbe Nacht, ohne eine Lösung zu finden. Anderntags konnte Lo dann bei ihrer Besprechung einflechten, dass sie in Köln wegen nervösen Zusammenbruch dienstunfähig geschrieben worden war. Gott Lob, „Dies", meinte der Prototyp der arischen Rasse, der für den Kriegseinsatz als Kanonenfutter offenbar zu schade war, „dies können wir gar nicht gebrauchen. Wir haben zu oft erlebt, dass Zeugen, wenn sie hören, dass es um einen Kopf geht, ihre Aussagen zurücknehmen." Da war meine Schwester noch einmal davon gekommen!

Inzwischen war es nicht mehr ungefährlich als Unverheiratete zu leben. Es drohte eine Zwangsverschickung in die besetzten Ostgebiete mit dem Ziel, dem Führer ein Kind zu schenken. Diese Kinder, von rein arischen SS-Vätern, wurden den Müttern für den Betrag von tausend Reichsmark abgenommen und in besonderen Heimen erzogen. Da ich zwei Kinder hatte, konnte Lo ihr Arbeitsbuch von Fremdsprachensekretärin auf Dienstmädchen umschreiben lassen. Aber das ging nur eine Weile so. Ein neuer Arbeitseinsatz folgte. Es kam ein Packen schwarzer Drillich-Arbeitshosen, die zusammen genäht werden sollten. Nachdem an unserer guten Singer-Nähmaschine drei Mal die kostbare Nadel abbrach, gab sie die Hosen ungenäht zurück und bat um andere Arbeit, zum Beispiel Stickereien für die Uniformen. Die Angestellte verwies sie mit den Worten: „Solche Arbeiten bleiben den Frauen der Ritterkreuzträger vorbehalten." Etwas Anderes gab es nicht, da sie zwölf Kilometer entfernt und ohne jegliche Verkehrsverbindung lebte.

Aber die Arbeitsfront ließ nicht locker. Ihre nächste Arbeitsverpflichtung war in einer kleinen alten Glockengießerei, die als Rüstungsbetrieb umgestellt worden war. Dort sollte sie vorgefertigte Eisenbahn-Lokomotiv-Luftdruck-Bremsmuffen fräsen. Arbeitslohn: 41 Pfennig die Stunde an vier halben Tagen. Arbeitsplatz: 14 Kilometer entfernter Anmarschweg. Da es Winter war, mit Schneesturm oder Matsch, war an das Fahrrad nicht zu denken. Also bei Sturm und Schnee zu Fuß bei minus 18°C. Deshalb verdingte sie sich auf zwei volle Tage, je acht Stunden und mietete sich im Gasthof ein. Zimmer mit Frühstück 4,50 Reichsmark, Mittagessen 7,20, also Unkosten von 11,70 Mark gegenüber 6,56 Mark Lohn. Da das Arbeitsstück fest eingespannt werden musste und weil keiner der Arbeiter ihr dabei helfen wollte, wurden aus den kostbaren Muffen unbrauchbare Eier, die aus der Form liefen. Schließlich, nach zwei Wochen Ausschussarbeit und gesundheitlichen Schäden, ging sie zur Dienststelle der Arbeiterfront und meldete die unmöglichen Arbeitsbedingungen und erklärte ihren Einsatz dort als Sabotage an der Kriegswirtschaft. Die Angestellte war ganz erschrocken: „Diesen Einsatz verstehe ich selbst nicht. Ich werde das sofort erledigen." Wir aber hatten wieder einmal gelernt, was ein Nein zu einer Spionagetätigkeit bedeutet. –

1943

Es wurde wieder einmal Frühling, und die Flöhe kamen. Diese anhänglichen Tierchen fühlten sich bei uns in den Ritzen des Fußbodens, gewärmt von den Ausdünstungen der Schweine unter uns, besonders wohl. Der Schrei: „Vademecum!" hallte immer häufiger durch die Wohnung, das einzige Mittel, sie umzubringen. Wir hatten schon Gips in die Ritzen geschmiert, aber der Zugwind wehte unsere mühsame Arbeit hinweg. Es ist lustig davon zu erzählen, aber die Flöhe gehörten mit zu dem Primitivsten unserer Kriegsjahre. Langsam begriffen wir, dass unser Domizil ein Opfergang war, den wir der Sicherheit der Kinder wegen ertragen mussten. Es sind ja nicht nur die großen, schrecklichen Erlebnisse eines Krieges, sondern das zermürbende, ungewohnt Primitive des Alltags, das schließlich dem Humor die Schärfe der Klage verleiht. Man hält es plötzlich nicht mehr aus. Den Gestank der Schweine, die Klumpen Lehm an den Knobelbechern – wie die Stiefel der gemeinen Soldaten genannt wurden – meines Mannes, da meine eigenen Stadtschuhe dem Matsch nicht mehr gewachsen waren. Die Eiseskälte im Schlafzimmer, wo man ohne Nachtmütze Kopfgrippe bekam. Das trotz Umbau noch primitive Klo und der einzige Wasserkran im eisigen Treppenhaus. Und die Enttäuschung! Wir hatten für den März in Zürs in den Lechtaler Alpen Zimmer bestellt, um mit Peter, dem Urlauber, nach so vielen Jahren, endlich ein paar gepflegte Tage zu verbringen. Zimmer bekam man in guten Hotels nur in Begleitung eines Wehrmachtangehörigen. Ich hatte mit letzter Fantasie meine spärliche Garderobe zurecht gemacht, nicht gerade elegant, wie es mir von Berliner Freunden beschrieben wurde, aber es ging. Wer nicht kam war der Urlauber. Er fuhr nach Paris. –

Zu weinen hatte keinen Zweck, denn ich hatte keinen Platz, wohin ich mich hätte zurückziehen können. Es klingt auch so töricht angesichts des unendlichen Jammers überall auf der Welt. Und doch – es war für Jahre der letzte Urlaub, der nun verloren war. Niemand kann das nachempfinden.

Es wurde Sommer und wir machten uns unterhalb der Schlossmauer ein kleines Gärtchen, um mit den Kindern in der Sonne zu sitzen. Wir pflanzten Schlüsselblumen und anderes, was mit dem lehmigen Boden zufrieden war. Der Garten war aber zu schmal, um einen Zaun zu ziehen. Und dann kamen die Kühe. Wir hatten nicht bedacht, dass sie sommers aus ihrem Stall entlassen wurden und sich, glückliche Kühe die sie waren, begeistert auf das erste Grün am Wege stürzen würden. –

Mischa war schon sehr unternehmungslustig, des öfteren rief einer der französischen Kriegsgefangenen zu mir herauf: „Mischa ist mit auf Kartoffelacker!" Das konnte ich unbesorgt zulassen, die Franzosen waren die besten Kindermädchen. Einmal kamen Tiefflieger ohne Warnung. Einer der Franzosen schnappte sich die Kinder, eins unter jedem Arm, und rannte zur nächsten Deckung. Auch hatte Mischa längst herausgefunden, dass es bei denen Schokolade gab, und er fand auch, dass sie es mit dem Zähneputzen bequemer hätten: sie nähmen die Zähne einfach raus. Gelegentlich machte ich auch mal den Weg zur kleinen Gräfin von Spreti nach Rotting für ein genüssliches Bad und eine Tasse Tee. Der lange Weg durch den einsamen Wald war eine Erholung nach der Enge unserer Klause. Aber auch die Radfahrten nach Landshut waren wegen der Tiefflieger nicht mehr ungefährlich. Nicht immer findet man gerade eine Abflussröhre zum Hineinkriechen...

Eines Tages erschienen fremde Besucher im Schloss. Es hieß, Ströbl wolle das Gut verkaufen. Er hatte es seinem Neffen zugesagt, aber mit dem zunächst so erfolgreichen Feldzug auf der Krim verlor der Neffe das Interesse und sah sich bereits im Besitz eines Gutes auf der Krim von den Ausmaßen, dass es nur vom Flugzeug aus verwaltet werden könne. So die Worte des Herrn Ströbl. Als wir hörten, dass es sich beim Besucher, Baron Friedrich Carl von Oppenheim, um einen Industriellen aus dem Rheinland handelte, beeilten wir uns unsere Kate etwas wohnlicher zu gestalten. Dazu brauchten wir nur etwas Kalk, etwas Farbe und Pinsel. Dem war abzuhelfen. Robert, einer der französischen Kriegsgefangenen, schnitt einer Kuh etwas Haar vom Schwanz ab und machte Pinsel. Die französischen Bauern waren noch nicht verwöhnt durch technische Bequemlichkeiten wie bei uns. Schwarze Pulverfarbe war immer vorhanden und etwas Ziegelrot und weißer Kalk. Damit bemalte ich die Wände unseres „Eiskellers", mit dem Traum südlicher Landschaften, mit Pferden, schönen Mädchen in Rosa, Schwarz, Weiß und Grau. Dann konnte der Baron zur Besichtigung seines künftigen Besitzes kommen.

Bei seinem zweiten Besuch ergab es sich, dass er meine Schwester als Gutssekretärin einstellte, für uns eine Rettung vor den Intrigen der Arbeitsfront, und für den früheren Besitzer Ströbl, der nun als Verwalter im Schloss wohnen blieb, ein Dorn im Auge. Er hatte gemerkt, dass wir mit dem neuen Besitzer in Freundschaft verkehrten, das passte ihm gar nicht. Es ist schwer zu wissen, wie man allen Menschen gerecht werden kann.

****

Cambrai, den 21. August 1943

Mein liebstes Bärlein,
ich bin vorgestern heil und erfolgreich von meiner Reise zurückgekommen. Erfolgreich ist ja wohl ziemlich verständlich, heil wirklich Glücksache, denn wir bekommen die augenblickliche Luftüberlegenheit unserer Gegner Tag und Nacht zu spüren, sodass „Erdkunde" ganz groß geschrieben wird. Mit „Erdkunde" bezeichnen wir den Vorgang, dass man sich so innig wie möglich der Mutter Erde in den Schoß wirft, wenn es kracht oder man mit Bordwaffen beschossen wird.

Ich bin heute O.v.D. und hoffe endlich mal wieder einen längeren Brief schreiben zu können, nachdem ich dich in der letzten Zeit so sehr vernachlässigen musste.

Leider geht es mir nicht besonders. Ich hatte auf der Reise schon heftige Stiche in der rechten Seite und jeden Abend gegen 39° Fieber. Eine heute Morgen erfolgte Untersuchung im Lazarett ergab, dass ich entweder eine Rippenfellentzündung oder eine Gallenblasenentzündung habe. Montagmorgen werde ich geröntgt, da wird sich dann die Natur meiner Krankheit herausstellen, die auf alle Fälle schon im Abklingen ist, denn das Fieber ist weg, und die ziemlich erheblichen Schmerzen haben nachgelassen. Du brauchst dir also keine Sorgen machen und ich auch nicht mehr, denn ich fürchtete schon eine Lungenentzündung.

Was das sonstige Befinden angeht, so kann ich nur feststellen, dass auch bei mir die Folgen des nun bald ins fünfte Jahr gehenden Krieges spürbar werden. Es ist so vieles, was einen innerlich quält, gleich, ob es die Gegenwart oder die Zukunft betrifft. Hinzu kommt die Unmöglichkeit, irgend etwas unternehmen zu können, zu handeln. Sicherlich tue ich nach wie vor meine Pflicht und mehr als das, aber es ist oft so niederdrückend mit ansehen zu müssen, wie die Jahre und das Leben verrinnen und es noch nicht einmal sicher ist, ob nicht auch unsere Kinder wiederum eine gleiche Zeit durchmachen müssen, vielleicht eine noch schrecklichere. Dass wir nach dem Kriege wieder aufbauen – und zwar das äußere und das innere Leben – ist ja selbstverständlich.

Aber es muss auch einen über die augenblickliche Notwendigkeit hinausgehenden Zweck haben und der erscheint mir zur Zeit nach allem Erlebten reichlich nebelhaft. Woran soll man sich halten, wenn man den Glauben an die Lebensethik, an die göttliche Sendung des Menschen, wenn man den Glauben an Gott selbst zu tiefst erschüttert sieht? Es sind wirklich nur noch zwei Bindungen, die mich in dieser Welt des Chaos halten: meine Familie und mein Vaterland. Und für die Zukunft gesehen der eine Wunsch: entweder eine wirklich große und schwere Lebensaufgabe gestellt zu bekommen, die den Einsatz aller vorhandenen Kräfte erfordert oder völlig zurückgezogen ein Stückchen Erde zu besitzen, etwas Vieh, einen weiten Himmel, von seiner Hände Arbeit lebend, für dich und die Kinder. Ich weiß noch nicht einmal, ob ich das kleine und sicher bessere – im Sinne von gut – Leben nicht dem großen Leben vorziehen würde. Erde und Tiere sind so gut und schön und unser Verhältnis zueinander so anständig und sauber. Auf der anderen Seite steht aber das Erbarmen mit den Menschen und der Anspruch aller derjenigen, die in ihrer Not von den Starken geführt werden wollen. Dürfen wir uns, die wir glauben, führen zu können, diesem Anspruch entziehen, auch wenn wir uns dabei opfern? Es arbeitet und arbeitet seit Monaten, vielleicht seit Jahren in mir, ich ringe mit der Klarheit einer endgültigen Lebenserkenntnis und weiß dabei nur das eine, dass mich jede halbe Lösung, die mir die Not der Verhältnisse vielleicht eines Tages aufzwingt, zu einem verlorenen Menschen machen muss. Ich weiß aber auch, dass ich dich in diesem Kampf an meiner Seite weiß, so wie du an meiner Seite bist, seit dem Tage, an dem wir uns zu lieben begannen und noch nicht aufgehört haben, diese Liebe in uns wachsen zu lassen. Glaube mir, dass ich die Tiefe dieses Glücks jede Stunde meines Lebens empfinde, aber verstehe auch, dass für einen Mann neben diesem Glück, so maßlos anspruchsvoll es euch Frauen auch erscheinen mag, das Glück einer großen Lebensaufgabe stehen muss, die sich nicht darin erschöpft, mit mehr oder weniger Erfolg seinen und seiner Familie Lebensunterhalt zu verdienen. Nun, ich höre nicht auf, unserem

Glücksstern zu vertrauen. Wichtig ist zunächst, dass wir vier uns nach Beendigung des Krieges gesund und heil wiederfinden, alles andere wird sich dann herausstellen und uns zum Kampf bereit finden.

Habe Dank, Liebes, für deine vielen guten Briefe, die mir immer ein wahrer Trost und eine Freude sind. Ich habe wirklich eine Frau für schlechtes Wetter, aber du hast vergessen hinzuzufügen, dass ich auch eine habe für schönes Wetter! Besonderen Dank auch für die italienischen Skizzen, die mich etwas wehmutsvoll an unsere Tage dort erinnerten und an das Land, das nun so zerstört wird. Durch die Veränderung in Rost werden jetzt für euch hochpolitische Tage kommen; ich zweifle nicht, dass ihr den richtigen Weg finden werdet. Du hast mir das beiliegende Gedicht geschickt. Ist es von dir oder von Hoffmansthal? Es ist sehr schön, wie auch ein anderes, das ich ebenfalls zurückschicke. Anbei vier Abzüge. Sie sind so wenig gut, dass es vielleicht besser ist, neue Aufnahme zu machen. Schreibe mir darüber. Ferner füge ich einen Film bei, von dem ich nicht weiß, ob du schon Abzüge bekommen hast oder noch welche haben willst. Eine Aufnahme mit Wagen kann ich unter allen noch hier habenden Filmen nicht finden. Morgen geht übrigens ein ganzer Packen Abzüge und Filme ab. Sehe alles durch und wenn du noch Wünsche hast, her damit. Auch der umgetauschte Film geht morgen ab.

Mit der Sache Rudolf Diels scheine ich ja heftig danebengetreten zu haben. Ohne es natürlich zu wollen. Natürlich bin ich ein wenig (?) eifersüchtig, aber das ist ja nun kein Grund, dass du auch nur die geringste Rücksicht darauf nehmen brauchst. Ich gönne dir von ganzem Herzen diese Verbindung, weil ich weiß, wie schrecklich nötig man so etwas hat, wie gut es dir tun wird. Im übrigen gönne ich auch ihm alles das, was er an dir haben wird, denn gerade eine unerfüllte Sehnsucht macht uns Männer oft glücklicher und immer gut. Und über alles andere braucht zwischen uns wirklich kein Wort verloren werden. Genügt das, oder habe ich mich wieder falsch ausgedrückt?

Kaffee kostet zu Zeit 150 Mark das Kilo ungebrannt. Soll ich zu diesem irrsinnigen Preis etwas für Vater besorgen? Schiborr habe ich noch nicht schicken können. Du hast recht getan ihm etwas zukommen zu lassen. Frage ihn doch bitte, ob er den Rest des Geldes zurückhaben oder noch warten will, dass ich etwas für ihn auftreibe. Es ist ja kaum noch etwas zu haben und alles schwindelhaft teuer. Butter zum Beispiel 30 Mark das Kilo. Ein Ei 30 Pfennig. Auf die Jagd komme ich kaum, keine Zeit. Zum Theater spielen ist uns die Lust vergangen, versteht sich. Ich war in Brüssel und habe dort einen reizenden Delfter (echt) Leuchter gekauft, weil er mir so gut gefiel. Hoffentlich bekomme ich ihn heil an Land, das heißt zu euch. Fronteinsatz vorläufig wieder hinfällig, da nicht abkömmlich. Außerdem gehöre ich ja eigentlich ins Bett.

Urlaub nicht vor Oktober/November. Du weißt doch, Urlaubssperre.

Peter

****

Abschied (von Ursula Dietzsch-Kluth)

*„Dein Blick ist dunkler Zukunft ganz erschlossen
und gibt die Antwort unruhvollem Fragen.
Die Worte tasten nach vergangnen Tagen
und flechten Kränze aus Erinnerung.*

*Im nebelgrauen Dunkel misst der Schritt
im Hin und Wieder die entflohne Welt.
Nicht mehr nun alle Kraft der Liebe hält
als deine Hand noch einen Augenblick.*

*Noch einmal liegt dein Mund auf meinen Lippen,
an ihres Lächelns Rand verharrt der Schmerz.
Dann rollt der Zug. Dein Blick schenkt mir dein Herz
und meine Glieder werden schwer vor Glück."*

****

„Ein Abend kam und nahm dich mit sich fort
als sei es nur des Sonnenweges Ende.
Nun aber rinnt die Zeit durch meine Hände
und mir bleibt nichts davon als nur ein Traum
und Warten, dass es Abend werde, und wieder,
nach eines Tages Ablauf Abend.
Und Nacht und Tag sind nichts als Zahlen,
aus eines Jahres Fülle ausgebrochen
wie blinde Steine aus dem Schmuck des Lebens."

****

„Im Duft der Blütenkelche in den Krügen
ist so viel deines Atems als ein Hauch,
entfliehend dem Begriff, gemischt.
Das Ohr lauscht in des Blutes Strömung
und findet deiner Stimme Klang so nah,
als sei sie eingefangen in der Höhlung
wie Tritons Sang einst in des Meeres Muschel.
Noch weiß mein Mund von keiner Einsamkeit
und hebt sich bebend jedem Wind entgegen.
Die Hand nur sucht vergebens nach der deinen,
darin vertrauensvoll zu ruhen sie gewohnt,
und fühlt sich plötzlich wie ein fremdes Ding
das kalt und wesenlos im Leeren hängt."

****

Ende des Sommers 1943 erreichte mich ein Brief meiner Schulfreundin Renée von Pelchrzym, die ich seit den Pariser Tagen nicht mehr gesehen hatte. Sie hatte sich als Pferdejunge und Kutscher in der Remontenzucht des Markgrafen von Baden verdingt, und lud mich ein, mit Erlaubnis der Markgräfin, sie zu besuchen. Wie solche seltsamen Verbindungen zustande kommen, ist eines der Geheimnisse, die der Krieg fertig bringt.

Ich sah wohl ein paar schöne Tage im Schloss zu Salem vor mir, aber was mich am meisten dabei reizte waren Äpfel! So materialistisch war ich schon geworden, die sanfte Landschaft des Bodensees voller Apfelbäume zu sehen, denn Äpfel halten den ganzen Winter und wären das Beste gewesen, um unserem armen Essen aufzuhelfen. So packte ich allerlei brauchbare Geschenke zusammen und fuhr, um einen Bauern zu suchen, der ein paar Kisten schicken würde. Es war wirklich wunderschön dort in Salem, wir hatten manchmal den Wagen mit zwei, noch recht jungen, Pferden für uns, auch etwas aufregend, denn die Pferde scheuten vor jedem Huhn, das sich leichtsinnig auf die Straße wagte. Dafür half ich abends Renée die Silberwappen am Pferdegeschirr zu putzen. Oder ich lernte von dem, nach meiner Verwundung noch in Rekonvaleszent lebenden Markgrafen das englische Puzzelspiel. Die Markgräfin hatte einen Teil des Schlosses für Bombenflüchtlinge abgegeben, ebenso vom Garten. Was sie aber zutiefst bedauerte, war, dass diese Leute, und die Kinder, aus ihren Nöten keine Tugend machten, sie verwüsteten die Rabatten, rissen Pflanzen aus, nur um sie wegzuwerfen, zertrampelten, was ihnen großzügig anvertraut war. Das berühmte Internat wurde von den zuständiger Stelle übernommen, der NSDAP.

Wieder in Rost. Wieder der Kampf mit dem ewig durchbrennenden Kocher. Der Baron hatte uns zwar netterweise einen wunderbaren Elektrokocher mitgebracht, aber leider war der Strom zu schwach, um die großen Kühlschränke und Herde im Schloss sowie auch unsere bescheidenen Bedürfnisse zu befriedigen. Es waren mittlerweile etwa dreißig Personen im Schloss, es ist unglaublich, wie viele Verwandte man plötzlich hat, wenn man ein Gut in Bayern besitzt. Der Baron beklagte sich bitter, dass er nie ins Badezimmer könne. Lo, als Pionier in der Welt der Schwierigkeiten, wusste einen Ausweg, und ich als Hauskünstler bekam wieder Arbeit. Wir richteten dem Baron in seinem Zimmer eine Waschnische ein, mit Becken, Spiegel und bunten Blütenranken zur Verschönerung. Mir trug es ein Stück französischer Seife ein und, o Traum des

Weiblichen, ein Fläschchen Chanel No. 5. Auch einen Karton mit französischer Toilettenseife, den ich aber für ihn in meiner Küche deponieren musste, denn er nahm wohl mit Recht an, dass im Schloss nicht viel für ihn davon übrig bliebe. Ein Zigarrenetui aus Platin musste ich ebenfalls verwahren, was mich sehr belastete, nicht nur weil es ein halbes Pfund schwer war. Der Schlüssel zu seinem Weinkeller blieb nicht lange bei mir, seine Schwiegermutter brauchte des öfteren eine der köstlichen Flaschen, um Eier zu hamstern. Es war für mich wie ein Wunder, dass daraufhin die Hühner im Dorf wieder Eier legten. So ging das Jahr zu Ende. Das Schloss hatte eine Menge Aufträge für mich, Weihnachtsgeschenke aus dem Nichts zu zaubern. Aber dies war mein Dank für die Freundlichkeit des Barons, meine Post, unzensiert, mit seinem Wagen ins Rheinland befördern zu lassen. Nur Ströbls passte all dies nicht und wir hatten viele miese Schwierigkeiten, die, wie wir später feststellen konnten, alle aus ihren Anregungen stammten.

Eine erfreuliche Neuerung; wie meistens kam sie aus der Ecke der Zwangsarbeiter. Stefan der Pole, erbarmte sich unserer Küchenmisere, räumte den unmöglichen, riesigen Kohleherd ab, der früher für die großen Kessel mit Schweinefutter gebraucht wurde, und baute uns aus Ziegeln einen wunderhübschen kleinen Herd, unter kluger Verwendung der Eisenteile des großen. Auch die Franzosen halfen gern, so waren sie ehrlich empört, als unsere Milchration auf Magermilch umgestellt werden sollte, während Ströbls von den Rote-Kreuz-Paketen ihren Zucker und ihre Eier stahlen. So sagten sie mir, ich solle einen großen Topf mit Deckel bringen. Die von den Franzosen hineingefüllte Milch war so fett, dass ich davon etwas buttern konnte. Aber auch ihnen wurde das Kontingent gestrichen, Lo, als Gutssekretärin, hatte das zu kontrollieren. Sie fragte also Robert: „C'est du petit lait?" „Mais oui, Mademoiselle, nous avons une vache qui produit seulement du petit lai." Das heißt: Magermilch.

Wohl muss ich zugeben, dass das Misstrauen, das Ströbls uns gegenüber hatten, nicht unberechtigt war. Und so fand sich Frau Ströbl immer abends pünktlich im Schweinestall ein. Zu der Zeit, wenn wir vor unserem Radio knieten, ein Kissen auf dem Lautsprecher, und den englischen Sender abhörten. Einer musste immer im Treppenhaus stehen, vor Angst und vor Kälte zitternd, damit wir nicht von dort überrascht würden. Die Kälte war wieder entnervend. Wir hatten für Mischa aus weißen Kaninchenfellen einen Mantel gemacht, roh, wie die Hirten aus der Bibel. Los alter Silberfuchs ergab eine prächtige Russenmütze, die ihm bei der gerade überstandenen Mittelohrentzündung sehr wohl tat. So stapfte er nun wie ein echter Sibiriake durch den Lehm. Meinen alten Pelzmantel trugen Lo und ich, je nach Bedarf, abwechselnd. Claudia gedieh indes prächtig, trotz ewigen Schnupfens und roten Näschens. Beide Kinder waren schon so unternehmungslustig, dass sie fast das Haus in Brand gesetzt hätten. Ich fand, eher zufällig, eine der Kerzen, die immer zur Hand sein mussten wenn wieder der Strom ausfiel, angezündet, aber liegend, auf dem Kinderschränkchen. Des Rätsels Lösung, wer und wie er sie angezündet hatte, kam erst durch viele Fragen heraus: Mischa hatte die Kerze zwischen die glühenden Drähte des Heizöfchens gesteckt, bis sie Feuer fing!

Mischa war unendlich lieb. Immer zufrieden, wenn er nur ein paar Abfälle vom Schreiner Moser als Bauklötze hatte und ein Stückchen Kordel, und er baute und bastelte wunderbare Sachen, die so „echt" waren, dass er nichts erklären musste. Bei Ströbls lernte er das Hakenkreuz, und sehr zu meinem Schreck kratzte er es mit einem Nagel in die Wand. Einmal sah ich ihn über den Hof stolzieren, eine große Hakenkreuzfahne an einem Besenstiel tragend. Ich stürzte die Schneckenstiege hinunter und fragte, wohin er wolle. „Die soll ich durchs Dorf tragen, hat Onkel Ströbl gesagt." Wir waren schon am großen Hoftor, ich meinte: „Weißt du, die Fahne ist ja soo schwer, wir stellen sie erst mal hier hinter das Tor, da sieht sie keiner und niemand kann sie wegnehmen. Wir gehen erst mal zum Bäcker Dreier." Aber, wie es das Unglück will, unterwegs trafen wir Herrn Ströbl. „No, Mischa, wo hoast'n dei Fahn?" – „Die haben wir versteckt, damit sie niemand sieht." Kommentar überflüssig.

In Regensburg warteten ein paar Päckchen von Peter. Das ließ sich verbinden mit einem Treffen mit Rudolf Diels, der dort eine Konferenz mit seiner Donau-Schwarzmeer-Gesellschaft hatte. Er schilderte die großartigen landwirtschaftlichen Anlagen, die er bei Odessa besucht hatte. Er meinte, die großspurige Überheblichkeit der Propaganda Deutschlands gegenüber dieser fortschrittlichen Leistung mit ihren riesigen Treibhäusern sei eher ein Lehrstück für uns.

Regensburg gehört zu meinen Lieblingsstädten. Seine wehrhaften Turmhäuser erinnern etwas an die Türme der Toskana. Der wunderbare Domplatz mit dem Dom und den ihn umschließenden Häusern hat seinen italienischen Einfluss nie verleugnet. Alle Städte, die so sehr mit einem Fluss verbunden sind, haben ihren ganz besonderen Reiz. Rudolf Diels bat mich, bei Gelegenheit Bilder von Regensburg, Passau, und wenn möglich auch anderen Häfen zu malen. So stand auch das schöne Passau auf meinem Programm als Malerin.

Die Briefe aus Frankreich von Peter wurden bedrückter, wenn auch immer noch voll Hoffnung, es könne sich etwas an unserer Lage bessern. Die Abwehr der englischen Einflüge litt unter der Dezimierung unserer Luftflotte, der Traum, England von der Luft her in die Knie zu zwingen war längst begraben. Der Krieg griff unerbittlich in die besetzten Gebiete ein, Verluste, Überschätzung des eigenen Potentials beunruhigten die Deutschen dort, die, wie üblich, nur über ihren begrenzten Abschnitt orientiert waren. So erfuhr man wenig, und in den Briefen stand nur Persönliches. Und es gab bei uns niemand, mit dem man sich darüber hätte aussprechen können. Nur der Baron – durch seine Verbindungen bestens orientiert – brachte bei seinen kurzen Besuchen hin und wieder Beurteilungen aus höchster Ebene mit. So erfuhren wir auch von Himmlers Rede am 4. Oktober 1943, die geheim gehalten wurde, und nur vor hohen SS-Führern in drei Stunden gehalten, über die Endlösung der minderwertigen Rassen.

Inzwischen schrieb mir einer der Verleger, Dr. F.C. Bachem, für den ich in Köln gearbeitet hatte, und bat um einen gegenseitigen Briefwechsel. So füge ich hier einige dieser Briefe ein, da sie im Wechsel zwischen Schloss und Hütte ein besserer Gedankenaustausch sind, als nur ein halbes Gespräch mit sich selbst. Auch sind sie datiert, was etwas Ordnung in die Erinnerungen bringt. Leider musste ich, durch die Ungunst der Verhältnisse, seine Antworten fast alle vernichten. Doch davon später. Die Kopien seiner Briefe sollten im Archiv des Bachem Verlages liegen, da er sie nach dem Kriege herausgeben wollte. Leider sind sie dort nicht mehr auffindbar. Wahrscheinlich hat sie Dr. Bachem aus den gleichen Gründen, die ich auch hatte, vernichtet.

November 1943

Liebe Frau Ursula,

das war aber eine große Freude, nach so langer Zeit einen so prächtigen und umfassenden Plauderbrief von Ihnen! Da muss ich Ihnen aber ganz rasch danken. Ich bin richtig stolz über den Umfang Ihres Berichtes, nachdem ich den großen Umfang Ihrer Belastung als junge Mama, Hausfrau und Künstlerin daraus ersah. Sie haben ganz recht, auch wir sind zu der Erkenntnis gekommen, dass es unfruchtbar ist, den Krieg als unangenehme Unterbrechung des Friedens zu betrachten und untätig auf sein Ende zu warten. Sintemal die Welt nach dem Kriege so anders aussehen wird, dass man in nichts, aber auch in gar nichts, am wenigsten in Ausmaß und Art seiner persönlichsten Wünsche, Neigungen und Liebhabereien an das „Vorher" wird anknüpfen können. Wir leben im Zeitalter der Vermassung, in einem Zivilisationszeitalter, das allen Formen der Kultur und der individuellen Lebensgestaltung feindselig ist. Es ist kein Zufall, wenn die Feindbomben unsere Kölner Kirchen zerschlagen haben. Die amerikanische – entschuldigen Sie! – WC-Zivilisation ist genau so ein Ismus wie die anderen Ismen auch, also Ausdruck der politisch und machtmäßig mündig gewordenen Massen, was heißt, des nach unten gedrückten Durchschnitts, des Klischees, der Zeitungsphrasen, der popeligen Mediokrität, brrrr, wie widerlich das Alles!

Ich habe mich entschlossen, bis zum letzten Blutstropfen um die Erhaltung meiner geistigen Selbstständigkeit und mei-

ner privaten Eigenwelt zu kämpfen, wenn schon gekämpft werden muss. Denn nur die Wenigen, die Einzelnen, die sich gegen das Klischee wehren, werden aus der Blut- und Schlammflut dieser unseligen Weltjahrzehnte das Wenige, das Allgemeingültige, das Ewige hinüberzuretten haben in eine weniger chaotische Zeit, die vielleicht einmal wieder Form und Maß haben wird. Mir fiel kürzlich in einer Berliner Buchhandlung ein Büchlein in die Hand, das 1921 erschienen ist, von Tagore, es heißt „Nationalismus" und ist geschrieben worden auf einer Vortragsreise in Japan als Warnung an die Japaner, um sie vor der unseligen Überspannung des Nationalstaatensystems zu warnen. Ein gefährlich scharfsinniges Büchlein von einer unheimlichen Aktualität. Ich lese viel Historie in der letzten Zeit, es klärt und tröstet und gibt Abstand zu den Dingen, die einen täglich peinigen, viel Diplomaten- und Politikererinnerung, viel Napoleonliteratur, darunter das gescheite Buch der Frau von Remusat „Im Schatten Napoleons" und eben stecke ich in Brandis „Karl V", ein ganz überragendes Buch. Eben ist ein neues Buch von Ortega y Gasset erschienen, „Geschichte als System", hoffentlich kriegt man es noch, wenn es auch nicht allen Verlegern so geht wie mir; unser Haus mit sämtlichen Maschinen, Lagern usw. ist restlos ausgebrannt, einschließlich der Luftschutztresore im zweiten Keller, 14 Meter unter dem Straßenniveau. Mit diesem satanischen Phosphor hatten wir nicht gerechnet. Na, auch das hat sein Gutes: wenn man neu aufbaut, ist man von vielem Traditionsplunder befreit. Aber wann? Einstweilen habe ich hier, wo ich außerdem auch meinen soldatischen Diensteinsatz als Betreuungsoffizier für sechs Lazarette habe, auch mein Sekretariat und habe ein paar meiner Leute in der Nähe, in Wittlich, untergebracht, wo ich auch den Volkerverlag hingelegt habe. Nebenbei kümmere ich mich dann noch ein bisschen um die Schorlemerschen Weingüter, nachdem meine Freundin Mariliese Schorlemer in zweiter Ehe einen riesig netten Fortmeister oben auf dem Hunsrück geheiratet hat und nicht mehr hier residiert. Meine Frau ist stellvertretende Hausfrau, so dass ich in denkbar nettester Weise Dienst, Beruf und Familienleben unter einem

Dach vereinigen kann, was wohl den wenigsten Soldaten blüht. Ich bin aber nicht gram darüber, wenn ich schon nur noch Schreibstubenkuli sein kann, dann wenigstens mit allen Schikanen. Wie ist es Frau Ursula, haben Sie Lust und Zeit mir gelegentlich wieder ein Buch auszustatten? Ich arbeite ziemlich langfristig auf Vorrat, beziehungsweise in die Schublade und es sind eine ganze Menge Dinge im Werden.

Allerschönste Grüße auch von meiner Frau, von Haus zu Haus, ich würde sagen von Schloss zu Schloss, wenn es nicht so snobistisch klänge und wenn Lieser nicht eine so grauenhafte neugotische Kiste aus den 80er Jahren wäre. Wo und wann hat Sie den zum ersten Male das „al fresco"-Fieber überfallen? Ich finde das aber gut und sehr schön so. Es wird Ihre ganzen graphischen Arbeiten kraftvoller und großzügiger machen. Können Sie mir nicht ein paar freie Arbeiten abgeben, die ich Freunden zu Weihnachten schenken kann und können Sie es nicht einmal möglich machen, meine Tochter Monika zu malen oder zu zeichnen? Sie sind uns jederzeit herzlich willkommen. Wir sind zwar nicht üppig mit Fremdenzimmern ausgestattet, weil wir das halbe Schloss als Lazarett abgegeben haben, aber unterbringen können wir Sie immer und das stille Moseltal ist auch im Winter sehr reizvoll. Es müsste aber bald sein, weil meine Frau und die Kleine wahrscheinlich ein paar Monate in die Schweiz fahren werden. Monika muss in ein Kinderheim in größerer Höhe.

Gute Grüße Ihrem Mann und schönste Empfehlungen Ihrer Schwester mit Handkuss immer der Ihrige

Verzeihen Sie die furchtbare Tipperei, aber seit meiner Verwundung ist mir das Schreiben mit der Hand recht mühsam geworden. Wer ist Hausherr in Rost und wer der Regierungspräsident? Elfgen?

Ihr F.C.

****

28. November 1943

Lieber Dr. Bachem
Haben Sie recht herzlichen Dank für Ihre rasche und ausführliche Antwort. Sie müssen wissen, dass Briefe das Einzige sind, was ich noch vom weltlichen Leben habe, und das sie deshalb – und in dieser Form – immer eine große Freude für mich bedeuten. Die seelischen Widerstände verbrauchen meine körperlichen Kräfte ganz unverhältnismäßig. Wenn man nicht ganz den klaren Blick verlieren will, so ist es sicherlich nicht das Schlechteste, diesen Krieg außerhalb der Städte zu überleben. (Wenn ich auch unsere Zuflucht nach hier aus rein ernährungspolitischen Gründen um der Kinder willen nach Niederbayern verlegte.) Die Weltgeschichte dringt abgeklärter zu uns, und die absolute Ruhe, die uns umgibt, das biblische Leben zwischen Ochs und Esel lässt noch die große Ordnung erkennen, die die Welten lenkt (unbeeindruckt von kriegswirtschaftlicher Beeilung), wenn auch manchmal die Stille allzu groß werden will und meine abenteuernden Sehnsüchte in dem nüchternen Viereck des Hofes hin und her flattern wie gefangene Vögel. Dann sehnt man sich nach einem gepflegten Haus, nach langen Gesprächen. Dazu kommt, dass ich ein geradezu lächerliches Heimweh nach dem Rheinland habe, mag es noch so sehr aus allen Wunden bluten und ich es schmählich verlassen haben, nachdem ich meinen Teil an Schrecken mitbekommen hatte.
Ich könnte in Kanada nicht fremder sein als hier, unsere französischen Kriegsgefangen verstehe ich besser als die niederbayerischen Bauern, obwohl ich sagen muss, dass sie freundlich sind, nachdem sie sich an uns gewöhnt haben. So auch in Landshut – eine merkwürdigerweise ziemlich unberühmte Stadt –, die in ihrer typischen rein erhaltenen Art abseits vielleicht einmal zu den Städten gehören wird, die das alte Deutschland repräsentieren könnten. Seltsam, dass gerade aus dieser Gegend der Einbruch in die Weltgeschichte seinen Anfang nahm. Die älteste Ortsgruppe, und Braunau ist nahe! Was die Landbevölkerung betrifft, so gibt es – außer in Ostdeutschland – wohl keine genügsameren arbeitswütigen Menschen als hier, nüchtern bis zu Selbst-

aufgabe. Ich habe mich immer für bescheiden gehalten, doch das Übermaß an Anspruchslosigkeit hier lässt mich betreten schweigen.

Ursula

****

Sie erzählten und erzählen sich so leicht und amüsant, diese kleinen Widrigkeiten des Alltags, wen kümmerte das schon in dem Wirbel des Unterganges, der jeden Einzelnen in Europa ergriff. Was war denn der zermürbende Kampf mit den primitiven Möglichkeiten in unserer Hütte – es war ein Glücksfall –, gemessen an den unendlichen Flüchtlingstrecks, von West nach Ost, von Ost nach West. Und doch – verwöhnt von der Familie, erzogen zu einer gepflegten, geistig orientierten Lebenskultur, war diese Primitivität, einschließlich der ungepflegten Umgebung und der Unmöglichkeit, sich gedanklich auszutauschen, auf lange Zeit so zerstörerisch für die Seele wie für den Körper. Ich riss mich immer wieder aus meiner Verzweiflung zur Ordnung, also zur Tat, irgendeiner, um nur nicht denken zu müssen, wie die schönsten Jahre dahinschmolzen wie Schnee im Frühling, und wie Frost auf den ersten Blüten wirkte es; und das Lächeln erstarb.

1944 – 1945

Schloss Rost, 7. Februar 44
Lieber Dr. Bachem
Lange graue Winterabende verbringt man am Besten damit Besuche zu machen oder zu empfangen. So habe ich mich bei Ihnen eingeladen und hoffe Sie haben etwas Zeit für mich. Es ist wieder einmal die ganze trostlose Zeit für das niederbayerische Klima. Gäbe es eine Jahreszeit, die mehr dazu neigt, politische Umwälzungen und kriegerische Entscheidungen hervorzubringen, sie müsste hier zur Welt gekommen sein, denn so viel nasse Füße, so wenig Gemüse und so viele Hektar Ackerboden an den Schuhsohlen sind so leicht nicht wieder zu finden. Wenn nur endlich der Föhn den grau verhangenen Himmel aufrisse und zerfetzte Wolkenränder über den Waldsaum fegte, sodass man wieder in die Ferne sehen könnte. Aber nun liegt wieder Schnee, und die Schweine sehen noch schmutziger aus als sie sind.
Das wird ein Brief mit Hindernissen. Alle Augenblicke ruft mich ein Jammergeschrei oder, was noch schlimmer ist, verdächtige Ruhe ins Kinderzimmer. Ich habe Claudia, die eben 15 Monate alt ist, in Freiheit gesetzt, und nun wühlt sie

in Mischas Bausteinen und zertrümmert seine Eisenbahn. Hoffentlich räumt sie nicht wieder den Ofen aus! Mischa setzt derweilen die Wohnung unter Wasser. Er kam gestern vom Besuch bei den Franzosen und verlangte eine Schüssel mit Wasser, um Fische schwimmen zu lassen. Dabei fasste er so komisch an seinen Manteltaschen herum, dass ich gleich fragte (ich kenne doch meinen Sohn), ob er sie in der Tasche habe. Natürlich hatte ein „Mussjö" sie da hineingetan, und nun wollte keiner die fünf Schleie da wieder herausholen. Jetzt fischt er mit einem Sieb.

Ursula

****

9. Februar 44
An Dr. Bachem
Mein Brief vorgestern fand ein plötzliches Ende, als der Schneesturm die Leitung zerriss. So wurde dem guten Willen ein Ende gesetzt; leider auch unserem Abendessen, das wir auf einem abgewrackten elektrischen Kocher bereiten, dessen uns schon liebgewordene Gewohnheit es ist, unter dem Kochen mehrere Male durchzubrennen. Also damit ans Fenster, auskühlen, die kaputten Drähte wieder flicken und weiterkochen. Doch kann ich den riesigen bäuerlichen Herd in meiner Küche nicht benützen, er frisst mein Jahreskontingent an Holz in einem Monat auf. Wir sind ja an diese Kleinigkeiten gewöhnt, aber dem Besuch des Urlaubers aus Frankreich sehe ich mit einiger Sorge entgegen. Käme er aus Russland, es wäre ein Leichtes es ihm gemütlich zu machen, aber noch ist sein Zuhause bei Gott in Frankreich und bei Madame in der Villa. Inzwischen haben wir schon allerlei Übung mit unserer „Drehbühne", und vielleicht ist es gar nicht zu unrecht, was Gräfin Ina neulich sagte: an uns sähe man, dass Deutschland nicht untergehen könne. – Nun, ja, gemessen an der Wirkung, die unsere Wohnung, das Wie und Woraus, auf die verschiedenen Beschauer ausübt, so wird es fast zur nationalen Tat. Es ist alles nur eine Skizze

„alles wackelt bei Dietzschens", aber mir ist eine geniale Skizze immer lieber als ein sich Begnügen. Anspruchslosigkeit ist Stillstand, Stillstand ist Rückgang. Dies Leben zwischen ständigen Schwierigkeiten und Widerständen weckt so viel Fantasie, dass sich damit auch der Schwung immer wieder ergänzt. Natürlich genügt der Besuch des allmonatlichen Kaminkehrers, um das ganze mühsam Dekorierte unter Ruß zu begraben, und was Ruß ist, das weiß nur der, der böhmische Braunkohle verfeuert. Auf Mischa hat dieser Mann einen tiefen Eindruck gemacht. Er wachte nachts schluchzend auf, weil der schwarze Mann da gewesen sei. Ich konnte ihn nur beruhigen, als ich ihm erzählte, ich hätte dem Mann ein großes Paket Persil geschenkt, und nun könnte er sich waschen, so weiß wie der Bäcker Dreier. Es stimmte übrigens! Auf seltsame Trinkgelder verfällt man in dieser Zeit. Aber wir haben nicht nur eine Bauernküche, ein „Boudoir", an dessen Wänden eine Eisschicht glitzert, und schlafen mit einer Nachtmütze, und ein Kinderzimmer, nein, wir haben auch eine Insel, das Speisemusikwohnzimmer, das einen Rest der alten Herrlichkeit bewahrt, und das wir pflegen, wie die letzte Wasserstelle in der Wüste. Hier strahlt das Licht aus mancherlei Lampen, spiegelt sich in goldenen Drachen auf östlichen Gewändern und lässt das Gold der Buchrücken aufblitzen. Von hier aus gehen die Gedanken in die Weite, finden zu Menschen, die einmal meinen Weg gekreuzt haben, gehen in die Tiefe, um auch hier Gedanken und Gespräche zu finden, die einmal waren, und die doch warten mussten auf ihre Stunde. Wer weiß, wo sie jetzt sind?

Ein Feldpostbrief kam zurück, an einen Jugendfreund. „Vermisst". Ein lapidares Wort nur, und mit einem Schlage schien mir meine Jugend zu Ende. Nur eine Kinderfreundschaft, nur meine erste Liebe. Vorbei. Ich sehe uns noch zusammen in Köln mit Lo, wo wir einen Bummel durch allerlei Lokale machten, um ihren Geburtstag zu feiern, und der endete im Hohen Dom. Dort sang Erich irgend etwas, ich erinnere mich nicht mehr, was es war, nur diese hohen, wunderbar weichen Töne. Er hatte gerade seinen Doktor in Jura gemacht, seinem Vater zuliebe, aber heimlich Ge-

sang studiert. Er meinte, er würde der erste Tenor mit dem Doktortitel sein, denn die Reichskammer für Musik hatte ihm zugesagt, dass er in Bayreuth und in der Berliner Staatsoper würde singen können. Nun ist diese prachtvolle Stimme mit ihm im Schnee und Dreck von Russland verschüttet. Nun werde ich keine schöne Stimme mehr singen hören können, ohne an diesen Traum zu denken, und an wie viele andere, deren Talente nie haben ausreifen können. Man kann nur weinen. Sein letzter Brief zu Claudias Geburt endete: „Jetzt bist du für mich vollkommen"!

Schloss Rost ist seit einiger Zeit in Kölner Besitz übergegangen. Nun bin ich Schlossmaler, alles in der Miete inbegriffen, denn wir sind mitverkauft. – Verlange ich zu viel, wenn ich Sie immer bitten muss, zwischen den Zeilen zu lesen?

Ihnen, lieber Doktor, und Ihrer lieben Frau, wünsche ich eine gute Nacht ohne Schmerzen und ohne schlechte Träume. Ich gehe jetzt zu Bett mit „von Seeckt", wenn es Sie beruhigt, in Buchform! Gute Nacht!

Ursula

****

Schloss Rost, 10. Februar 44

Lieber Dr. Bachem

Wer weiß, ob morgen nicht wieder das Licht ausgeht, der Ofen streikt oder ein Familienunterhaltsformular auszufüllen ist. Jedenfalls nehme ich Zeit und gute Laune wahr, mich weiter mit Ihnen zu unterhalten. Sie wissen doch, dass man den für einen gelungenen Abend ansieht, an dem man viel hat reden dürfen. Zweifelsohne habe ich morgen einen mordsmäßigen Schnupfen, denn der Schnee liegt innen an den Fenstern und der mit Liebe in die Fußbodenritze geschmierte Mörtel wird heraufgeweht, so sehr zieht es. Nun hat der Schweineduft wieder ungehindert Zutritt und ich kann wieder auf die Säue hinunterlugen, ob sie noch da sein. Was auch kommen mag, das wird mir in Zukunft keine Woh-

nung mehr bieten, denn entweder geht es uns besser, dann wohnen keine Schweine mehr unter uns. Oder es geht uns schlechter, dann wohnen erst recht keine mehr da. Aber ich sehe noch immer nicht ein, warum es uns schlechter gehen sollte. Ob ich nun so weltfern hier lebe oder ob der hier noch normale und durch nichts zu beschleunigende Ablauf der Natur die Einsicht nicht getrübt hat, wie es auch sei, ich sehe in diesem ungeheuerlichen Aufschwung der Massen, in den sie erst getrieben wurden, und nun treibt es sie unaufhaltsam, ich sehe darin nicht mehr den alles verschlingenden Aufstand, sondern ihr Ende, Wogen, die sich in sich selber überschlagen. Denn Kräfte, die so bis zum Äußersten angespannt wurden, mögen wohl die Leistung erringen, das Ziel, aber dann sinken sie erschöpft in sich zurück. Wer ihnen dann die Fahne aus den müden Händen nimmt, wird sie nicht nur führen können, sondern der hat seine Kräfte anderem vorbehalten, und in den Einzelnen, glauben Sie nicht, ist schon etwas Neues vorbereitet, an dem die Masse erst wieder Anteil bekommt, wenn seine Zeit wiederum vorüber ist. Das nennt man ja wohl Geschichte. –

Ich habe jetzt so oft Sehnsucht nach dem armen Köln. Ich komme mir ausgestoßen vor und feige. Vielleicht wie ein Frontsoldat, wenn ihm daheim über gesperrte Kleiderkarten geklagt wird. Man kann mit den wenigsten Menschen überhaupt noch reden. Als ob man eine andere Sprache spräche. Woher sollen sie denn auch wissen, was die Menschen in den westlichen Städten durchmachen. Mein Vater lebt noch immer in Köln, ein alter Frontsoldat, der seinen Optimismus für jeden bereithält wie einen guten Schnaps.

Es rumort schon wieder, unsere Abendmaus beißt sich die Zähne am Gips aus. Ich habe ihr die ganze Ernährungslage durcheinander gebracht. Inzwischen ist meine Schwester glücklicherweise von der Drehbank befreit, nicht ohne ein zähneknirschendes Arbeitsamt und eine Arbeitsfront, die ihren Einsatz als heldenhaft bezeichnete. Sie, Lo, hatte ihnen nämlich erklärt, dass sie mangels Kraft immer nur Ausschuss fabrizierte und ihre Arbeit als Sabotage ansah!!! Aber wenn das Arbeitsamt seine Sache so intelligent verteilt, muss

man sich nicht wundern, welcher Ausfall an Material, Kraft und Fachpersonal die Rüstung hintenan hält, wenn Frauen so eingesetzt werden, dass sie das doch nicht durchstehen können. Wir können ja im Winter oft tagelang nicht vor die Tür. Auf ihre Bitte, ihr doch Heimarbeit zu geben, wie etwa die Uniformspiegel zu sticken, hieß es: das ist Arbeit den Frauen unserer Ritterkreuzträger vorbehalten! – Jetzt ist Lo Gutssekretärin bei dem Baron und das mit Leidenschaft. Sie schöpft ihre Kenntnisse der Landwirtschaft aus einem hundertjährigen Buch von Simon Strüf, die schönste Lektüre seit langem für uns. So gehen unsere Gespräche zwischen Schafzucht und Kohlbau, Schweinestall und Blumenzucht hin und her in erfreulich realen Bahnen, und diesem Buch verdanke ich auch einen Leckerbissen für die herbstliche Tafel, neben jungen eingelegten Maiskolben und Champignons: falsche Artischockenböden aus jungen Sonnenblumen. Und nachdem ich Ihnen nun hoffentlich den Mund wässrig gemacht habe (zu Ihrem Rehfilet) lieber Dr. Bachem schließe ich endlich den Brief, denn es wird wirklich zu kalt.
Meine besten Grüße Ihnen und Ihrer Frau

Ursula

****

14. Februar 44
Lieber Dr. Bachem
Gestern habe ich versucht, etwas zu Papier zu bringen, aber mitten darin schrieen die Kinder und es war vorbei. Man muss eben warten. Es bleiben immer nur kleine Sachen wie Hinterglasbildchen etc., die ich gegen Obst und Eier tauschen kann. Nur neulich habe ich für die kleine Prinzessin Margarita eine Fohlengeschichte aufgemalt und die Markgräfin (von Baden) hat einen Kaiser ausgerahmt und statt seiner die Fohlengeschichte eingerahmt. Nun hängt sie im Kinderzimmer und ich gäbe den Platz nicht her für die große deutsche Kunstausstellung. Eben diese ist auch eine Quelle meiner Qual: So viel Gips hat Herr Breker verschwen-

det und Thorak wie viel Raum, um die Leere zu verdecken, die dahinter ist. Und wie mutig sehen alle diese Helden aus, es machen ihnen der Krieg und die Toten nichts aus. Und ist nicht das der größere Mut, der die Angst überwindet? – Ich hätte Hunderte der Hinterglasbilder verkaufen können, aber sagen Sie selbst, bei dem Mangel an Wänden zur Zeit – wozu soll das gut sein? Mein Vater zu Hause nimmt jeden Abend seine liebsten Bilder von der Wand, vor dem Alarm, und hängt sie morgens wieder auf, falls die Wände noch stehen.

Hier liegt ein verspäteter Schnee und ich habe eigentlich gar keine Zeit mehr für den Winter. Wir werden uns außerhalb der Hofmauer einen kleinen Garten anlegen und Claudias Schaukel in den Apfelbaum hängen. Hier muss etwas geschehen, was der Nüchternheit entgegen steht. Hier sind Bäume nur der Pflugschar im Wege und die Hecken, in denen früher die Rebhühner und Fasanen lebten, wurden auch abgeholzt. Kein Wunder, dass das Wild sich verzogen hat. Als nach Ströbls Verkauf von Rost ein Kutschpferd angekauft wurde, und dieses besonders edle Tier, ein ehemaliges Turnierpferd aus dem Film: „Reitet für Deutschland" mit W. Birgel, als Arbeitseinsatz und um sein Futter zu verdienen vor den Kartoffelkarren gespannt wurde, da dauerte es nicht lange und seine edle stolze Haltung, wie ein Wunder aus einer schöneren Welt, war einer geduckten, traurigen Müdigkeit gewichen, ein Ochsenstall und ein Leben, das ihm nicht gemäß war – so was hält nur der Mensch aus. Da sah man, was aus einem Wesen wird, wenn es auf einem falschen Platz steht. Es verliert jegliche Würde und taugt auch nicht mehr zur Arbeit. Unser belgisches Kaltblut hingegen, welch prachtvoller Anblick, sie bei der gleichen Arbeit zu sehen.

Ursula

****

Gedanken aus Briefen:

27. November 43
Jedes der ungesagten lieben Worte ist ein Verlust. Ist eine Träne unseres Engels. Alles Äußerliche, das uns mangelte ist nachzuholen, nur nie mehr die ungesagte Liebe. Denn wir haben uns auseinandergelebt, ohne es zu wollen.
Mischa: Ein Teufelstuch, wo alle Dummheiten drinstecken, die der Mischa macht. Ein zartes Chiffontuch, das ist sein Engleinstuch. Damit schläft er immer. Neulich fand ich es nicht und gab ihm, schon halb im Schlaf, ein anderes. Am Morgen wusste er es aber noch ganz genau und erzählte es Lo.

21. März 44
Aber über was wären wir nicht hinausgewachsen in diesem Krieg, und wer sollte ihn verdammen, solange er uns Erkenntnisse vermittelt, die für die Arbeit am inneren Menschen unerlässlich sind. –

21. März 44
– Ich glaube wir werden noch sehr lange Krieg haben. Es scheint ein Lanzerleben für eine ganze Generation zu werden. –
– Gott ist nicht Schutz. Gott ist Verpflichtung. –

18. Dezember 44
– Ich halte deinen Brief in Händen, Hinter jedem Wort lese ich deinen guten Willen, dein liebes Herz. Und es ist doch nur ein kleines Stück Papier. Dass uns dies nur erhalten bleibe: die Fähigkeit des Empfindens, nach sechs Jahren der Abstumpfung durch den Krieg. Darum müssen wir uns bemühen, damit es uns erhalten bleibt! Was kann uns dann geschehen? Solange ein kleines Stück Papier, von dir zu mir, von mir zu dir, noch Macht über uns hat, sind wir in guter Hut. –
– Ich glaube auch die Not der Menschheit ist bald so groß, dass aus der brodelnden Masse endlich ein Etwas sich formt,

das uns wieder ein Ziel und einen Glauben bietet, ohne das man nicht leben kann. Du wirst verstehen, was ich damit meine. –

****

Schwere dunkle Wolken zogen den Himmel tief herunter, bis er sich fast mit dem Horizont vereinte. Aber ihre Ränder gleißten im letzten Licht der Sonne. Die sanft gewellte Landschaft Niederbayerns beruhigte das Auge und die Seele. Was sollten die Gedanken an die Zukunft? Ich hatte zwei gesunde Kinder und hatte sie, wissend um das Kriegsgeschehen, in diese chaotische Welt gesetzt. Das war meine Verantwortung, der ich mich stellen musste. Vielleicht sogar allein. Ein Planen für Später erübrigte sich, gefragt war das Heute, das Jetzt, und das war Sorge genug.

Während wir auf dem Lande ruhig schlafen konnten, blutete das arme Köln aus allen Wunden. Um den entnervenden Bombennächten für eine Weile zu entgehen, war meine Mutter in eine kleine Pension in Bonn ausgewichen. Dort glaubten wir sie in Sicherheit, während mein Vater die zerstörte Wohnung in Köln mit Pappe und Brettern zusammen zu flicken versuchte.

An einem Morgen rief mich Frau Ströbl ans Telefon im Schloss; meine Mutter war in der Nacht mit dem Zug in Landshut angekommen, mit nicht mehr als einer Einkaufstasche an Hab und Gut. Sie war, völlig verstört, nach einem Treffer auf die Pension abgereist. Wieder war unsere kleine Insel, wie oft auch geschmäht, der Rettungsring. Lo holte sie mit dem Milchwägelchen ab, ich sah mich in unserer Hütte um: wo fünf lebten war auch Platz für sechs. Das Glück mit den Kindern zusammen zu sein, half ihr, auch diesen Schock zu verkraften. So wurde meine Mutter eine große Hilfe. Nie habe ich eine Klage von ihr gehört.

****

15. März 44

An Dr. Bachem

Es war wieder einmal zu wenig Zeit für einen „gepflegten" Brief. Es gibt immer so viel Notwendiges zu tun, wenn man auf die Bequemlichkeiten moderner Technik verzichten muss. Und mein verdammtes Pflichtbewusstsein lässt mir auch keine Ruhe. Ein Leben lang habe ich versucht, das Preußische in mir unterzukriegen, jetzt aber habe ich es aus einer Ecke meines Wesens herausgeholt, blankgeputzt, und es erweist sich als ungemein nützlich. Zucht und Hunger haben Preußen groß gemacht und das echte Berliner Sprichwort passt wunderbar zu unserer Zeit: „In den Magen sieht dir keiner."

Es ist ja noch nicht sicher, ob die Monate, die vor uns liegen, einmal die schwersten gewesen sein werden. – Auf jeden Fall ist eine Entscheidung besser als das Warten. Sie zwingt zur Tat, und hinter der Tat lässt sich viel Angst verbergen.

Die Sensation des Dorfes war entschieden die Luftschlacht über Rost, am 25.2.44. Wir sahen alle hinauf zu dem Pulk von vielleicht 50 Amis. Hinter dem letzten wieselte ein Jäger wie ein Jagdhund, wendig. Schnell wollte ich die Kinder unter Dach bringen, da trudelte die viermotorige Maschine ab und senkrecht auf unseren Hof zu. Zum Glück lösten sich vier Fallschirme und der Pilot konnte noch den Bomber in Gleitflug bringen, der dann in einer Dreck und Rauchwolke hinter unserem Wäldchen zerbarst. Die Fallschirmspringer konnte unser Arzt versorgen, sie waren Gott sei Dank gut heruntergekommen. Am späten Nachmittag war von der Maschine kaum noch ein Nagel zu finden. Die Dorfjugend hatte alles Brauchbare weggeschleppt. Dem Pater in Rotting hatte der Luftdruck sein Käppchen vom Kopf geweht.

Bei aller Trauer um die zerstörten Werte ist mir jetzt manchmal, als könne ich nicht so wie andere darum klagen. Was waren sie denn noch anderes als Museumsstücke, herumgezeigt für Geld, wessen Fuß zögerte denn noch auf der Schwelle einer Kirche, um einen berühmten Altar, ein Bild, zu bewundern. Wer dachte dabei noch an Gott? Die Kunst ist göttlichen Ursprungs, aber sie sollte dienen und nicht

Selbstzweck sein. Deshalb verwundert es mich nicht, wenn plötzlich alles zusammenbricht, die Ehrfurcht ist ihm genommen, die Seele, aus der allein die Stärke wächst. Was nicht mehr aus der Wurzel lebt, stirbt ab, es braucht nur eines Anstoßes von außen. Und waren wir nicht schon lange so unsicher auf der Bühne des Lebens? Aber nichts spüren die Instinkte der Masse leichter auf als Unsicherheit, dort setzen sie ein und nach ihnen rollte die Besessenheit, die alles niederwalzt.

Mischa hat mir Klarheit verschafft über den urbayerischsten Ausdruck, als ich ihn nach einem Sturz einmal blutüberströmt nach Hause brachte, erklärte er voller Stolz: Jetzt bin i a Bluatsau! Diese und ähnliche Worte bringt ihm der ehemalige Schlossbesitzer bei, so kann ich es nicht ändern, wenn er zur Baronin sagt: Du bist a dreckter Teifi.

Zwischen allem Lebensvollen in Ihrem Brief schreiben Sie von Jürgen Clausens Tod [einem Nachtflieger]. Seltsamerweise hatten wir gerade einige Tage zuvor von ihm gesprochen, ganz abwegig, da wir ihn doch seit langem ganz vergessen hatten. Auch mir war er immer zu strahlend. Und wie recht hatte er am Ende, nicht wahr. Wie furchtbar wäre das Erwachen für ihn gewesen! Ich kann diesen Tod nicht betrauern. Nicht nur, weil es noch nicht erwiesen ist, ob nicht zwei Kubikmeter Erde leichter zu ertragen sein werden als die nächsten Jahre auf unserer so unsicher gewordenen Erde. Getroffen werden doch immer die Zurückbleibenden mit ihren verzweifelten Gedanken, nicht genug Liebe, noch immer zu wenig Schönheit für den Anderen aufgebaut zu haben. Wer weiß, ob nicht uns, die wir weniger strahlend sind, der immer stärker werdende Zweifel leichter ist, als ihm eine Trauer um die vergeudeten Ideale. Vielleicht enthält unser Zweifel noch einen Rest Hoffnung, wenn sie nichts mehr einzusetzen haben.

Sie werden mir nicht glauben, wenn ich sage, dass ich nicht so sehr wie alle um die zerstörten Werte trauern kann, um Paläste, die wir doch nicht mehr mit Leben erfüllten, ja auch die Kirchen, die viel zu groß waren für unser bisschen Glauben. Was waren sie denn noch anderes als Museumsstücke.

Aber soll man nun wirklich die Hände in den Schoß legen und alles laufen lassen? Dies ist unsere Zeit, aus ihr etwas zu retten ist uns aufgegeben. Wenn wir alles verloren haben woran wir uns bisher halten konnten (und wie leicht war es, sich an die sichere Überlieferung anzulehnen, die uns der Mühe enthob Besseres zu leisten), wenn wir vor einer Welt stehen, in der nichts mehr uns in den gewohnten Gang nimmt, so ist uns nichts anderes aufgegeben, als den ersten Menschen, die vor dem überwältigenden Eindruck ihrer Umgebung standen. Und wenn wir nichts mehr bauen zu können glauben, weil uns der Verfall der Dinge täglich vor Augen steht, dann bleibt uns doch noch die Klage um Verlorenes, und die Klage war immer der edelste Ausdruck der Kunst, weil sie keine Begierde nach Besitz erweckte. Es bleibt uns die Sehnsucht nach etwas, das noch keinen Namen hat. Die Klage und die Sehnsucht werden einmal stark genug sein, etwas wirklich Neues zu schaffen, etwas, das sich nicht auf Überlieferung stützt, sondern sich schwer und mühsam einen eigenen Weg suchen muss. Ich kann nicht glauben, dass er nicht zu finden wäre.

Ursula

****

Entrückung (von Hans Gstettner, 1943 im Kriege)

Er startete im grellen Licht. Das Meer
glitt blitzend, feierlich ins tiefste Blau,
das ohne Ende leuchtet, uferlos.
Am Rand des Meeres, in den Gärten, schwang
die dunklen Wipfel wunderlich ein Wind.
Im alten Auf und Ab der Zweige gab
den selbstvergessnen Glanz das grüne Laub,
zur Erde winkend.
Um die Sonne trieb,
die große glühende, sein freies Spiel

gedankenschnell. Ein Schatten spielte mit
und Feuerstrahlen, dem Gestirn entwendet,
er jagte jauchzend sie dem Schatten zu,
bis dieser, zauberisch entflammt, verschwand.
Des grellen Lichtes Schleier riss auch ihm
in diesem Augenblick entzwei. Er sah
nachtschwarzen Abgrund, fühlte im Gespann,
dem rasenden, des Gottes sich, der einst
Persephone geraubt.
Im Mittagslicht
noch leiser winkt das dunkle Laub, darin
verborgen goldne Aprikosen reifen.

Für Peter Hubertus Dietzsch [Jagdflieger und Halbbruder meines Mannes – verschollen in Russland]

****

15. März 44
An Dr. Bachem
Es ist schwer mit Worten an diese Fragen heranzukommen, man fürchtet schon die Phrase, ehe das rechte Wort dafür gefunden wurde.
Es ist gerade Alarm. Sehr bedenklich, dass auch diese abgelegensten Landstriche davon berührt werden. Wir sind eben alle einfach ausgeliefert. Wie hier der Luftschutz organisiert wird, wäre Ihnen als Sachverständigem eine helle Freude. Als man den maßgeblichen Bauern fragte, wie man, ohne Sirene, hier den Alarm erführe, gab er die tiefgründige Antwort: dös sixt scho nacha. – Wenn hier aus den Lagern Russen ausbrechen, dann zieht der Bäcker Aloysli mit der Flinte über die Straße und die Feuerwehr geht mit ihren blankgeputzten Helmen blitzend daher, dass man sie schon von weitem sieht. Des abends aber im Dunkeln kann man ängstlichen Gestalten begegnen, die einem mit vorgehaltenem Gewehr entgegenschreien: Halt! Wer da? Sie glauben dann sofort, wenn man den Namen nennt, aber gänzlich aus

der Fassung kommen sie, wenn man den Spieß umdreht und fragt: Wer sind Sie?

Heute habe ich wieder einmal Material gesammelt über das Verhältnis der Bayern zu den Preußen. Da ich dank meiner Heirat mich auch zu den Bayern zählen darf, kann ich wohl etwas dazu sagen. Also nicht auf die Tommys haben die Bayern eine Wut, sondern auf die Saupreißen, die sich die Angriffe so lange gefallen lassen und nicht längst Revolution machten, ehe ihr München zerstört wurde. Wenn sie schon ihren Schweinsbraten nicht mehr hätten, dazu noch Bomben, das machten sie nicht mehr mit. Lieber liefern sie sich den Russen aus als den Preußen. Na, viel Vergnügen. Was aus Preußen würde, das sei ihnen ganz egal. Und dies gibt ein, wenn auch fußkranker, Wehrmachtsangehöriger von sich. Da sind mir die Briefe meines Vaters schon lieber, in seinem wackeligen Haus in Köln, worin alles, was es zu einem Haus machte, fehlt, Wände, Fenster und Decke etc. Jetzt sitzt er in dem letzten Hinterzimmer und klebt seine Möbel wieder zusammen. Er schreibt, er liefe als Karnevalsjeck herum mit einem blauen Auge und grüngeschwollener Nase, weil er im Dunkel gegen einen Steinhaufen lief, der morgens noch nicht da war. Aber immer und zu jeder Zeit steht er über den Dingen, die ihm das Leben verbittern wollen und verbreitet seinen Optimismus noch wo er kann. Er wird wohl in seinem Alter kaum noch Gelegenheit haben, wieder aufzubauen, was er verlor. Und doch war das Einzige, was er seinen verbliebenen Angestellten sagte, als seine Firma bis auf einen Brieföffner verbrannte: Eigentlich wäre es in letzter Zeit richtig langweilig gewesen, so gut sei alles gelaufen. Nun könnte man doch wenigstens wieder aufbauen. Es sei auch nicht so schlimm, er habe ja noch die Privatwohnung. Acht Tage später blies eine Mine ihn da heraus. Und jeder Brief enthält wenigstens einmal die Wendung: in Köln arbeitet alles schon ein wenig am Wiederaufbau! Und dann soll ich glauben, dass es mit Deutschland zu Ende geht?

Aus Berlin erzählte Ina, die Berliner Gesellschaft hätte ihre Flucht in den Spiritismus angetreten. Als ihr Haus am Tier-

garten ausgebrannt war, kam sie zu meinem Schweinestall und bat, bei mir ein paar Tage wohnen zu dürfen, bis sie den Schock überwunden hätte. Es wäre ihr nicht möglich, in die heile Welt ihrer Schwiegereltern einzutauchen.

Unglücklicherweise war gerade mein Klo zugefroren, aber die Franzosen wussten Rat: mit einem langen Tannenstamm stießen sie ein Loch in die Röhre. Es half. Diese Gefangenen sind unsere guten Freunde.

Lieber Dr. Bachem, Sie fragten, wie es denn möglich war, meine Möbel noch aus Köln heraus zu holen, wo doch alle Transportmöglichkeiten längst ausgebrannt seien. Nun, auch dank der Harmlosigkeit hier unten: wir schickten einfach einen Leerwaggon nach Köln, meine Schwester Charlotte packte dort fast alles ein, und ein guter, heiliger St. Florian ließ ihn unbeschossen gen Landshut rollen. Glück muss man haben!

Ich frage nie nach Ihrer schweren Verwundung. Es braucht nicht viel Fantasie, sich vorzustellen, wie Sie leiden. Das bewundere ich, dass Sie, angesichts der entsetzlichen Leiden von Millionen Menschen kein Wort darüber verlieren.

Seien Sie und Ihre Lieben herzlich gegrüßt.

Ursula

****

Inzwischen hatten wir einen interessanten Nachmittag: Meine Schwester hatte im Zug einen Angehörigen des Afrikacorps kennen gelernt und wir waren interessiert, einen Augenzeugen auszufragen. Ein wenig zu dick aufgetragene Höflichkeit jagte mich gleich in die Reserve. Er aber redete frischweg und war bereits nach zwei Minuten bei dem Thema: Die Kirche ist an allem schuld! Und dann bekamen wir einen Schulungsvortrag aus dem NS-Ausbildungslager Vogelsang. Er ließ sich auch leicht über die übliche Schweigepflicht hinauslocken, aber es war wirklich erschütternd. „Also an dem Rückzug in Russland ist die Wehrmacht schuld, die, während der Russe angreift, in die Knie sinkt und betet. Eine Versammlung von Betschwestern! Natürlich außer der SS, versteht sich." Ich wagte einzuwenden, dass doch wohl die dem russischen Winter nicht angepassten Kriegsgeräte und der schwierige Nachschub ein Grund sei. „Aber im Parteiprogramm steht, wir müssten härter werden, denn dieser Rückzug sei unnötig gewesen." Wie gut, dachte ich, dass schon wieder ein Prügelknabe da ist, wenn etwas schief geht. Hier zeigt sich wieder Hitlers Lehrbuch von G. LeBon: Du sollst eine Behauptung nicht beweisen, du musst sie wiederholen. So lange wiederholen, bis das Hirn programmiert ist.

Manchmal, auf dem Weg zwischen Landshut und Rost, sammelten wir ein paar verlorene Seelen auf. Manchmal halfen ein paar tröstliche Worte, auch eine Tasse Tee, wenn man den kleinen Umweg zu unserem Refugium über dem barönlichen Schweinestall nicht scheute. Charlotte brachte einen Arzt mit, den sie, völlig verstört, nach einem Angriff auf den Bahnhof in Landshut angetroffen hatte. Er hatte seinen gesamten Sanitätszug mit allem Zubehör durch die Explosion eines Munitionszuges auf dem Nebengleis verloren. Ich traf, per Fahrrad, Prof. Kunkel aus Köln, von der staatlichen Musikhochschule. So hörte man etwas von der Welt und konnte ein paar Stunden Ruhe oder sogar ein bombenfreies Nachtlager dafür bieten.

Manchmal gaben wir eine Abschrift von Wiecherts Gedicht mit „an die deutsche Jugend":

Es geht ein Pflüger übers Land (von Ernst Wiechert, 1944)

Es geht ein Pflüger übers Land,
der pflügt mit kühler Greisenhand
die Schönheit dieser Erden.
Und über Menschenplan und -trug
führt schweigend er den Schicksalspflug,
vor dem zu Staub wir werden.

So pflügt er Haus und Hof und Gut,
und Greis und Kind, und Wein und Blut,
mit seinen kühlen Händen.
Er hat uns lächelnd ausgesät,
er hat uns lächelnd abgemäht,
und wird uns lächelnd wenden.

Rings um ihn still die Wälder stehn,
rings um ihn still die Ströme gehen,
und goldne Sterne scheinen.
Wie haben wir doch zugebracht
wie ein Geschwätz bei Tag und Nacht
so Lachen wie Weinen.

Nun lassen Habe wir und Haus,
wir ziehen unsere Schuhe aus,
und gehen mit nackten Füßen.
Wir säten Tod und säten Qual,
auf unsren Stirnen brennt das Mal,
wir büßen, wir büßen.

Und nächstens pocht es leis ans Tor,
und tausend Kinder stehn davor
mit ihren Tränenkrügen.
Und weisen still ihr Totenhemd
und sehn uns schweigend an und fremd,
mit schmerzversteinten Zügen.

O gib den Toten Salz und Korn
und dass des Mondes Silberhorn
um ihren Traum sich runde.
Und lass indessen Zug um Zug
uns leeren ihren Tränenkrug
bis zu dem bittren Grunde.

Und gib, dass ohne Bitterkeit
wir tragen unser Bettlerkleid
und deinem Wort uns fügen.
Und lass uns hinterm Pfluge gehen
solang die Disteln vor uns stehn
und pflügen und pflügen.

*Und führe heut und für und für
durchs hohe Gras vor meiner Tür
die Füße aller Armen.
Und gib, dass es mir niemals fehlt,
an dem, wonach ihr Herz sich quält:
ein bisschen Brot und viel Erbarmen!*

****

An Peter.

27. April 44

Liebes –

Ich schreibe dir ein Gedicht ab von E. Barret-Browning, weil ich es nicht besser zu sagen vermöchte – Du sollst daran denken in dunklen Stunden:

*Wenn schweigend, Angesicht in Angesicht,
sich unserer Seelen ragende Gestalten
so nahe stehn, dass nicht mehr zu verhalten,
Was tut uns diese Erde dann noch Banges?
Und stiegst du lieber durch die Enge? Kaum. –
Sie schütteten uns Sterne des Gesanges
in unseren Schweigend lieben tiefen Raum.
Nein, lass uns besser auf der Erde bleiben
wo alles Trübe, was die andern treiben,
die Reinen einzeln zu einander hebt.
Da ist gerade Platz zum Stehn und Lieben
für einen Tag, von Dunkelheit umschwebt
und von der Todesstunde rund umschrieben.*

Mir ist ganz schwer in diesen stillen Tagen hier allein. Ich ahne draußen alles vorüberrollen wie einen glühenden zerstörenden Ball, und ich habe nichts dagegen zu halten. Mir sind die Tränen näher am Herzen als das Lächeln – jetzt – weil das Warten auf ein Ende der mörderischen Gewalt unerträglich wird. Aber Mischa ruft mich immer wieder in die Realität des Daseins und in eine bessere Zukunft. Und Claudia lächelt meine Tränen fort. Was hast du um dich in solchen Stunden? Die Gedanken an uns? Leg dir die meinen ans Herz, damit es ruhig und stark schlagen kann. Meine Schwäche kommt immer nur aus der Leere, die zurück bleibt, wenn ich meine Kräfte vergeben habe, und wie die Leere, so zieht sie auch die positiven Kräfte wieder an, so dass ich wieder fröhlich bin.

Liebes! Meines! Dein Bärlein

****

5. Juni 1944

Lieber Dr. Bachem

Diese Kopfgrippe scheint Ihnen aber besonders gut bekommen zu sein, lieber Dr. Bachem, und vielleicht tut Ihnen ein wenig Einnebeln dann und wann ganz gut, um allzu scharfe Gedanken auszuschalten, denn was da aus dem Kamillendampfbad (dessen Wirkung ich zu gleicher Zeit an mir erproben musste, ebenfalls mit einer erfolgreich verschleppten Kopfgrippe) zu Papier und zu mir kam, war wohl der charmanteste Brief, den ich seit langem bekam.

Fortsetzung des Briefes vom 5. Juni

14. Juni 1944

Invasion in der Normandie!

Was ist in diesem paar Tagen geschehen, seit ich die obigen Zeilen schrieb. Wie haben sie sich voll Blut getrunken! Wie viel Hoffnung, Hass und Zweifel wurde inzwischen geboren! Und doch scheint die Sonne wieder, nachdem sie sich in Frankreich und Schloss Lieser völlig erschöpft hatte, bringt sie ihre restliche Wärme nun zu uns. Vielleicht werden meine Tomaten davon erröten. Aber was soll schon wachsen auf diesem Quecken und Distel verwilderten Stückchen Acker, das man mir überlassen hat. Und in einem Klima, das Anlass zu einer Völkerwanderung wäre.

Wenigstens habe ich meine vaterländische Pflicht erfüllt und versucht, etwas Gemüse zu pflanzen.

Heute hatte ich Nachricht von meinem Mann über den ersten Tag der Invasion. Wie soll man einmal seinen Kindern ein Gefühl für Ethik vermitteln, wenn man einer solchen Menschenschlächterei zustimmt. Wofür? Wofür? Welcher Sieg verlohnt dieses Gemetzel? Wenn ich der Herr Gott wäre, ich würde mich für diese Schöpfung Mensch *schämen. Aber lassen wir das. Das Recht ist immer bei dem Sieger, – übrigens bin ich darin auch Ihrer Meinung, allerdings auch in Erinnerung an ein Gespräch vor sieben Jahren mit Rudolf Diels, über das Thema Invasion.*

Gestern hatten wir Besuch von den Bewohnerinnen der nachbarlichen Schlösser. Wir haben Ihren köstlichen „Lieserer Helden" auf Ihre Niere getrunken, der wir ja zum Teil diese Gottesgabe verdanken, nicht wahr?

Bleiben Sie ruhig bei Ihrer Fantasie, sich meine Person in einem reizenden bunten Gartenkleid vorzustellen (...am blauen Band das Lämmlein hütend...) denn hier trägt man nur gröblichste Wolle und, in Ermangelung von anderem, dem Lehmmodder widerstehenden Schuhzeug, die Knobelbecher meines Mannes, Größe 45, vorne mit der Kölnischen Zeitung ausgestopft, denn meine dünnen Stadtschuhe haben längst das Zeitliche gesegnet. Und er braucht sie nicht, ihm genügen die nach Maß gefertigten Reiterstiefel. Eitelkeit hin oder her, es muss einmal der Wahrheit zu ihrem Recht verholfen werden. Unnötig zu erwähnen, dass wir auch anders aussehen können, aber wenn der Krieg noch lange dauert, dann muss wirklich einer von uns Beiden immer zu Hause bleiben, wenn der andere ausgeht. Schon jetzt haben wir zusammen nur einen warmen Pelz, der mir gehört und einen Sommermantel, der Lo gehört. Kein Wunder, dass man uns immer verwechselt. Mischa, der Arme, sieht manchmal aus zum an die Wand kleben, wenn er vom Bulldozerfahren mit den Franzosen heimkommt, voller Schmieröl und neuen Löchern im Trainingsanzug. Wohin sind die Rottinger Tage in hellblauem Samt?! Er hat noch gesteppte seidene Mäntelchen und aus weißem Pikee, alles vom stolzen Vater aus einem Land, wo die Kinder wie Prinzen gehalten sind. Aber Mischa macht sich nichts draus, er zieht morgens sei-

nen Pyjama aus, setzt sein RidiRadiHüati auf und geht spielen.
In Landshut war eine Gau-Kulturwoche, verbunden mit einer Ausstellung. Ich verschwieg, dass ich, ohne Mitglied der Reichskammer für Kunst zu sein, gar nicht hätte ausstellen dürfen, und genoss meinen bescheidenen Erfolg bei den Besuchern, mit einigen Zeichnungen und einem Pastell „Mädchen mit blauem Tuch", das ich verkaufte.
Also Sie haben jetzt eine Sauna! Natürlich haben Sie sich gleich verbrannt, da konnten Sie wohl nicht genug bekommen? Mein Lebensziel ist zur Zeit ein Doppelbehelfsheim. Lo und ich, wir sind dabei, eines für unsere Fantasie zu entwerfen. Es macht Spaß, auch wenn es nichts wird. Ich muss Schlafen gehen, recht gute Nacht lieber Dr. Bachem, und sagen Sie Ihrer Frau, nicht nur die Schweizer sind höflich. Die Landshuter sagen heute noch für jeden Groschen Einkauf: Vielen Dank und beehren Sie mich bald wieder. –

Ursula

****

In einem Zeitungsartikel über den Maler Utrillo, betitelt „Das durch Mauern gehen", fand ich einmal Treffendes über „Das Gesicht der Stadt": Auf den ersten Blick mag man sich begeistern über die Schönheit des Gesehenen, der zweite Blick, „durch die Mauern", hinter die Fassaden, offenbart anderes. – Das war mir schon früher sehr quälend bewusst.

In ganz anderer Form erlebte ich es in München. Münchenausflüge waren immer wie ein Besuch einer anderen Welt. Ich erledigte ein paar überflüssige Einkäufe, um dem Weg nach hier eine gewisse Berechtigung zu geben. Natürlich gab es nichts zu kaufen außer ein paar französischer Kosmetika, um – wen? – zu verführen? Dann wollte ich ins Kino. Zwei waren ausgebrannt, das dritte ausverkauft, also ging ich ins Carlton. Dann zum Odeonsplatz, an dem kein Haus mehr steht, das noch bewohnbar ist. Ziegelhaufen in hellrot lagen da herum, die hellockerfarbenen Fassaden rauchgeschwärzt, ein Wassertank hing verbeult in der Luft und das Gestänge einer Zentralheizung – nur ein Kurfürst saß geruhsam auf einem Sessel inmitten der Zerstörung. Ein bizarrer Gegensatz, wie unser Leben. Dann ging ich die Briener- und Barerstraße entlang – und ich muss gestehen, so grausam es klingt, es schien mir unglaublich malerisch. Sei es, dass Künstler Narren sind oder gottbegnadete Menschen – oder spielt nur das Licht hier eine verzaubernde Rolle –, mir kam nicht zum Bewusstsein, dass dies Zerstörung sei – es war nicht nötig nach Farben zu suchen, sie waren da, unbekümmert im jungen Grün der Akazien, im Hellrot der Ziegelhaufen, und an den lichten bayerischen Ocker der Fassaden leckten schwarzbraune Rußfahnen über ein verbranntes Rosa, als müsse es so sein. All das spielte sich vor dem blausten Himmel ab, aus weiten Fernen trieben Berge von schwarzen Wolken heran, um der Szene Tiefe und Raum zu geben, denn die paar bunten Häuser waren wie hingestellt auf einer Bühne, dahinter man die Pappe und die hölzernen Stützen zusammenfallender Balken ahnte – so als wäre der Vorhang zu früh aufgegangen. Dies war auch Münchens Charme, und es war weniger grausig anzusehen als die Kölner Hinterhäuser, die uns so plötzlich ihr Elend entgegenspeien, das sie so geflissentlich hinter ihrer Fassade zu verbergen gewusst hatten – und wir machten uns auch nicht die Mühe dahinter zu sehen.

Am 20. Juli 44 war ich wieder einmal in Passau, um der Bitte von Rudolf Diels nachzukommen, ich möge die Häfen seiner Donau-Schwarzmeer-Dampfschifffahrt-Gesellschaft skizzieren.

Im rotdurchglühten Morgennebel lag es vor mir, wie der Entwurf zu Monets berühmten Bild „Impression soleil levant", das Zusammenschmelzen der beiden Flüsse. Ich machte einige Zeichnungen für Aquarelle an der zauberhaften, so leicht und südlich wirkenden Uferstraße der Ilz und Isar. Später dann die überraschende, echt bayrische Seite an der Donau, mit so anderen Farben. Kein Rosa mehr, kein leuchtendes Weiß, Ocker dann und braun und das schwere Grün des Waldes unter der Burg. Es wurde Mittag, und ich saß immer noch

Passau

am Fluss. Plötzlich eine Stimme: „Was machen Sie da?" Und überdröhnt vom Alarm eines annahenden Pulks von Amis kam ein braununiformierter Mann auf mich zu. „Sie müssen sofort in den Bunker." Ich hatte wenig Lust bei dem schönen Wetter, und versuchte mich davon zu stehlen, aber er ließ nicht locker. Führte mich in einen riesigen Felsenbunker, wo ich auch ein Plätzchen fand. Um die Zeit zu nutzen, begann ich einen Brief zu schreiben. Plötzlich wieder diese Stimme: „Stehen Sie mal auf." Ich fragte: „Wieso, sitze ich fasch?" „Sie rufen hier eine Panik herauf, die Leute halten Sie für einen Spion." O begnadetes Bayern mit deiner verschlafenen Fantasie. Ich meinte, es würde wohl kaum ein Spion an Ort und Stelle seine Notizen machen. Und weil mir die Fragerei zu dumm wurde, fragte ich: „Was gibt Ihnen überhaupt das Recht, mir etwas zu befehlen?" Er wies auf sein Parteiabzeichen. Ach, meinte ich, das hat doch jeder. Als er wieder darauf bestand, ich sollte mein Schreiben lassen, sagte ich, ich käme aus Köln, da wären wir ständig im Keller, und wenn wir dort unsere Arbeit nicht fortführten, wäre der Krieg längst verloren. Er lief rot an, schwitzte und ließ mich in Ruhe, zumal gerade Entwarnung kam. Später dann, auf der Brücke, kam mir eine Frau entgegen und rief: „Ein Attentat auf den Führer!" „Ist er tot?" fragte ich hoffnungsvoll. „Nein." Nun verstand ich die Nervosität des kleinen Funktionärs.

Später, zu Hause, rissen die Vermutungen nicht ab. Das Entsetzen über die Brutalität der Vernehmungen, die grauenvolle, sofortige Hinrichtung durch den Strang. Die Anzahl der bekannten, ehrenvollen Namen, und das Schweigen des Volkes, das angstvoll seine Hände in Unschuld wusch. –

****

13. August 44

Lieber Dr. Bachem

Keine Briefe, denn ich war inzwischen in Regensburg. Hier malte ich auch, aber im Auftrag der Donau-Schwarzmeer-Dampfschifffahrt, auf Wunsch des Präsidenten vom Hafendirektor mit einem Schreiben ausgestattet, dass ich die Hafenanlagen zeichnen dürfe. Das war auch nötig, denn jeder Polizist kennt mich dort nun und hat schon einmal meine Papiere kontrolliert. Ich liebe diese Stadt mit ihren so wehrhaft anmutenden Turmbauten, die mich, wenn auch in bayerisch wuchtig, an die Toskana erinnert. Den wunderschönen Domplatz, der seinen venezianischen Architekten nicht verleugnen kann. – Ach – Sehnsucht!

Sie meinen ja, dass man Rudolf Diels nicht trauen dürfe. Ich aber liebe diese barocken Gestalten, die alles um sich her verschlingen möchten und so schönheitsbegeistert sind. Aus diesem Material werden die Mäzene gemacht, und wen wundert es, dass er sich mit Künstlern umgibt. Kein Mann zum Spielen, da haben Sie Recht. Und es ist wohl auch das Reizvolle daran, dass man sich ein wenig so fühlt wie auf dünnem Brett über dem Abgrund. Ende dieser Woche fahre ich nun doch nach Twenge, um auf seinem Hof alles zu zeichnen, was da herumläuft, die Wildpferde, die vielen Hunde, und die Räume des schönen alten Hauses. Wenn mir auch vor der Reise dorthin etwas bänglich ist. Man muss eben etwas riskieren. Vergessen Sie Ihre Sorge um meine Unternehmungen. Ich halte mich daran, dass wir schon neun

Jahre – aus der Entfernung – befreundet sind, und dass Rudolf Diels mir einmal sagte: Wenn es eine Eitelkeit gäbe, die ein Mann über den Sieg empfände, so sei es, dass eine Frau wie ich zu ihm hielte. –
Rest des Briefes abgetrennt wegen Zensur! Vorsicht ist heute die beste Lebensversicherung.

Ursula

****

Es wurde August. Briefe kamen aus Twenge, dem Jagdhaus Twenge von Rudolf Diels, ich möchte kommen und das Haus, seine Hunde und die Wildpferde zeichnen. Er hätte drei wunderbare Frauen eingeladen. Für das Porträt von Dr. Bachems Tochter in Schloss Lieser war es zu spät. Zu nah an der Westfront und ein zu langwieriger Auftrag für diese Zeit. Also fuhr ich über Hannover in die Heide, mit vielen Skizzenbüchern und wenig Gepäck. Es gab eine Art Reiseverbot, aber aus irgendeinem Grund hatte ich damit keine Schwierigkeiten. Im Zug, auf engstem Raum zusammengedrängt, beobachtete ich einen höheren Offizier, wie er ausgiebig mit einer Studentin über militärische Anlangen sprach, sie für die Notwendigkeit ihrer Reise lobte. Dann zu mir, wozu ich die Reise machen müsse, ob das nötig wäre. Ich wies stumm mit dem Daumen auf ein hinter mir hängendes Plakat: Vorsicht! Feind hört mit! Der Offizier lief rot an und verstummte für den Rest der Fahrt. Er tat mir ja leid, aber gerade war, durch ein verfrühtes Geschwätz, Deutschlands Zukunft, ein ehrenvoller Waffenstillstand, zerstört worden. –

Die Fahrt durch Hannover mit der Straßenbahn war entsetzlich traurig. Mir liefen die Tränen ungehindert über das Gesicht, hingesunken die edel gebauten Prachtstraßen, die Höhlen der Fenster ausgebrannt, verschüttet die Schönheit einer Stadt. So mag wohl auch London ausgesehen haben nach unseren Luftangriffen. Auge um Auge.

Dann kam Twenge in seiner strengen Einfachheit, mit den Pferden, alle klein, mit dem typischen schwarzen Strich auf

Rudolf Diels´ Jagdhaus in Twenge

dem Rücken. Ein drei Tage altes Fohlen, das noch keines Menschen Hand berührt hatte. Um den Hengst einzufangen, um ihn an das Jagdwägelchen zu spannen, musste sich der Hausherr auf die ungesattelte Stute schwingen, sonst konnte man nicht an diesen Wildling heran. Es war ein Abenteuer, mit dem Wagen über einen Bach zu fahren, die Pferde weigerten sich über die Brücke, nein, quer durch den Bach ging die Fahrt. Rudolf Diels sagte, er suche bei den Bauern ein Unterkommen für den Tag X. Man merkte ihm seine Sorge an, denn ich war sicher, dass sein Tag X zu der kommenden Zeit ein anderer sein würde als für uns.

Hier in Twenge lernte ich einen ganz anderen Mann kennen als den der politischen „großen Welt". Hier kam das bäuerliche Erbteil seiner Herkunft zu Tage. Es war ein Spaß zuzusehen, wie er sich auf einen Pflug setzte, um dem Gärtner vorzuführen, wie man einen Baum rettet, der störend inmitten eines Ackers steht. Er umrundete mit dem Pflug liebevoll in immer engeren Kreisen den Störenfried. Auf seinem Stück Land sammelte er auch Pilze in seinem damals so kostbaren

Filzhut, sowie Moose und Flechten, über die er gerade ein botanisches Buch schreiben wollte.

Rudolf Diels, der inzwischen Regierungspräsident von Hannover war, benützte das Haus und die Jagd, was beides zum Besitz Görings gehörte, mit dem er über einige Ecken verwandt war. Daher war er auch bestens informiert und bestätigte wieder, dass Göring den Krieg nicht gewollt habe. Auch, dass Hitler einen Narren an ihm, Diels, gefressen hätte, hatte er mir bei anderer Gelegenheit erzählt. Dass er zu dieser Zeit allerdings in Unternehmen verwickelt war, die sich um einen Friedensvertrag mit Hilfe der Schweden bemühten, wurde ihm schließlich zum Verhängnis. Am Abend, wir saßen gemütlich zusammen, ging das Telefon. Das erste was er zu uns gewendet sagte: „Der General Feldmarschall Kluge hat sich im Zug erschossen!" Dann wurde das Gespräch auf Himmler geleitet und Diels wurde für den nächsten Tag nach Berlin bestellt. Es muss eine beängstigende Aufforderung gewesen sein, denn ich beobachtete, wie sich sein Gesicht veränderte, wie grau und angespannt. Dann sagte er zu uns: das wird mein Todesurteil sein. – Unvergesslich ist mir dieser Augenblick, wenn ein Mensch, gleich aus welchem Grunde, Todesgefahr empfindet. Es war ja die Suche nach den Drahtziehern des 20. Juli noch in vollem Gange. Erst Jahre später erfuhr ich von ihm den genauen Hergang dieser Unterredung.

Wir drei Besucherinnen fuhren natürlich am nächsten Tag zurück. Im Zug bekam ich erfreulicherweise einen Sitzplatz, bis ich merkte, dass er voller Wanzen war. Aber Wanzen sind sehr häusliche Tiere, ich hoffte, sie würden gesättigt in die Polster zurückkehren, ich war viel zu müde, um mich darüber aufzuregen. Wieder hatte ich einen Major vor mir im Abteil. Er empörte sich darüber, dass Rumänien sein Bündnis mit Deutschland gebrochen und zu den Oststaaten übergewechselt hatte. Leider entfuhr es mir: „Und der Kluge ist tot." „Was sagen Sie da? Der General Feldmarschall Kluge? Woher wissen Sie das?" Vorsicht, dachte ich, nun aber... „Ach, ich weiß das auch nicht, zwei Frauen unterhielten sich am

Schalter. Aber es wird ja so viel geredet." Erst sechs Wochen später kam eine Pressenotiz, Kluge sei „gefallen"!

In Rost tauchte ich wieder in die kleine Welt des Kinderkrams, der geistigen Vereinsamung und der sorgenvollen Gedanken, die man mit niemandem teilen durfte.

Am Abend des 3. Septembers 44 waren wir wieder zum Essen ins Schloss gebeten, immer eine erfreuliche Abwechslung bei Puterbraten (weil abgabefrei) und gutem Wein. Das Ehepaar Ströbl war auch eingeladen. Der Baron kam aus dem Sanatorium „Weißer Hirsch", wo er mit Magda Goebbels zusammengetroffen war. Er erzählte, er habe ihr gesagt, sie wäre jederzeit mit ihren Kindern im Rheinland willkommen, aber sie habe geantwortet, sie hätte die gute Zeit mit ihrem Mann erlebt und ließe ihn in der schlechten nicht allein. Dann erwähnte der Baron den 20. Juli, er sagte: „Wenn das Strippchen [Telefon] zum Jüppchen [Goebbels] nicht funktioniert hätte, so wäre der Widerstandsplan abgerollt." Dann riet er dem Ehepaar Ströbl ihr Parteiabzeichen abzulegen und sich irgendwohin in Oberbayern zurückzuziehen. Er würde sich nach dem Krieg für sie einsetzen, falls sie Schwierigkeiten bekämen. „Es ist fünf Minuten vor zwölf! Warten Sie nicht länger!" Die Baronin fügte noch hinzu, sie glaube nichts, was in den Zeitungen stünde, und dächte nicht daran, das Schloss noch in Tarnfarbe zu streichen. Der Krieg sei ja doch verloren. Ich beschäftigte mich eifrig mit meinem Braten, denn mir stockte das Herz.

Am anderen Morgen um sieben Uhr war der Baron schon verhaftet. Ströbls hatten noch in der Nacht die Gestapo verständigt. Gleich darauf rief uns der Oberknecht zum Fenster hinauf zu, wir sollten sofort zum Verhör kommen. „Erst wenn ich angezogen bin, die Kinder versorgt und gefrühstückt habe!" So kam meine Schwester als Erste dran, und ich nutzte die Gelegenheit, im Kohleherd einen Großteil der Korrespondenz mit Dr. Bachem den Flammen zu übergeben. Zu offen hatte er in den Briefen seine Ablehnung des Regimes zum Ausdruck gebracht, zu viele Namen hätte die Gestapo beim Fund der Briefe in Erfahrung bringen können. Mich empfingen die Gestapo-Männer ziemlich wütend, weil ich sie eine dreiviertel Stunde hatte warten lassen, andere Leute kämen im Pyjama! Ich fragte dämlich: „Aber warum? Wenn Sie so früh kommen." Gleich wollten sie mich überfahren, Ströbl hätte unter Eid ausgesagt, und ich konterte: Diesem Eid würde ich nicht zu viel Wert beimessen, denn Ströbls hätten im Ort über mich erzählt, ich würde nachts heimlich für die Gestapo zeichnen, und das wüssten sie doch selbst, dass dies Unsinn sei. Und ich bekäme deshalb nie Eier von den Bauern. Es war ein so dummes Geschwätz, aber es kam nur darauf an, Unsicherheit bei den zwei Beamten zu säen. Es gab noch ein Hin- und Hergerede, wobei keinerlei brauchbare Aussage herauskam. Jedenfalls sagte einer, falls uns noch etwas einfiele, so könnten wir ein schriftliches Protokoll nach Regensburg bringen.

Nichts war besser als dies, denn Lo und ich, wir waren beide Wortkünstler. Schreibend hatte man Zeit zu überlegen, einem gesprochenen Wort einen anderen Ausdruck zu geben, eine leichte Wendung konnte den Sinn verharmlosen. Ich hatte am Abend neben dem Baron gesessen und es war unmöglich zu sagen, ich hätte nichts gehört. Aber Ströbls Behauptung, dass der Baron Goebbels mit „Joseflein" tituliert habe, wies ich strikt ab. Im Gegenteil, die liebenswürdige Volksverbundenheit, die im Rheinland „Jüppchen" bedeute, zeige ja gerade, wie herzlich dieser Neckname gemeint sei. Da der Baron Umgang mit den höchsten Kreisen der Partei habe, wäre es ja verständlich, dass er besser informiert sei, als wir durch die Presse. Selbstverständlich sei ein Altparteigenosse mit dem Parteiabzeichen Nr. 275 wie Ströbl auch interessiert an Informationen, und der Baron hätte sicher keinen Zweifel an dessen Verschwiegenheit gehabt. Und so fort. Mehr wusste ich nun auch nicht mehr zu beschönigen. Ich legte mein Protokoll zu dem meiner Schwester.

Hier folgt nun der nach Kriegsende zu diesen Ereignissen verfasste Bericht meiner Schwester Charlotte Kluth:

Tatsächlich mussten die zwei Männer in Zivil, die mit einer ominösen schwarzen Limousine gekommen waren, über eine halbe Stunde warten, bis ich als Erste hinüberging. Ich wurde im großen Speisezimmer des Schlosses freundlich empfangen: „Sie können ruhig alles aussagen, wir haben bereits Aussagen von anderen Seiten, und der Baron hat alles gestanden."

Das machte mich hellhörig. Niemals würde ein Mann wie der Baron einer Gestapo etwas gestehen. Was soll er ausgesagt haben? Worüber sollte ich Aussage machen? Mir fielen Bruchstücke von Gesprächen ein, die bestimmt nicht für Gestapoohren gesagt worden waren. Die Herren warfen hilfreich ein: „Wir haben bereits ausführliche Aussagen vom Ehepaar Ströbl, was über den 20. Juli verbreitet wurde."

Was sollte ich tun? Alles abstreiten? Aber was abstreiten. Auf keinen Fall durfte ich als Zeuge ausfallen, trotzdem kein belastender Zeuge sein. Ich musste vor allem Zeit gewinnen, um klarer zu sehen. Also begann ich: „Ich weiß nicht, ob ich an diesem Abend auch eingeladen war...", (Ui, das ist falsch, also:) „Doch, ich war dabei. Ja, das Ehepaar Ströbl war auch dabei. Die saßen hier am langen Tisch", (ich zeigte zu einem Stuhl) „...auf dem Stuhl da. Nein, das stimmt nicht. Nein, das stimmt nicht. Das war ein anderes Mal. Herr und Frau Ströbl müssen weiter oben am Tisch bei dem Baron und seiner Frau gesessen haben."

Die Gestapo fragte: „Was für Gespräche wurden an dem Abend geführt?" Ich wich aus: „Das kann ich nicht sagen." Die Herren lächelten vieldeutig: „Aber wir wissen es!" Und sie lasen von einem Schriftstück ab: „Wenn dem Joseflein sein Telefon nicht noch funktioniert hätte, dann wäre alles anders gekommen!" Ich zeigte zu dem langen Tisch und sagte: „Ich saß unten am Ende des Tisches. Neben mir saß ein alter Herr, der schwerhörig ist. Der sprach so laut, dass ich nicht verstehen konnte, was oben am Tisch geredet wurde. Außerdem bin ich leicht schwerhörig. Und so schnell mich erinnern, das kann ich nicht."

Jetzt hatten die Herren von der Gestapo genug von meinem Geschwafel und meinten: „Sie sind eine halbe Stunde hier und wir haben von Ihnen gerade drei Zeilen Zeugenaussage. In so viel Zeit haben andere Zeugen drei Seiten lange Aussagen gemacht." Ich sagte hilflos: *"Wenn ich mich aber nicht so rasch erinnern kann..?"*

Da geschah Unglaubliches. Die Herren packten ihre Unterlagen ein und sagten: *"Wenn Ihnen noch etwas einfallen sollte, können Sie ja zu uns kommen."* Ich fragte: *"Wohin, bitte?" "Zur Gestapo Regensburg, Zimmer Nummer..."* Ich war entlassen.

Draußen in der Halle stand meine Schwester und wartete verhört zu werden. In ihrer Nähe stand Frau Ströbl wie ein Wachposten. Beim Hinausgehen blieb ich kurz bei der Verwaltersfrau stehen und sagte zu ihr: *"In so einem Fall muss jeder selber wissen, wo er steht."* Sie missverstand mich gründlich und sagte freundlich: *"Das ist richtig."* Für mich bedeuteten meine Worte eine Kampfansage.

An diesem Vormittag arbeitete niemand auf dem Hof. Die Spannung war zu groß. Endlich erschienen die zwei Beamten der Gestapo, in ihrer Mitte den Baron zum Wagen geleitend. Frau Ströbl drängte sich vor und bot dem Baron *"zur Beruhigung"* ein Glas Cognac an, was dieser schroff ablehnte. Dann fuhren die drei Männer in der schwarzen Limousine zum Hoftor hinaus. Der Verwalter Ströbl trat zu seiner Frau und erklärte stolz: *"Der Baron sieht Rost nimmer!"*

Jetzt entstand bedrückte Bewegung unter den Leuten. Robert, der Kriegsgefangene, der hier auch Kutscher war, strich an mir vorbei und sagte rasch: *"Mademoiselle, ich muss zum Bahnhof. Kommen Sie mit?"* Ich nickte.

Robert holte die zwei jungen Kutschpferde aus dem Stall, schirrte sie an einen unauffälligen Arbeitswagen, dann holte er aus dem Gebüsch hinter dem Schloss zwei Gepäckstücke, die er auf den Wagen warf. Und nun erschien ein Kölner Freund des Barons, der sich verborgen gehalten hatte. Er stieg zu uns auf den Kutschbock. Wir fuhren los.

Unterwegs vor einer Gastwirtschaft stand die schwarze Limousine. Leer. Offensichtlich hatten die Herren ein Frühstück nötig. Robert trieb die Pferde an und sie liefen rascher. Wir kamen zum Bahnhof, ohne dass die schwarze Limousine uns *eingeholt hatte. Robert gab mir die Zügel, sprang vom Bock, ergriff die Koffer und rief dem Kölner Freund zu: „Gehen Sie ohne Gepäck durch die Sperre, Monsieur. Ich laufe mit den Koffern hinten herum zum Zug!" So geschah es.*

Ich blieb mit den erhitzten Pferden am Rondell des Bahnhofvorplatzes stehen. Plötzlich sah ich: vor dem Eingang zum Bahnhof hatten sich unsere zwei Gestapomänner postiert. Ohne den Baron. Sie entdeckten mich auf dem Kutschbock und kamen zu mir herüber. Der eine fragte: „Erwarten Sie die Baronin?" (Die Baronin war verreist.) „Nein", sagte ich. Der andere fragte: „Wollen Sie jemand abholen?" „Nein", sagte ich wieder. Um abzulenken fragte ich: „Wo sind Sie eigentlich zu Hause?" „In Leipzig", sagte der eine. „Oh, Leipzig...", wiederholte ich und ließ unbemerkt die Zügel locker. Die Pferde setzten sich sofort in Bewegung. „Verzeihung", rief ich hinunter, „die Tiere sind nervös. Ich muss sie bewegen." Und ich fuhr mehrmals um das Rondell. Vom Bahnhof her hörte man den Schnellzug München-Landshut-Köln einfahren, halten und wieder abfahren. Die Gestapomänner hatten sich wieder am Ausgang postiert.

Robert kam von der hintersten Ecke des Bahnhofgebäudes angelaufen, sprang auf den Kutschbock und ergriff die Zügel. „Merci, Mademoiselle", sagte er. „Il est bien parti!"

Gott sei Dank! Unser „Kurier der üblen Nachricht" kam rechtzeitig nach Köln, um zu warnen, denn Telefone waren überwacht. So konnte der Bruder des Barons noch untertauchen. Die Gestapo suchte ihn vergeblich in Köln, in Holland, Belgien, Frankreich. Er blieb bis zum Ende des Krieges spurlos verschwunden, versteckt in seiner Villa in Köln, wo ein zuverlässiger Diener ihn in seinem Versteck versorgte. Die Chefsekretärin der Firma wurde sofort von der Gestapo verhaftet und ein paar Wochen lang unter seelischem Druck verhört. Doch das erfuhren wir alles erst nach Beendigung des Krieges.

Im Augenblick wussten wir nicht wohin der verhaftete Baron gebracht worden war, und als seine Frau von ihrer Reise zurückkam, wurde auch sie verhaftet.

Vor Ursula und mir lag nun die schwierige Aufgabe der Zeugenaussage vor der Gestapo in Regensburg. Was würde man uns fragen? Welche Antworten sollen wir bereithalten? Ich wusste von meinem Verhör im Schloss, nachdem die Gestapo mir einen Satz aus der Zeugenaussage des Verwalters vorgelesen hatte, dass der Baron tatsächlich riskante Sachen gesagt haben muss. Im Zusammenhang mit dem 20. Juli sollte er gesagt haben: „Wenn dem Joseflein sein Telefon nicht noch funktioniert hätte, wäre alles anders gekommen." In dieser Form hatte der Baron es bestimmt nicht gesagt. Goebbels war im Rheinland kein „Joseflein". Er war „et Jüppche" wegen seiner kleinen Gestalt, und es kam bei der Anwendung dieses Spitznamens nur auf Betonung und Zusammenhang an, ob er Verachtung oder Hochachtung bedeute.

Wir, meine Schwester und ich, einigten uns, dass jede ihre Aussage schriftlich vorbereiten würde und dass diese Aussage überzeugende Gegenargumente – ganz im Stil der Nazisprache – enthalten müsse.

Für den zu erwartenden Fall, dass die Gestapo unsere selbst aufgesetzten Aussagen ignorieren und nur sagen würde: „Setzen Sie sich. Wir fragen und Sie antworten", bemühten wir uns die wichtigsten Passagen unserer mehrere Schreibmaschinenseiten umfassenden, entlastenden Zeugenaussage auswendig zu lernen. Das ist der Grund, weshalb ich mich auch heute noch an einzelne Sätze erinnere.

In meiner Zeugenaussage schrieb ich unter anderem:
„Wenn der Baron, ein wohl orientierter Mann der Wirtschaft, der noch kürzlich im Sanatorium ‚Weißer Hirsch' Gelegenheit hatte, mit Frau Goebbels zusammenzutreffen, einen weiteren Überblick über Geschehnisse hat als Zeitung und Radio sie bringen dürfen, und wenn ein solcher Mann dann diese Erkenntnisse in vollem Vertrauen auf Verschwiegenheit einem Alt-Parteigenossen und Blutordensträger mitteilt, damit dieser als sein Gutsverwalter entsprechende Vorkehrungen für das Gut und sich selbst treffen kann, dann durfte der Baron annehmen, dass solche Gespräche geheim

gehalten würden und damit nicht – wie ihm belastend vorgeworfen wird – volksschädigend wirken.

Dasselbe gilt für den Ausspruch der Baronin, als es um den Tarnanstrich des weithin sichtbaren weißen Schlossgebäudes ging. Ihr wird vorgeworfen, sie habe in diesem Zusammenhang gesagt: ‚Was in den Zeitungen steht ist, gelogen.' Aber wo käme eine Regierung hin, wenn sie alle ihre Beschlüsse, die der Einzelne nicht übersehen kann, schon vor dem Inkrafttreten durch Presse und Rundfunk unter das Volk bringen würde, das die großen Zusammenhänge nicht erkennen kann. – Also müssen Zeitungen lügen."

Mit unseren Schriftstücken fuhren wir mit der Bahn nach Regensburg. Wir fanden das Haus der Gestapo. Auf unsere Frage verwies man uns in das Untergeschoss, zu dem einige Stufen führten. Über dieser Treppe, hochgezogen zur Decke, hing ein Fallgitter aus starken Eisenstangen. Würde das Gitter herunter gelassen, wäre ein Entkommen unmöglich.

Beklommen betraten wir das gesuchte Büro, wo am Schreibtisch einer der Männer saß, die uns von den Verhören in Rost bekannt waren. Wir überreichten unsere Schriftstücke, er wies auf zwei Stühle und sagte: „Setzen Sie sich!" Dann begann er in unseren Machwerken zu blättern – zunächst flüchtig, dann interessierter. Endlich – wir wagten vor Spannung nicht uns zu rühren – sagte er abschließend: „Da sind Sie gerade noch zur Zeit gekommen. Heute Abend gehen die Akten nach Berlin zum Volksgerichtshof. Aber Sie hätten ruhig eine Kopie mitbringen können. Nun müssen wir alles rasch abschreiben lassen."

Wir waren zu überrascht, um etwas zu sagen, bis ich aufstand und vortrat: „Ich bin die Gutssekretärin. Ich muss doch wissen, was nun wird. Wer trifft jetzt die Entscheidungen?" Der Gestapobeamte sagte: „Solange der Baron in Untersuchungshaft in Landshut ist, hat er das Recht, Entscheidungen zu treffen. Sie können ihm Wichtiges schreiben. Die Post läuft über unser Büro."

Wir waren entlassen. Trotzdem sahen wir mit ängstlichem Blick hoch zu dem Fallgitter und atmeten erst auf, als wir auf der Straße waren. Unser Zug nach Landshut ging erst in zwei Stunden. Wir gönnten uns ein Erlebnis, das uns in unserem abgelegenen Dorf verwehrt war: Wir gingen ins Kino.

An den Film, den wir sahen, habe ich keine Erinnerung. Aber an die Wochenschau! Da wurde der angeblich vom Attentat genesene Führer bei der Übergabe eines Ritterkreuzes an einen verdienstvollen Mann gezeigt. Aber war das noch der Führer? Dieses menschliche Wrack? Sein Blick war unsicher, er schob den rechten Arm vor, um den Orden zu ergreifen, aber die zittrigen Finger konnten das Ritterkreuz nicht fassen. Ein Adjutant sprang vor und vollendete die gewollte Bewegung. Das also war der Führer eines Volkes, noch immer Oberbefehlshaber von Wehrmacht und Heer, nachdem der Volksgerichtshof die fähigsten Offiziere dezimiert hatte.

Dann kamen Bilder von Stalingrad. Bilder von unendlicher Verlassenheit und Trostlosigkeit. Fast ein Jahr zuvor schon hatte Feldmarschall Paulus den aussichtslosen Kampf um Stalingrad erkannt und hatte mit den letzten 200.000 Mann seiner 6. Armee vor den Russen kapituliert. Damit hatte er den von der Propaganda aufgebauten Nimbus zerstört, Hitler sei der größte Feldherr aller Zeiten.

Der Führer hatte neue Armeen in dieses Inferno aus Eis und Feuer geschickt. Er holte nicht etwa seine tapferen Soldaten „heim ins Reich". Er ließ sie verbluten, in Schneewehen versinken für immer, erfrieren, und opferte sie bedenkenlos dem Moloch „Russischer Winter". Nur die Soldatenpost der letzten Kämpfe um Stalingrad ließ er in die Heimat fliegen. Aber nicht ein einziger Brief, der die Gedanken der Todgeweihten enthielt, erreichte den Bestimmungsort. Goebbels ließ alle „Stalingradpost" zur Prüfung der seelischen Verfassung der Truppe ins Propagandaministerium bringen, dort öffnen und dann als „unbrauchbar" postsackweise auf Müllhalden werfen; zu späterer Zeit wurde einiges gefunden.

Wir fuhren zurück nach Landshut, erregt von allem Erlebten. Der Baron war also im Kreisgefängnis von Landshut, diesem modernen Bau am Rande der Stadt, der von fern wie ein weitläufiges Sanatorium aussah. Aber wie lange würde ihn die Untersuchungshaft schützen? Die Akten waren unterwegs zum Volksgerichtshof in Berlin.

Die Tage auf dem Gut liefen nun gleichmäßig weiter, bis eines Morgens der „Baumeister" in meiner „Kanzlei" erschien. „I muss einrucke", sagte er. „Und das ist nicht recht." Er erklärte mir, dass Landwirte in seiner Stellung vom Wehrdienst als unabkömmlich freigestellt würden, weil sie zur Lebensmittelversorgung gebraucht würden. „Da steckt der Ortsgruppenleiter dahinter, weil i was Gutes über den Herrn Baron ausgesagt hab."

Ich ging zu unserem Verwalter (und Ortsgruppenleiter) und bat ihn den Baumeister freizubekommen. Im Bewusstsein seiner Parteiwürden erklärte er barsch: „Herr auf Rost bin i! Und wer hier einruckt, dös bestimm i!"

Nach wenigen Tagen – der alte Baumeister war fort – erschien ein neuer Mann. Er war mir nicht sympathisch, aber ich bemühte mich freundlich zu sein. (Seid sanft wie die Tauben und klug wie die Schlangen.) So erfuhr ich, dass sich unter dem Deckmantel „Baumeister" ein SS-Mann bei uns eingenistet hatte. Zum Glück zeigte er bald sein wahres Gesicht:

Eines Morgens sprach ich Robert, den Franzosen, an, der gerade den Kutschwagen am Schlosseingang vorgefahren hatte, um die alte Mutter der verhafteten Baronin nach Landshut zum Arzt zu fahren. Der SS-„Baumeister" erschien: „Was soll die Kutschn?" Ich erklärte es ihm. „Die Kutschn bleibt da!", schrie er. „Dös Baronsgeschwärl gehört ins Gefängnis! Wenn einer mit die Kutschn fährt, dös bin i!" – Die Pferde wurden abgeschirrt, die „Kutschn" in die Wagenremise geschoben. Benzin für Stadtfahrten bekam nur der Ortsgruppenleiter.

Dieser SS-Mann musste schnellstens vom Hof verschwinden. Während der Untersuchungshaft hatte der Baron das Recht, wichtige Entscheidungen selbst zu treffen. Ich schrieb daher über die Postzensur der Gestapo – nicht etwa, dass wir einen SS-Mann loswerden wollten, sondern – dass die Familienverhältnisse des neuen Baumeisters wenig erfreulich seien, wie Nachforschungen ergeben hätten. Der Baron verstand und verweigerte seine Zustimmung. Der SS-Mann ging, der alte Baumeister kam strahlend zurück. Ob der Ortsgruppenleiter und Verwalter wohl ahnte, dass ich dahinter steckte?

Die „Quittung" kam bald. Der „Kreisleiter" von Landshut verbot der Gutsverwaltung Rost den französischen Kriegsgefangenen Robert als Kutscher zu beschäftigen. Der Baron hatte vor langem die Kutschpferde, dazu einen offenen Jagdwagen und die rumpelnde Kutsche angeschafft. Denn alles, was auf Bezugschein oder Lebensmittelmarken zugeteilt wurde, war nur in der Stadt zu haben, außer Brot, das der Dorfbäcker buk. Der Haushalt des Schlosses war inzwischen auf fast 30 Personen angewachsen, nachdem zahlreiche Verwandte aus dem bedrohten Schlesien hier Unterkunft gefunden hatten.

Also musste ich zum Kreisleiter, um die Sache zu regeln. Ich stellte mich ihm höflich als Gutssekretärin von Rost vor und bat ihn, den französischen Kriegsgefangenen weiter als Kutscher beschäftigen zu dürfen. Der Kreisleiter erklärte mir, dass die Bewohner von Landshut aufgebracht seien, dass ein Kriegsgefangener in der Gegend herumkutschiere, während unsere deutschen Männer ihr Leben an der Front einsetzten.

Gut. Das war eine Begründung. Ich fragte nun, ob ich die Pferde kutschieren dürfe. Diesmal war die Ablehnung deutlich als Schikane zu erkennen, als der Kreisleiter meinte, auch das würde Unruhe in der Stadt erregen, wenn ein junges elegantes Mädchen auf dem Kutschbock säße, wo deutsche Frauen zu Hunderttausenden Kriegseinsatz leisteten.

Ich gab wieder zu, dass ich auch das verstünde, aber: „Wenn das so ist, dann kann ich mich gern als alter Mann mit Wattebart verkleiden. Oder ich hänge dem Pferd eine große Tafel an den Hals: ‚Kaufe für 30 Personen ein!' ‚Fahre einen alten Mann zum Zahnarzt' Wenn das die Landshuter beruhigt..."

Der Kreisleiter war verstummt. Ihm fiel nichts anderes ein als zu sagen: „Also dann, fahren Sie." So wurde ich Herrschaftskutscher. Von dem Tag an kutschierten Herr und

Frau Ströbl auch gern selbst die Pferdegespanne, um das Benzin für ihren Opel zu sparen und zu hamstern. Und so oft unsere Pferde von nun an mit mir in die Stadt kamen, machten wir Halt am Tor des Gefängnisses, um einen Korb mit Esswaren oder Büchern abzugeben. Besonders geschätzt war das „Mundwasser", das die Köchin an der Bar des Barons mixte.

November 1944 wurden 250.000 Mädchen und junge Frauen zur Wehrmacht einberufen, als Flakhelferinnen oder Bodenpersonal für Flugzeuge und Eisenbahnmaterial. Ich war eine von ihnen. Ich war zwei Jahre älter als die vorgeschriebene Altersgrenze. Aber unser Verwalter und Alt-Parteigenosse frohlockte: „Unser Fräulein ist jetzt auch eingerückt. Die kommt so bald nicht wieder."

In Eile hatte ich die Gutskasse an den alten schwerhörigen Oberst von Wedel abgegeben, den Koffer voll mit warmen Sachen gepackt und erreichte vorschriftsmäßig schon am nächsten Abend meine „Dienststelle", eine Wehrmachtkaserne in München-Oberföhring. Unsere Gruppe, etwa 20 Mädchen und Frauen, wurde in einem Schlafsaal mit Doppeldeckerbetten, Strohsack und Wolldecke untergebracht.

Am nächsten Morgen war die ärztliche Untersuchung. Jedes Mädchen versuchte sich einer Krankheit zu erinnern, die eine Freistellung bedingte. Ich kam in das Untersuchungszimmer, wo drei junge Militärärzte Dienst hatten. Sie fragten zunächst, welche Krankheiten ich durchgemacht hätte. „Keine", sagte ich. „weswegen ich eines verfrühten Todes sterben sollte, aber – ich hatte vor ein paar Jahren Herzmuskellähmung." Brüllendes Gelächter brach los, bis sich einer der Ärzte zusammenriss und meinte: „Wenn Sie Herzmuskellähmung haben, dann sind Sie tot." „Na, dann war es etwas anderes am Herzen. Ich bin kein Arzt." Die Untersuchung wurde rasch routinemäßig durchgeführt und „das Resultat erfahren Sie später."

Am Nachmittag war Vorstellung bei dem zuständigen Major. Ich erschien und nannte meinen Namen. Der Major sah mich forschend an: „Ach, Sie sind das. Wir waren gespannt, wer da wohl kommt. Sie sind uns nämlich von der

Gestapo Landshut angekündigt worden. Weshalb sind Sie hier?" Ich sagte stolz: *„Ehrenvolle Strafversetzung, Herr Major. Ich bin Gutssekretärin. Unser Gutsherr wurde von der Gestapo verhaftet. Und seine Frau, die Mutter von vier kleinen Kindern, sitzt auch." „Sehr interessant", meinte der Major. „Die Gestapo schreibt uns, Sie würden schwerste Einwendungen gegen Ihre Einberufung vorbringen. Wir sollten Sie aber auf jeden Fall hier behalten."*
Ich hatte nicht vorgehabt, mich vor dieser Einberufung zu drücken und sagte: „Einwendungen würde ich nicht machen, aber ich hätte gern etwa drei Tage Arbeitsurlaub, um meine Bücher korrekt abschließen und übergeben zu können." Der Major: „Wir sind hier Wehrmacht. Wir nehmen keine Befehle von der Gestapo an." Er griff nach einem Vordruck: „Auf diesem Formular, das ich für Sie ausfüllen werde, erklären wir Sie als ‚unabkömmlich', also u.k." Er wählte eine Telefonnummer, sprach ein paar Worte in den Hörer, legte dann auf und sagte: „ Auch das noch! Ärztlicherseits sind Sie ‚dienstuntauglich', also d.u." Was für ein Glückspilz war ich! Unter 250.000 einberufenen Mädchen und Frauen hatte mich die Gestapo ausgesondert. Ich war ein Spezialfall geworden.
Der Major füllte den für mich bestimmten Vordruck aus und erklärte dabei: „Sie werden von uns nicht nur u.k., sondern auch d.u. geschrieben und können nach Hause fahren. Das Formular müssen Sie beim Arbeitsamt, das Sie uns zugewiesen hat, abgeben. Bevor Sie das tun, gehen Sie damit zu einem Notar und lassen sich eine notariell beglaubigte Abschrift machen, die Sie behalten. Ich bin im Zivilberuf Rechtsanwalt und habe Erfahrung. Wahrscheinlich werden Sie in den nächsten sechs Wochen von anderer Stelle aus einberufen werden. Dann legen Sie dort die notariell beglaubigte Abschrift vor."
Ich war entlassen. Ein Zug nach Landshut ging gegen sieben Uhr abends. Beschwingt schleppte ich den schweren Koffer zur Bahn, ließ ihn in Landshut beim Handgepäck und machte mich in strömendem Regen auf den Heimweg –

14 Kilometer zu Fuß. In dunkler Nacht schlich ich durch das Hoftor. Niemand sah mich.

Am nächsten Morgen wollte ich mit dem Formular zum Notar gehen und ließ mir von Robert, dem französischen Kriegsgefangenen, die Pferde vor den leichten Jagdwagen spannen. „Mademoiselle", sagte er grinsend. „Vous êtes plus vite que l'éclair!" (Sie sind schneller als der Blitz.) Was der Verwalter und Alt-Parteigenosse Ströbl bei meiner Wiederkehr empfand, entging mir leider.

In Landshut ließ ich die notariell beglaubigte Abschrift anfertigen, machte ein paar Besorgungen und kutschierte nach Hause. Nun lief alles wieder seinen gewohnten Gang. Etwa sechs Wochen lang. Dann erhielt ich erneut eine Einberufung zur Wehrmacht. Diesmal kam sie vom Herrn Landrat. Der aber hatte unüberlegt angeordnet: „Dienststelle Wehrmacht-Kaserne München-Oberföhring." Ich rief den Landrat an und erklärte ihm, dass ich gerade von dieser Kaserne vor knapp sechs Wochen d.u. und u.k. geschrieben worden sei, dass sich in so kurzer Zeit meine Umstände kaum geändert haben könnten und bat ihn diese Einberufung rückgängig zu machen, um nicht die Wirtschaft unnötig mit Freifahrscheinen, Abmeldung der Lebensmittelmarken und dergleichen zu belasten. Der Herr Landrat verwies mich freundlich: „Auch ein Offizier kann nicht einfach absagen. Dienst ist Dienst." Ich solle morgen bis zwölf Uhr mittags den Freifahrschein bei ihm abholen. Am nächsten Morgen war die Zeit zu knapp, um vor Abfahrt des Zuges den Freifahrschein beim Landratsamt abzuholen. Ich kaufte am Bahnhof ein normales Billet und war gegen Mittag in München-Oberföhring.

Während ich den Kasernenhof mit meiner kleinen Reisetasche überquerte, stutzte ein Major und kam auf mich zu: „Ach, da sind Sie ja wieder!", sagte er, mich erkennend. Ich strahlte: „Diesmal hat mich der Herr Landrat geschickt." Er fragte nur: „Wann geht Ihr nächster Zug nach Hause?" Als ich sagte: „Gegen sechs Uhr abends", meinte er: „Bis dahin sind Ihre Papiere in Ordnung." Er grüßte und setzte seinen Weg fort.

In dunkler Nacht erreichte ich zu Fuß unsere Wohnung. Niemand hatte mich gesehen.

Am nächsten Morgen, wir saßen gerade beim Frühstück, bimmelte jemand heftig an unserer Haustürglocke. Ich machte das Fenster auf und schaute hinunter. Da stand, erhitzt vom weiten Anmarsch und in voller Montur mit Gewehr auf dem Rücken und Gasmaske am Leibriemen baumelnd, der Gendarm des Nachbardorfes. Unser Dorf war zu klein, um derart ausgerüstet zu sein. Jetzt schaute der Mann hoch und rief: „San Sie dös Fräulein Gutssekretärin?" „Ja, die bin ich", antwortete ich. Mit dem Versuch militärische Würde in seine Stimme zu legen, rief der Gendarm nach oben: „I soll Sie fei abführn! Sie san net erschiene beim Herrn Landrat." „Ach so", rief ich hinunter. „Das ist ein Missverständnis. Ich rufe gleich von meiner Kanzlei den Herrn Landrat an." Der Gendarm trottete fort und wir setzten gemütlich unser Frühstück fort.

Nach etwa einer Stunde – denn wir hatten das neue Abenteuer von München-Oberföhring zu besprechen – bimmelte die Haustürglocke. Noch erhitzter von seinem erneuten Marsch stand der Gendarm unten, und als ich hinunterschaute, rief er beleidigt: „Sie ham fei gelogen! Sie ham net telefoniert!" Ich rief hinunter: „Ich gehe sofort in die Kanzlei und spreche mit dem Herrn Landrat."

Und ich ging in die Kanzlei, wählte die Nummer des Landratsamtes und verlangte den Herrn Landrat. Dann: „Sie wollten mich sprechen, Herr Landrat?" Der Landrat: „Sie haben Ihren Dienst nicht angetreten. Ihr Freifahrschein liegt noch hier." Ich sagte gelassen: „Dazu war keine Zeit. Ich habe die Reise selbst bezahlt." „Soll das heißen, Sie waren in München-Oberföhring?" „Ich war da. Sie selbst sagten doch, Dienst ist Dienst. Ich bin termingemäß dort erschienen." Stille. Dann: „Darf ich fragen mit welchem Ergebnis?" „Mit dem gleichen, wie vor sechs Wochen. D.u. und u.k."

Stille. Ich fuhr fort: „Aber, Herr Landrat, Sie haben mir heute früh den Gendarmen geschickt. Das ist doch wohl erst dann üblich, wenn Sie von der Dienststelle die Mitteilung erhalten, dass der Dienst nicht termingemäß an-

getreten wurde. Ich kann mir nicht denken, dass Sie eine solche Mitteilung von München-Oberföhring erhielten." Stille. Dann der Versuch einer höflichen Verabschiedung. Ich sah im Geist den hochroten Kopf, den der Herr Landrat von diesem Gespräch bezogen hatte.

Nach diesen vergeblichen Bemühungen des Verwalterehepaares mich loszuwerden, war längere Zeit Ruhe. Weihnachten nahte. Zum Gut gehörten auch größere Waldstücke. Meine Schwester Ursula bat die Frau des Verwalters um einen Christbaum für ihre Kinder. „Christbäume gibt's nicht mehr", sagte Frau Ströbl. „Aber wenn Sie einen Baum haben wollen, können Sie ja in Köln anfragen." Die Kinder sangen schon ihre Adventslieder. Ein Baum musste zum Fest da sein. Ich lief hinüber ins Schloss und traf Frau Ströbl an. Ich sagte knapp: „Sie wollen meiner Schwester keinen Weihnachtsbaum geben? Ich finde Ihr Verhalten einer Mutter gegenüber, die kleine Kinder hat und deren Mann im Felde steht, einer Nationalsozialistin unwürdig!" Frau Ströbl legte sich zwei Tage mit leichter Nervenkrise zu Bett. Den Baum schlug uns ein Franzose, den schönsten, den er finden konnte.

Charlotte Kluth

****

Als es Zeit war Mohrrüben in unserem Gartenbeet auszusäen und ich die Erde umgrub, kam der Verwalter Ströbl zu mir. Eine Weile stand er stumm da, dann frohlockte er: „Mer ham Besuch im Schloss. Aus Berlin. Ein Herr Reichsanwalt vom Volksgerichtshof. Der will auch mit Ihne rede." Ich verbarg meine ungute Überraschung. Aber wenigstens war ich gewarnt worden.

Als ich ins Schloss gerufen wurde, saß Reichsanwalt Rothaug erwartungsvoll da. Neben dem berüchtigten Obersten Reichsanwalt Freisler war er der Mann, der durch seine Vernehmungstaktik die Zuhörer im Gerichtssaal zu spöttischem Gejohle, Gepfeife und Gelächter brachte, und der den Angeklagten durch höhnische Verächtlichmachung seiner Person einzuschüchtern versuchte. Diesem Mann saß ich nun gegenüber.

Vor dem Reichsanwalt lag meine Zeugenaussage für die Gestapo Regensburg. Einzelne meiner Sätze waren rot und blau unterstrichen. Er begann mit den Worten: „Ich habe mir den Mann in Landshut angesehen. Was wissen Sie von dem Mann?"

Ich fragte: „Meinen Sie den Baron?" Statt einer Antwort sagte er: „Der Mann ist minderwertig wie alle Kapitalisten." Ich meinte: „Was kann er dafür, dass er in eine goldene Wiege gefallen ist?"

Meine Antworten hatten dem Reichsanwalt offensichtlich missfallen, denn nun drohte er: „Wenn Sie eine begünstigende Zeugenaussage machen wollen, nehme ich den Hörer ab und rufe eine Motorstaffel. Die bringt Sie ins Gefängnis, aber nicht nach Landshut, sondern nach Nürnberg, wo Bomben fallen." Eigentlich hätte ich bei diesem Gespräch am liebsten mit den Zähnen geklappert, aber mein Trotz war stärker und ich sagte leichthin: „Ich bin ein alter Bombenhase aus Köln. Wen's treffen soll, den trifft's." Das war bestimmt nicht die Antwort, die der gefürchtete Reichsanwalt auf seine Drohung erwartet hatte. Er blätterte in meiner Zeugenaussage, gab seiner Sekretärin, die abwartend an ihrer Schreibmaschine saß, um jedes meiner Worte zu tippen, einen Wink und sagte nun unvermittelt zu mir: „Wie kommen Sie überhaupt dazu, selbstständig eine Zeugenaussage zu machen. Das ist nicht zulässig." Ich antwortete: „Ob es zulässig ist oder nicht, kann ich nicht entscheiden. Das ist Sache der Gestapo."

Nun kam das Lieblingsthema des Reichsanwaltes: „Sie sind auch von bürgerlich-kapitalistischem Herkommen. Jeder Arbeiter ist mehr wert als Sie!" Jetzt war mir klar, dass ich nur in seiner Denk- und Redeweise antworten konnte und ich sagte: „Mein Großvater war ein einfacher Mann. Durch Arbeit und Fleiß machte er es möglich, dass sein Sohn – mein Vater – mehr werden konnte. Und mein Vater machte es durch Arbeit und Fleiß möglich, dass seine Kinder eine bessere Erziehung bekommen konnten. Ich habe mich darum eher für ein verfrühtes Musterbeispiel der nationalsozialistischen Idee gehalten."

Der Herr Reichsanwalt schluckte den Köder und sagte nun freundlicher: „Was wurde hier im Hause über den 20. Juli gesprochen?" Ich lenkte ab: „Darüber wurde doch in Deutschland in allen Kreisen gesprochen." Die Antwort war scharf: „Es gibt keine Kreise!"

Oh weh, ich hatte an eine Wunde gerührt. Ich hatte den „Kreisauer Kreis" um Graf Moltke und Graf Stauffenberg, der ihm nahe stand, vergessen. Der Reichsanwalt wechselte das Thema: „Der Mann im Gefängnis in Landshut ist charakterlos. Geld verdirbt den Charakter." Logischerweise fiel meine Antwort anders aus als erwartet, indem ich sagte: „Wenn das so ist, müsste man dann nicht den Kindern derjenigen, die es in der Partei zu Ansehen und Vermögen gebracht haben, das Geld in der Wiege wegnehmen, damit sie anständige Charaktere werden?" Für diese Frage warte ich noch heute auf Antwort.

Nach diesem Verhör kam meine Schwester Charlotte sehr bedrückt zurück. „Es sieht sehr schlecht aus für den Baron", meinte sie. „Wehrkraftzersetzung. Und dazu die offenbare Bekanntschaft mit Namen aus dem Widerstand. Es sieht so aus, als sollte er verlegt werden, das Konzentrationslager wäre der nächste, wohl auch der letzte Schritt! Und wir dürfen das Haus nicht verlassen, haben Postverbot und Telefonverbot. Der Rothaug fährt morgen sehr früh nach Berlin zurück. Du kommst nicht mehr zum Verhör." Es war jetzt 23 Uhr. Ich dachte sofort an die Bitte des Barons, seinen Anwalt, Justizrat Röder in Ammerland am Starnberger See zu benachrichtigen, falls sich an seiner Situation etwas ändern sollte. Aber wie? Als einzige Möglichkeit blieb nur das Fahrrad.

So packte ich auf mein Rad eine Thermosflasche mit gutem Bohnenkaffee und ein paar Brote. Und den alten Wecker, denn meine Armbanduhr war kaputt. Gegen 1 Uhr nachts schlich ich mich leise, leise an Lümpi, dem Hofhund vorbei, durch den Hinterausgang der Scheune aus dem Hof, ohne Licht, das Rad schiebend. Eine Straßenkarte hatten wir natürlich nicht, aber ich vertraute auf meinen Richtungssinn und gelegentliche Beschilderungen nach München hin, Gottes Segen für die alte Fahrradmühle und die porösen Schläuche erflehend.

Es war ein merkwürdiges Gefühl, sich ganz allein zu wissen zwischen den dunklen Bäumen, die nur geisterhaft von der kleinen Fahrradfunzel angeleuchtet wurden. Aber meine Angst bezog sich nur auf die Sorge, nicht rechtzeitig den Anwalt warnen zu können, bevor Reichsanwalt Rothaug mit dem D-Zug in Berlin ankäme. Es durfte nichts dazwischen kommen. –

Und da kam schon, was ich befürchtet hatte: „Heda! Halt! Sie da!" Ich stieg ab. „Was tun Sie da mitten in der Nacht?" „Ich fahre nach München." Gottlob fiel mir wieder etwas Passendes ein, denn ich hatte vorher gar nicht an die Bewachungen der Isarbrücken gedacht. Also her mit einer Lüge, die glaubhaft schien. „Ich bekam einen Anruf von meiner Schwiegermutter in München, sie liegt schwer krank, und ich konnte keinen Zug erreichen." Er schluckte es, verlangte aber die Adresse, mit der ich ihm dienen konnte, wenn sie auch längst nicht mehr stimmte. „Was haben Sie da im Korb?" Er wühlte in meinen Sachen und stieß auf den klappernden Wecker. „Wozu haben Sie den mit?" Ich erklärte ihm meine kaputte Uhr und fügte noch hinzu, ich sei froh, dass ich keine Wanduhr mitnehmen müsste. Er ließ mich weiterfahren, ein solcher Fall war in seinen Vorschriften nicht vorgesehen.

Nun schien mir mein Unternehmen zum ersten Mal etwas gewagt. Wir hatten strengsten Hausarrest, aber wer sollte das kontrollieren? Eine Rückfrage dieses Mannes aber wäre sehr übel für alle Beteiligten. Schließlich hatte ich zwei kleine Kinder, für die ich allein verantwortlich war. So legte ich mir während des Strampelns einen Plan zurecht: Den Justizrat kannte ich nicht, nicht seine Einstellung. Ich wusste nur, was gegen ihn sprach: er hatte seinerzeit Hitler während dessen Festungshaft verteidigt! Aber er war der Anwalt des Barons. Ein typisches Beispiel der janusköpfigen Zeit. Also legte ich mir einen falschen Namen zurecht. Nicht Müller oder Schulze. Frau Bormann nannte ich mich.

Ich trampelte und trampelte. Es wurde Morgen und es wurde Mittag. Auch wenn man jung ist und nicht ganz unsportlich, so sind 15 Stunden ohne Unterbrechung Fahrrad zu fahren eine beachtliche Anstrengung. Aber gegen 16 Uhr hatte ich endlich den Starnberger See erreicht, fand Ammerland und das Haus und – mein Gott, welches Glück! – er war zu Hause.

Als ich Dr. Röder die Bitte und Situation des Barons schilderte, war seine erste Frage, ob wir verwandt seien. Nein, nur befreundet. Ich verschwieg vorsichtig, dass wir das gleiche Schlossgut bewohnten, sondern schilderte sehr detailliert den Bauernhof, in dem ich untergebracht sei. Dr. Röder wollte mich dort aufsuchen, meinte er, da er oft in Landshut sei. Sehr umständlich beschrieb ich den Weg dorthin – dank meiner Fantasie würde er ihn nie finden, so verwirrte ich den armen Mann. „Schade", meinte er. „so viel Zeit bleibt mir leider nicht in Landshut." Das Wichtigste allerdings war, den Baron in einen größeren Prozess zu verwickeln, in dem auch ein höherer Funktionär vorkam, dann dürfe er nicht verlegt werden. Gott Lob! Die größte Schwierigkeit sei nun, dem Baron im Gefängnis diese Finte zu erklären, ohne sich zu dekuvrieren.

Erschöpft von meiner Unternehmung, mehr von der Gefahr durch die Gestapo, als der körperlichen Strapaze, schaffte ich es nur noch bis Starnberg, wo ich Bekannte aus Köln wusste, die mich für diese Nacht aufnahmen.

Von Starnberg aus nahm ich anderen Tags den Zug nach Landshut, und dort ließ mein braves Stahlross mit einem schwachen Seufzen die letzte Luft aus dem Schlauch. Mein Gebet hatte genau so lange geholfen, wie es nötig war. Nun war es egal, ich trabte befriedigt die 14 Kilometer nach Rost, wo niemand meine Abwesenheit bemerkt hatte.

Was nun an Intrigen seitens Ehepaar Ströbl folgte, sollte uns möglichst bald aus dem Haus treiben. Zunächst berief mich die Arbeitsfront ein. Meinen Einwand, ich hätte zwei Kleinstkinder, wischten sie mit der Bemerkung weg, dafür gäbe es ja genügend Leute im Schloss. Oder den Kindergarten. Das wäre eine prima Idee, meinte ich, dort einen Kindergarten einzurichten! Dann brauchten die armen Bauersfrauen ihre Säuglinge nicht bei Wind und Wetter, ob krank oder gesund, mit aufs Feld zu nehmen. Dann erinnerte ich mich an die Mitteilung in der Presse, Frauen mit Kleinkindern sollten nicht zur Arbeit herangezogen werden, besonders, wenn sie weit entfernt wohnten. Kinder gebären und großziehen war ja das Hauptanliegen des Staates. Der Beamte sagte, was in der Zeitung steht, sei Unsinn. Darauf hob ich in dramatischer Geste meine Hand gegen ihn und rief: „Das wünsche ich nicht gehört zu haben! Für diesen Ausspruch sitzt die Baronin, der das Schloss Rost gehört, seit drei Wochen im Gefängnis!" Ich war entlassen und hörte nie mehr davon.

Aber es dauerte nicht lange, da erschien in meiner Kate der Herr Kreisleiter persönlich, mit Gefolge. Ich müsse raus aus der Wohnung. Die würde gebraucht. Wohin aber sollte ich mit zwei Kindern und meinen geretteten Möbeln? In Bayern war jedes Zimmer mit Evakuierten belegt. Das sei ihm egal, meinte der volksverbundene Kreisleiter, er brauche die Wohnung. – Ich meinte, vielleicht hätte er irgend ein Recht mich auszuweisen, nur frage ich mich, was wohl unsere Soldaten an der Ostfront dazu sagen, wenn sie erfahren, wie man ihre Frauen in der Heimat behandelt... Die ganze Meute löste sich sehr schnell auf und verschwand auf Nimmerwiedersehen. Und ich ließ mir, vorsichtshalber, vom Baron aus dem Gefängnis ein unbegrenztes Wohnrecht bestätigen.

Durch die zwangsweise Abwesenheit des Barons war Charlotte die einzige Vertrauensperson zwischen Schloss und Gefängnis. Wir waren glücklich, als ein Vertrauter des Barons zu ihrer Entlastung engagiert wurde, der nicht nur korrekt, sondern auch ein Parteigenosse war, eine Kombination, die in diesem besonderen Fall schwer zu finden war. Ströbl, der sich dank seiner Intrigen schon wieder als Gutsbesitzer sah, einschließlich des bereits empfangenen Kaufpreises, sah dieser neuen, im Gefängnis getroffenen Anordnung des Barons mit Misstrauen entgegen.

Als Lo den Herrn Stadler mit dem Landwagen abholen sollte, saßen Ströbl und Frau bereits auf dem Wagen. Lo bat mich, in aller Eile, mit dem Fahrrad nachzukommen, da sie den Gast am Bahnhof rasch über die Sachlage informieren wolle, während ich die Ströbls ablenkte. Das war nun leichter gesagt als getan. Lo verschwand im Bahnhof und es dauerte lange. Ströbls, wütend und misstrauisch, wollten abfahren, ohne auf den Gast zu warten. Aber schon stand ich vor dem Schimmel und hielt ihn, leise mit ihm sprechend, an der Trense, seine Nüstern beruhigend kraulend. Das arme Tier war, wie ich, in größter Bedrängnis, denn das große Pferd kannte mich kaum, und es wusste nicht, was es tun dürfe: seine Kruppe unter den wütenden Peitschenschlägen und ich lieb streichelnd vor seinen Vorderhufen. Ströbls riefen: „Also wir fahren jetzt. Der Wagen gehört uns!" Und ich: „Richtig, den Wagen können Sie ruhig nehmen. Aber das Pferd gehört dem Baron. Und das wartet."

Gott sei gedankt, Lo kam mit dem Herrn aus dem Bahnhof und erlöste mich aus dieser Angstpartie. Ein edles Pferd weiß eben, was zu tun ist und folgt seinem richtigen Instinkt.

****

Noch im Winter 1944 – einige Monate vor der Ankunft des Herrn Stadlers – war ein Schreiben von der Unterhaltskasse gekommen, warum ich mich nur auf Schlössern aufhalte, und man kürzte mir die staatliche Unterstützung.

Wir waren nun einmal in Ungnade und dem mächtigen Ortsgruppenleiter Ströbl und seiner Frau ausgeliefert. So wundert es nicht, dass wir kein Brennholz bekamen. Wir sollten den Wald ausputzen, das heißt Reisig sammeln, bei minus 30 Grad unter 35 cm Schnee. Das hieß, einen Nachmittag sammeln, eine halbe Stunde den Kachelofen im Kinderzimmer heizen. Aber der Waldaufseher hatte Mitleid mit uns, zeigte uns einige dünne, dürre Bäume, die wir fällen dürften. So liehen wir uns eine kleine Astsäge und begannen unseren neuen

Beruf als Holzfäller. Meine neueste Erkenntnis war: ist man einmal so arm, dass man sein Holz selbst fällen muss, so hat man keine Zeit mehr Geld zu verdienen. Es wäre ein Moment gewesen, Mordlust oder Tränen in den Augen zu haben. Da beides zu nichts führte, dachte ich zum Trost an ein Gedicht, das gerade in der Kölnischen Zeitung erschienen war, das ein Dichter auf eine meiner kleinen Illustrationen geschrieben hatte. Ich lege es bei.

Hälfte des Lebens (von Max Rieple, nach einer Zeichnung von Ursula Dietzsch-Kluth)

So in dich ruhend stehst du, holde Frau
Mit Blicken, die in Fernen ankern, rätselvoll.
Denkst du der Jugend, deren zarter Schmelz
Die Schultern dir noch schmückt wie Hermelin?
Denkst du des Lebens Herbstes der noch weit
Und nur erahnt wie ferner Küsten Saum?
Wo ruht dein Blick? Sieht er die Sanduhr nicht
Die dir ein Engel, hellgeflügelt, weist?
Dir, die du strahlend stehst im Mittagslicht?

Doch wisse, eh des Engels leise Hand
Noch einmal hat die Sanduhr umgewendet
Wird es Abend sein.

(Für Ursula Dietzsch-Kluth in dankbarer Verehrung)

****

Abends dann war ich im Abendkleid im Schloss eingeladen, hatte einen Tischherrn, der zum Glück viel redete, denn ich war viel zu müde. Aber tief befriedigt, dass ich dem Gastgeber die Bäumchen aus seinem Wald gemaust hatte, und für drei Tage heizen konnte.

Mischa ist ein ganz Lieber, er will Mammi helfen und versuchte seine zerrissene Hose zu stopfen! Ich hatte noch nie zerlumpte Kinder gesehen, außer im äußersten Süden. Jetzt hatte ich selber welche. Kleiderkarten waren gesperrt. Vorbei die Pakete aus Frankreich, die hellblauen, samtenen Anzüge ausgewachsen. Eines Tages kam Jules aus dem Stall: „Madame, Mischa sitzt im Trog von Zuchtbulle und füttert ihn mit Hand! Und das in einer erdbeerroten Hose!" Ich glaubte, ich hätte Flügel bis zum Stall... Der Bulle, über eine Tonne schwer, ein Berg, fand es gemütlich, und Mischa erstaunte ob meiner Angst.

Dunkle Tage. Unsicherheit. Schmutziger Schnee mit noch schmutzigeren Schweinen. Die Abendmaus meldete sich wieder. Es sind so niedliche Tiere, aber ich habe sie so ungern im Bett! Wir haben es mit Fallen versucht und mit einer Katze. Die Katze jedoch stahl unsere Fleischration für eine Woche.

Rost, 15. Dezember 44

Lieber Dr. Bachem

Es ist heilige Mittagsstunde. Die Kinder schlafen. Diese Stunde gehört mir. Jetzt gehört sie Ihnen, und das ist mein Weihnachtsgeschenk. Die Monate sind verflogen, die Sorgen nicht. Alles ist plötzlich dunkel und trostlos geworden. Sie fragen nach meinem Mann. Das waren entsetzliche Ängste. Einmal, nach der Invasion, erhielt ich eine Karte aus Geldern, so war er aus Frankreich heraus. Dann aus Münster. In dem dortigen Auffanglager wurden sie abgezählt und jeder vierte Mann kam an die Ostfront. Dass sich das auch einmal als Glück erweisen würde, erfuhr ich auch erst später: denn in der nächsten Nacht wurde das Lager bombardiert. Man sprach von 20.000 Toten. – Nach Tagen hörte ich erst wieder von meinem Mann, ein Telegramm aus Schwerin an der Warthe, ich möge ihm warmes Unterzeug schicken. Da mir das Hin und Her der Adressen zu unsicher war, briet ich schnell eine Gans, backte einen Kuchen, packte ein Köfferchen auf mein Fahrrad und fuhr nach München, dann über Berlin nach Schwerin/Warthe mit dem Zug. Inzwischen war es wieder Nacht, als ich dort ankam, und wo sollte ich den einsamen Bauernhof finden, wo Peter untergebracht war? Endlich hatte ich mich durchgefragt, draußen hinter den Äckern. Wer aber schon vor zwei Tagen abgerückt war, das war mein Peter. Ich hätte heulen können. Der rührende Bauer machte mir ein Nachtlager zurecht, tröstete mich und riet mir, anderntags in der Kaserne nachzufragen. Von da schickte man mich dann nach Landsberg, (immer meine Gans unter dem Arm) und dort wusste man wenigstens den Namen der Truppe – falls es die richtige war! In Landsberg waren sie nicht mehr, sondern in Küstrin. Jetzt war ich aber schlauer und fragte immer gleich am Bahnhof. Wieder auf den Zug warten, Küstrin war nichts, sondern Frankfurt an der Oder. Wenn man die Landkarte im Kopf hatte, sah es schon fast nach Rückzug aus. Von Frankfurt war das Marschbataillon aus Münster nach Schwiebus weiter, und endlich schien es eine vorläufige Endstation zu sein: das Tiborlager bei Rentschen. Also wieder eine Nacht. Die Wehrmacht ist eine gute Mutter, sie schickten mich zur Polizei und ins Obdachlosenasyl. Ein komisches Individuum wollte unbedingt meinen Koffer tragen, fragte, wohin ich wollte, ich sagte harmlos, zur Polizei. So wurde ich den Mann los. – Im Asyl wurde mir gesagt, dass das Haus nachts geschlossen würde und früh nicht vor sechs Uhr auf. Aber ich musste ja meinen Zug um fünf erreichen! Der Frauenraum mit den Pritschen hatte nur ein Fenster zum Hof. Also schlich ich mich um vier Uhr früh in den Männerraum, entschuldigte mich höflich für die Störung, aber ich müsse hier mal aus dem Fenster. Ehe sie begriffen, was ich wollte, hatte ich schon meine Gans zum Fenster hinaus geworfen und sprang hinterher.

Aber wo war nun der Bahnhof? Mit verschlafenen Augen nahm ich noch wahr, dass die Läden hier alle mit Brettern vernagelt waren und eine schöne Ziegelgotikkirche da war, dann roch es nach frischem Brot – Bäcker sind früh auf – und dieser nette Mann zeigte mir dann die Richtung. Auf dem Bahnhof hatte sich seit dem Abend nicht viel geändert. Die Landser hatten sich in ihre Decken gewickelt, ein paar Marinesoldaten (zu Fuß, ohne Schiff, eingesetzt als Infanterie), alle schnarchten auf der Erde. Einer bot mir eine Ecke auf seiner Kiste an. Er war voller Mitgefühl für mich, denn ab Rentschen hätte ich noch acht Kilometer zu Fuß vor mir, da der Autobus kaputt sei. Doch in Rentschen stand ein Jagdwagen vor dem Bahnhof und mein Problem war gelöst, ich war um sechs Uhr schon im Lager. Dort fragte ich mich durch, kam an einen kleinen Dicken, der mehr Silber umhängen hatte als alle anderen, und er wüsste selbstverständlich, wo der Dietzsch sei. Er wies mich zu einer Baracke und sagte, er werde mir meinen Mann schicken, aber nichts sagen. Die Augen, die er machte! Er konnte es überhaupt nicht fassen, wie ich daher kam, er wusste selbst noch nicht, wo er gelandet sei, sie waren erst in dieser Nacht angekommen, immer mit Güterwagen gefahren! Doch wo sollte ich nun bleiben? Der Unteroffizier vom Dienst hatte es verboten, aber der nette Spieß und die Kameraden halfen, es gab da eine Abstellkammer, und verpflegt wurde ich aus der Kantine. Abends meldete ich mich an der Pforte ordnungsgemäß ab und schlich dann im Nebel zwischen den Föhren wieder zurück. Morgens ebenso. Wenn da mal eine Wache gewesen wäre...

Es war richtig schön dort. Ich hatte meinen Mann gesund wieder, für ein paar Tage, die Kameraden fütterten mich mit durch, die Landschaft war wunderschön. Nur alles andere war zum Heulen: die Männer waren zwischen fünfzig und sechzig. Wenn sie zur Übung ausrückten, schulterten sie Besen oder Stöcke in Ermangelung von Waffen, die kämen erst. Ihre Mäntel hatten sie schon in Münster abgeben müssen, für die Ostfront, nun hatten sie selber nichts. Einer hing immer aus dem Fenster – ich fragte, was er erwarte. Er sagte seine Frau. „Sie sind ja auch gekommen!" Keiner von ihnen hatte Nachricht von Zuhause. Kaum wussten sie, ob ihre Frauen aus Essen oder Ruhrgebiet noch lebten. Und alle sagten: Weihnachten sind wir alle wieder zu Hause. Das dachten sie wirklich!

Ursula

****

Die Verlegung Peters vom Tiborlager in den Kompaniegefechtsstand war eine Eignungsprüfung, das stellte sich Weihnachten 44 heraus. Diejenigen, welche das unterirdische, zusammengepferchte Leben, drei Meter im Quadrat für vier Mann, schlafen, wohnen und arbeiten, psychisch nicht ausgehalten hatten, wurden abgeschoben. Die „Geeigneten" kamen, nach einer trostlosen Weihnachtsfeier im Lager, zurück in das Festungswerk. An Esswaren fehlte es nicht mehr, die ringsum liegenden Höfe waren verlassen, Vieh, Rinder, Schweine, Kälber liefen frei herum, die Kühe schreiend vor Schmerz mit ihren ungemolkenen Eutern. In den letzten Briefen, die noch herauskamen, stand immer wieder von dem entsetzlichen Elend der fliehenden Bevölkerung, die, viel zu spät, versuchten zu entkommen. Acht kleine Kinder waren auf dem letzten Treck in der eisigen Kälte erfroren. Peter schrieb, nur die wunderbare Kameradschaft untereinander lässt sie dieses Bunkerleben ertragen. Doch dazu die Gewissheit, dass ein russischer Panzer genügt, um die Belüftung außer Funktion zu setzen, was damit das Ende bedeutet.

7. Januar 45
Liebstes Peterchen.
Zum letzten Mal haben wir den Christbaum angezündet. Die Kinder, bar jeden Gefühls für Besinnlichkeit, tobten in dem engen Wohnzimmer so herum, dass sie wieder ins Kinderzimmer verbannt wurden.

Gestern war ich wieder für den Haushalt, auf meine Art, tätig, und habe für Butter von Bauern ein Perlhuhn „ermalt". Für eine unglaublich schwierige geschnittene Silhouette der Madonna bekam ich vom Pfarrer zehn Eier, fünf Pfund Äpfel, Weihnachtsgebäck und, von des Pfarrers Nichte, Stoff für ein Kinderkleidchen, Flachs für Puppenhaare, und dann wollte man mir noch 200 Reichsmark geben. Die Madonna war für den Kardinal von München!

Post ist jetzt Glückssache. Vor drei Tagen bekam ich die Kölnische Zeitung vom 28. Oktober – aber sie kam! Briefe liegen wahrscheinlich so lange in der Briefzensur... Na ja, wenn man sich nicht schon vorher „zensiert", wenn man wirklich seine Gedanken dem Papier anvertrauen würde, – so bleibt alles bei dem Üblichen und Alltäglichen. Oder einer unverständlichen Verschleierung. Denken tue ich die Gespräche mit dir auf allen Wegen, überall fliegen meine lieben Gedanken für dich herum, überall weht der Wind sie weg und zu dir. Die ersten Sterne am Abend tragen ihr Licht zu dir mit meinem Blick, der dir gilt. Das Wort ist so arm und verbraucht, das Wort klingt oft so grob, so roh, und es sollte doch so zart streicheln wie meine Hand.

Morgen muss ich wieder einen kleinen Baum fällen. Vorgestern haben wir einen von etwa zehn Metern klein gemacht, aber das war so anstrengend, dass wir zwei Tage lang ganz kaputt waren. Wenn das länger dauert, ich weiß nicht. Der Ortsgruppenleiter Ströbl findet es normal...

Lieber Peter, ich musste aufhören, Kinderkram... Von dem ersten Angriff auf Landshut neulich berichtete ich nur wegen der Fehlwirkung der Nazipropaganda: Es war gerade ein Zug aus Platting angekommen, die Leute gingen heraus, der Alarm war schon vorbei und die Menschen begrüßten die Tiefflieger freudig – sie nahmen an, es seien die neuen Jäger von uns! Das hatte man ihnen gesagt. 80 Menschen dürfen sich nun ob dieses Irrtums beim Lieben Gott beschweren, viele andere wurden verletzt. – Ich sah die Bomber bei uns kreisen und dachte, wenn sie jetzt ein Ei legten, so fiele es direkt in meine Pfanne. Es war auch zu spät, um Schutz zu suchen und Gott Lob hatten sie ihre Fracht schon abgeladen.

In Liebe deine Frau.

****

Auf Tauchstation, den 16. Januar 45
Neue Anschrift: F.P.Nr. 65 186 B

Liebstes,
ich bin wieder seit ein paar Tagen nicht zum Schreiben gekommen, obwohl ich schon drei Tage den anliegenden Brief

in der Tasche trage und ihn so gerne sofort beantwortet hätte. Aber je länger wir unser jetziges Leben führen, desto anstrengender ist jede Kopfarbeit, insbesondere das Briefeschreiben. Wenn ich in meiner Koje liege, dann kann ich mir die schönsten Briefe an dich ausdenken, sitze ich aber dann vor dem weißen Papier, dann ist jeder Satz eine mühselige Arbeit.

Außer den kurzen Tutschipausen bin ich zur Zeit seit Sonntagnachmittag nicht mehr an die Oberfläche der Welt – die nicht mehr die unserige ist – gekommen. Auf die Dauer werden wir das ohne Schädigung unserer Gesundheit nicht aushalten. Rheumatismus und Blasenleiden hat schon fast alle befallen, mich auch. Man trägt es, weil man sich in das Unabänderliche schicken muss.

Wir sind also sozusagen jetzt im Einsatz, sind Feldeinheit geworden und daher jetzt die Anschrift per Feldpostnummer. Hoffentlich bedeutet das keine allzu große Verzögerung der Post, die unsere einzige Freude und Abwechslung bedeutet. Mit großer Freude und vielem Dank habe ich das Kissen, einen zweiten Kissenbezug und die Zigarren bekommen, alles zusammen mit dem anliegenden Brief. Jetzt brauche ich meinen armen Kopf nicht mehr auf die Gasmaskenbüchse legen.

Recke ist als Ausbilder an eine andere Stelle kommandiert, wir sehen uns nur alle paar Tage. Er fehlt an allen Ecken und Kanten, aber auch daran werde ich mich gewöhnen müssen. Unsere einzige Hoffnung ist das Frühjahr, die Sonne und warme Abende, damit man nach Dienstschluss draußen sein kann, aber hier dauert der Winter einen Monat länger als anderswo und wer weiß, was dann ist.

Von dem Angriff auf Landshut hörte ich zufällig von einem Soldaten, bevor dein Brief kam, der mich dann gleich der ersten Sorge enthob. Es ist unbeschreiblich, was die Soldaten von den Zuständen im Westen erzählen. Wie mag es bloß Vater gehen, wo mag er stecken? Er hätte ja längst den Standort wechseln sollen, solange das noch möglich war. Nun ist es zu spät.

Hast du auf der Karte den Ort gefunden, wo wir hausen? Ich mag nicht weiter schreiben. Tausend Grüße und Küsse

Peter

****

Rost, 3. Februar 45

Lieber Doktor.
Es hilft nichts, Sie müssen sich mit ein paar Bruchstücken hie und da aus unserem Leben zufrieden geben. Äußerlich läuft das Leben seinen Gang, der tägliche Ärger mit den Öfen, die nutzlose Frage: „Was kochen wir heute?", der ewige Kampf, die zerrissenen Kinderhöschen noch zusammenzuflicken. Und abends einen Brief an Peter, nutzlos auch das, denn er erreicht ihn ja nie. Aber das Schreiben gaukelt mir noch eine Verbindung zu ihm vor, auf die ich nicht verzichten kann in der Angst dieser Wochen. Deutsch-Krone wurde gestern, auch hier, erstmalig als Stützpunkt genannt. Das Wort „Rückzug" gibt es nicht.
Sehen Sie, wie brüchig ist die Philosophie, wenn sie nicht einmal hinreicht, das eigene Herz in seiner Not zu beruhigen. Sie ist gut und nützlich, wenn man jenseits aller Empfindungen steht, oder für die anderen, da weiß man dann wie das Schicksal seiner Wege geht nach seinem Gesetz, dass es Millionen anderen noch schlechter geht und was dergleichen Sprüche mehr sind. Wir haben diesen Augenblick innerer Not jahrelang geübt, die Möglichkeit eines Endes war immer um uns an jedem Tag, wenn man ihr auch kein Recht hatte einräumen wollen. Nun soll ich mein Herz festhalten, damit die Kraft meines Glaubens ihm zur Seite steht. Und neben den zauberischen Klängen des Es-Dur Konzertes von Mozart hört man aus dem Äther: „...die Besatzung von Thorn wurde aufgerieben, der Rest in Gefangenschaft..." (es gibt Weniges, was den Wahnsinn dieser Zeit klarer dokumentiert, als das Radio) ...und dann sollen nicht mich mit meiner verfeinerten Fantasie diese Bilder umgaukeln? Nachts wache ich auf und sehe die Frauen und die kleinen,

kleinen Kinder, auf Deutschlands Straßen, ich sehe alle diese Menschen, die ich auf meiner Fahrt zu Peter im Osten getroffen hatte, sehe die feine Frau H., die uns auf ihrem Rittergut so freundlich aufnahm, die wegen ihrer alten Mutter nicht flüchten konnte, die nette Bauernfamilie, die hoffentlich noch entkommen ist. Es ist unerträglich. Und ich sage mir, das ist erst der Anfang des Elends. Aber es bleibt immer noch die Tat, und wenn Peter gefangen ist, so werde ich ihn eben suchen. Was ist denn nicht Wahnsinn heute. Aber wir glauben ja an den Endsieg, nicht wahr. Ich aber will nur glauben, dass genug Blut geflossen ist. Und dass einige übrig bleiben, an denen sich das verloren gegangene Vertrauen zu den Deutschen sich wieder aufrichten kann.

Ursula

****

Noch kamen Peters Briefe, aber in der Nacht des zwölften Februars hatte der englische Sender schon berichtet, dass Deutsch-Krone gefallen war. Am Morgen begegnete mir Frau Ströbl, mit ihrer falschen Freundlichkeit fragte sie, was ich von meinem Mann höre. Hätte ich nur eine Träne vergossen, sie hätte gewusst, das ich den (bei Todesstrafe) verbotenen Sender abgehört hatte. Aber den Gefallen tat ich ihr nicht. Welche Perversität mag in diesen Hirnen sitzen, welcher Hass, welche Verzweiflung auch, denn kein denkender Mensch konnte in diesem Augenblick noch an irgendeine Möglichkeit des Sieges glauben. Aber die Wunderwaffe wird Amerikas Küsten demolieren!

Und immer noch war es lebensgefährlich seinen Unglauben zu zeigen.

Neue Ängste tauchten auf. Im Schloss lebte einer von vielen aus Schlesien geflüchteten Verwandten des Barons. Wir saßen zusammen mit einem Zirkel über einer Generalstabskarte und berechneten, wer als erster „Befreier" in unser Dorf einziehen würde. Lo wollte ein Schwein schlachten, falls es die Russen seien, oder wir dachten, eins der kleinen Pferde zu klauen und mit dem Milchwägelchen gen Westen zu trecken. Ich baute auf die bekannte Liebe der Russen ein Bild von sich malen zu lassen, und hielt Leinwand und Farben parat. Welche Ideen kann die Angst hervorbringen. Wir dankten Gott für jeden Kilometer, den die Amis näher kamen.

Rost, 21. Februar 45

Lieber Doktor.

Es kam wieder ein sehr lieber Brief von Ihnen. Ich habe auch gleich darauf geantwortet, dann aber den langen Brief, ebenso wie die abgeschnittene Hälfte des Letzten, nicht abgeschickt. Es kam mir alles so sinnlos vor, und was darin stand und mir wichtig erschien, ist mir nun schon völlig entglitten. Wir leben sehr rasch in dieser Zeit. Oft habe ich mich gefragt, ob ich mir die, wie Peter sie nannte, „frommen" Jahre von vor dem Kriege zurückwünschen würde. Ach nein, auch das nicht, jedenfalls nicht so, wie sie waren. Es hat ja wohl all das Leid gebraucht, um so wachsen zu können, und Entwicklungen lassen sich nun einmal nicht überspringen. – Inzwischen hat mich das Schicksal in seine Hände genommen. Es kommen immer noch, verspätete, Briefe von Peterchen, aber längst ist Deutsch-Krone gefallen, und ich weiß nicht, was aus ihm geworden ist. Ich danke ihm mit aller Liebe für diese Briefe, aus denen mir seine Haltung, diesem aussichtslosen Kampf gegenüber, entgegen kommt. Er will sich nicht gefangen geben und an ein Herauskommen aus diesen Löchern sei nicht zu denken. Manches Mal habe ich gewünscht, er hätte sich in Frankreich schon ausgeliefert, wie seine französischen Freunde ihm geraten hatten, aber eigentlich bin ich doch froh, dass er es nicht tat, – wenn solche Männer nicht mehr zu ihrem Wort und ihrem Land stehen, woran soll man dann noch glauben! Es ist ja so, das einzelne Leben gilt nichts, nur was man daraus macht, die Haltung ist das, was ewig von uns ist. Unnötig zu sagen, dass es mir leichter gewesen wäre, mein Leben für ihn zu geben, aber es soll eben nichts leichter sein. Es heißt ja, wen Gott liebt, den züchtigt er. Er muss mich sehr lieben, wenn er mir mein Liebstes nehmen kann. Aber es gibt ja noch Wunder, er kann verwundet sein, kann versucht haben, sich durchzuschlagen, ich kann darüber noch gar keine Nachricht haben, und solange darf ich noch hoffen, nicht wahr, und darf ihn in meinen Gedanken noch nicht aus diesem Glauben lassen. Wenn Gott noch eine Aufgabe für ihn hat, in der Zukunft, dann lebt er auch noch. Und wenn nicht, was wäre das dann für ein Leben für einen Mann! Ich würde niemals wollen, dass er sich nur an das Leben klammert, weil Frau und Kinder ihn brauchen, ich habe ihn niemals festhalten wollen, er sollte seine Entschlüsse ohne Hemmung ausführen können. Einmal schrieb ich ihm, er sei mir unverlierbar. Vielleicht ist wirklich unsere Bindung so fest, dass auch diese Trennung uns nicht lösen kann.

Ursula

****

Rost, 15. März 45
Lieber Dr. Bachem
Mit wem soll ich plaudern, wenn nicht mit Ihnen? Die Kinder sind ja noch zu klein. Da habe ich ein Aquarell gemalt, eine Flucht nach Ägypten, oder wohin auch immer, ein aktuelles Thema. Aus der Toskana hatte ich noch eine Skizze, so eine weite Landschaft über bläuliche Hügel hinweg, die sich in der Ferne verlieren. Darüber ein hoher Himmel. Meine ganze Sehnsucht, fort, scheint mir darin zu liegen...
Gestern, als ich gerade zum Malen installiert war (denn dazu muss ich ja immer erst unsere Drehbühne umfunktionieren), da kam der Kaminkehrer und wirbelte mir den Ruß um die Ohren, weil er eine Wut hatte, weil es so viel Arbeit gab, weil meine Öfen ein Klump seien. Schließlich gab ich ihm den Rat, sich doch zur Front zu melden, da brauche er nicht arbeiten, nur den Kopf hinhalten. Er meinte, das sei ein blödes Geschwätz mit der Front, – denn schlimmer als in der „Frontstadt" Landshut (nie gehört, Sie vielleicht?) könnte es

auch nicht sein. Armer Irrer. Ich sag's ja, acht Tage Krieg in Bayern und der Krieg ist verloren!
Heute kam wieder Wohnungskontrolle. 40 Flüchtlinge kommen in den Ökonomieanbau neben uns. Natürlich waren die Leute der Kommission zu uns wieder grantig, wir sind ja in ihren Kreisen bekannt wie bunte Hunde und wie schwarze Schafe. Sie hätten mir ja zu gerne mein Wohnzimmer weggenommen, aber fünf Personen in nur einem beheizbaren Zimmer, das Schlafzimmer eiskalt, das ging beim besten Hass nicht. Als Flüchtling hätte ich ja auch ein Dach über den Kopf verlangt, zumal diese Leute nicht abrücken durften, ehe der Befehl dazu kam, und dann war es zu spät. Der Staat hat noch keine Räume für sie gefunden, woher auch. Versprechungen schützen nicht vor Unwetter. Und unser Ortsgruppenleiter hat ja auch für sich und die Frau nur vier große Zimmer im Schloss, und sie brauchen ja auch ihre Ruhe, und sie sind so zart empfindend, dass sie immer gleich weinen müssen, wenn sie von dem Elend hören, darum kümmern sie sich auch um nichts mehr, es ist wirklich zu aufreibend. Aber die Wunderwaffe wird noch alles retten, glaubt Herr Ströbl...
Also Sie wollen nicht wieder nach Köln? Wo werde ich wohl beginnen, wieder ins Leben einzutreten?
Die Kinder sind zurück, ich muss das Abendessen richten. Auf Wiedersehen!

Ursula

****

Am 19. März sah ich aus der Ferne den Bombenangriff auf den Bahnhof von Landshut, der ein wichtiger Eisenbahnknotenpunkt war. Zum Glück lag der Bahnhof weit außerhalb der mittelalterlichen Stadt. Eine Bombe traf einen dort abgestellten Munitionszug und die Explosion presste das Bahnhofsgebäude und alles, was auf den Gleisen stand, zu Staub. Ich habe später andere bombardierte Bahnhöfe gesehen, aber keiner war so dem Erdboden gleichgemacht wie dieser hier.

Ja, der „Kriegsschauplatz" war in unsere Nähe gerückt. Alliierte Tiefflieger strichen fast ungestört über unser Gelände. Immer wieder beherbergten unsere Scheunen Soldaten und ihre klägliche Ausrüstung. Infanteristen mit zwei Schuss Munition je Mann, Nebelkanone ohne Munition oder ein leichtes Geschütz mit drei Schuss. Alles zog in Richtung Süden weiter.

Eine Gruppe, in der auch Ukrainer in deutscher Uniform mitzogen, requirierte einen unserer Zugochsen und spannte ihn vor ein Militärfahrzeug. Doch wenige Tage später erschien unser Ochse am Hoftor. Müde und hungrig trottete er zu seinem Platz im Ochsenstall. Ihm hatte es beim Barras nicht gefallen.

Ströbls haben gepackt. Ihr Auto mit allem gehamsterten Schinken, Mehl, Butter und von den Franzosen geklauten Zucker aus den Rote-Kreuz-Paketen. Freundlichst erinnerte Oberst von Wedel sie daran, dass sie ihre Hausschilder nicht vergessen sollten, Ortsgruppe und NS-Frauenschaft. Als sie abfahren wollten, hingen aus allen Fenstern die Franzosen, die Polen und auch wir. Nur – trotz eifriger Bemühungen – der Wagen wollte nicht anspringen. Die Franzosen hatten den Rest ihrer Zuckerration geopfert und in das Benzin geschüttet! Nun wurde ein Ochse vorgespannt bis der Weg abwärts ging. Der Wagen rollte. Nach 20 Metern gab er seinen Geist auf. So mussten alle gehamsterten Schätze zurückbleiben – und niemand hatte Mitleid.

Unten, an der alten Dorfkastanie, flatterte ein Zettel: „6. SS-Division. Donau." Die SS requirierte alle Fahrzeuge, alle Fahrräder. Meines war leider unbrauchbar. (Die Pedale lagen unter meiner Matratze.) Ein paar restliche Soldaten schoben eine kleine Kanone in unseren Hof. Ich dachte nur an die noch immer tätigen Tiefflieger und erklärte, die Kanone müsse in die Scheune. Gott sei Dank reagierten die Jungs wie echte Soldaten: Glücklich, einen Befehl zu bekommen.

Aber ich dachte nun doch an möglichen Beschuss, und so schleppten wir aus unserer Kate einige Schätze in den Keller, nahmen den kostbaren Pyramidmahagonischrank auseinander und trugen die Einzelstücke keuchend in den Schlosskeller, auch ein Bett, man weiß ja nie. Zu hoch war die Brandgefahr in unserer Wohnung, denn Stroh lag unter dem Dach und in der Scheune daneben, und die Feuerwehr war seit Jahrzehnten eingerostet...

Die Mäuseplage war wieder groß. In meiner Waschschüssel ruderte eine winzig kleine, so niedlich, ich konnte sie nicht töten. Also goss ich das Wasser mitsamt Maus aus dem Fenster auf die Schweine. Wenn die Sonne kommt, beginnt die Fliegenplage, danach kommen die Ameisen, die sich durch jedes Pergament in die Marmeladen hineinfressen. Dann schwärmen die Wespen. So rundet sich das Jahr. Was aber zeitlos ist und von keiner Witterung beeinflusst, das sind die Flöhe. Manchmal war ich schon in Versuchung, ein besonders großes Prachtexemplar in einen Brief einzulegen, um auch andere an den Freuden des Landlebens teilhaben zu lassen.

Immer mehr einzelne Landser kamen zu uns, als ob an unserer Tür ein Zeichen wäre, wie die Bettler es machen. Einige gaben ihre Uhren und Trauringe gegen eine bescheidene Quittung bei mir ab, ehe sie sich in Gefangenschaft meldeten.

Ein Afrikacorpsangehöriger, ich traf ihn an der Isar, wollte versuchen, durch den Fluss zu schwimmen. Er sei schon durch die Meerenge von Messina geschwommen, da wäre die Isar kein Hindernis. Aber ich konnte ihm eine nicht bewachte Brücke zeigen. Jeder versuchte nach Hause zu kommen.

Aus Berlin kam noch eine Gruppe Militär, um die Isar zu verteidigen. Einer der Jungs sagte, er habe noch zwei Schuss, dann würde er sein Soldbuch hochhalten für die Amis. Anders sein Hauptmann, ehemals Feuerwehrmann aus Berlin. Er wollte noch dringend mit Berlin telefonieren und glaubte an Sabotage, weil er keinen Anschluss bekam. Natürlich hatte ihm nicht, wie mir, der Äther zugeraunt, dass Berlin längst gefallen war. Ich erklärte ihm, das Telefon würde von einer alten Frau bedient, die kein Hochdeutsch verstünde, das beruhigte ihn, also keine Sabotage. An der Isar standen die armen Kerle, alle zwei Kilometer einer. Falls sie noch da standen...

Der Strom fiel aus und das Radio blieb stumm. Wir wussten nicht, ob der Krieg zu Ende war. Am frühen Morgen, nach einer Nacht im Schlosskeller, rief der Oberschweizer: „Die Amerikaner sind schon da!" Der Vorhang für das Tausendjährige Reich war gefallen. An der Dorfkastanie flatterte ein handgemalter Wegweiser mit der amerikanischen Vokabel für „Donau": *Danube*.

Es war vorbei.

Teil II

1945 bis 1949

1945 – 1947

Es war vorbei.
War es vorbei?

Wir standen alle in der Halle des Schlosses. Der Baron legte die Ostermann-Platte auf: „Ich mööch zo Foss noh Kölle gonn..." Die große Angst fiel wie ein Eisklumpen von der Seele, aber das Lachen schmeckte bitter nach Tränen. Der Baron sagte: „Wer jetzt in meinem Hause wohnt, kann bleiben solange er möchte oder muss." Es schien vorbei zu sein.

Und in der Krim saßen drei alte Männer und würfelten um des Kaisers Rock. Und sie zerhackten das geschundene Land und bedachten ihre Politik, und Einer, der nicht mehr klar denken konnte, weil er zu krank war, der warf Stalin noch die besten Brocken zu und merkte nicht, wie der ihn betrog. Und sie alle hatten nichts gelernt aus dem Versailler Vertrag. Und sie hatten nichts anderes dem Ziel des verführerischen Gurus entgegen zu setzen, als wieder Rache. Und so war wieder die Chance vertan, dem ausgebluteten Volk eine bessere Ethik vorzuzeigen, als die Verlockungen des Tausendjährigen Reiches es versprochen hatten. Noch immer hatte ein großer

Teil der Bevölkerung nicht begriffen, wie Hitler sie geopfert hatte. O nein, es war nicht vorbei.

Wir brauchten keine Helden mehr. Sie hatten uns nichts zu geben, als was sie ihrem Glauben an den Führer opfern wollten: ihr Leben. Und niemand wollte es. Sie standen in einem leeren Raum und ihr Guru hatte sie allein gelassen und sich feige vor der Verantwortung davon gestohlen. Wir brauchten jetzt den Glauben an uns selbst.

Wer jetzt den Schutt von der Seele und von der Erde wegschaufelte, das waren die Frauen. Das war nicht nur der Trümmerschutt, das war die ganze Not der Verzweiflung. Da standen sie, ausgemergelt von zu schwerer Arbeit, zu wenig Nahrung und ohne Hilfe. Sie standen in ausgelatschten Schuhen mit den staubigen Kopftüchern der Armut, alt, ohne die Jugend gelebt zu haben, verbraucht, ohne das Leben gelebt zu haben. Sie hatten ihre Männer geliebt und so schnell verloren, ihre Söhne erzogen für das Leben und sie verloren, ehe diese wussten, was Leben war. Es waren die Frauen, die aus ihrer unbewussten Stärke des Inneren den Verstörten Hoffnung gaben und ihren Kindern eine andere Ethik wiedergaben, als die des Tötens und Sterbens. Das war die Kraft, die Hitler glaubte, durch künstliche Zucht zu erhalten. Das waren die Menschen, die ein Volk braucht, um zu überleben.

****

Rost, 9. Juli 45
Lieber Dr. Bachem
Morgen früh startet die „Postkutsche" Richtung Köln, und so ist die erste Gelegenheit für mich gegeben, Ihnen ein Briefchen zukommen zu lassen, seit ich weiß, dass K.s in Ihrem Haus wohnen und mit Ihnen Verbindung haben. So sind Sie also zum Glück in Lieser geblieben, hoffentlich haben Sie auch einen Teil Ihres Weinkellers unter der Matratze versteckt, damit Sie Ihren Besuchern nicht nur Bohnenkaffee anbieten brauchen. Ich besitze noch eine kostbare Flasche Lieserer Niederberg Helden, die ich dann und wann zärtlich betrachte. Wem werde ich sie ausschenken? Es freut mich

für Sie, dass Ihr Häuschen noch steht. Meine Wohnung in Köln ist beschlagnahmt.

Sie waren so fleißig im Schreiben, lieber Dr. Bachem, dass unser Buch Ihr Buch werden wird, mit einigen Randbemerkungen von mir, und das ist ja auch richtig so. – Hier war zu viel Betrieb, unsere Haustür stand nicht still, es gab so viel zu helfen. Vielleicht schreibe ich einmal über die Anstrengungen der letzten Wochen, die bei uns ja später einsetzten als bei Ihnen. Obwohl längst alles entschieden und die Auflösung auf ihrem Höhepunkt war, standen wir ja immer noch unter der Gefahr der Anzeige. Die Tage des Zusammenbruchs waren so unerträglich, in allem spiegelte sich die Sinnlosigkeit, die Verzweiflung, das Nichts. So blieb nicht zu tun, als einfach zu helfen wo man konnte, in der Hoffnung, dass auch Peter von irgendwoher geholfen würde, es geht ja nichts verloren. Ja, ich warte immer noch. Alle kommen zurück, mancher, den wir auf dem Rückzug aufgelesen hatten, um ihm noch einmal Gastfreundschaft und Fröhlichkeit zu schenken, ob es ein Kumpel war, der mit Wundfieber aus dem Lazarett herausgesetzt wurde und sehen sollte, wie er weiter kam, oder ob es ein Offizier war, der mit seiner Uniform nun seinen Glanz verloren hatte, mancher von denen fand den Weg nach Rost zurück, holte sich etwas Zivil oder ließ sich von uns über die Isar schleusen. Einmal hatten wir sogar ein Pferd, das wir über Nacht im Schafstall versteckten. – Es ist nun ein neues Leben, das wir beginnen sollen, alles ist im Anfang. Welche Möglichkeiten!

Bald schreibe ich auch wieder, wie der Rest des Krieges an unserem Hoftor vorüberzog. In den entscheidenden Tagen fiel der Strom aus und das Radio. Wir wussten nicht, wann der Krieg wirklich zu Ende war.

Hoffentlich geht es Ihnen und Ihrer Familie gut. Alle guten Wünsche!

Ursula

****

Die große Freiheit war über uns hereingebrochen, zugleich mit dem Chaos in seinen abstrusesten Auswüchsen. Die Stunde der Glücksritter, für einen Tag, für ein Jahr? Wer jetzt seine Möglichkeiten erkannte, war der Erste an der Krippe. Freiheit wurde oft mit Gesetzlosigkeit verwechselt. Freiheit kam auch für die Überlebenden, falls sie sich noch aus den Lagern schleppen konnten. Freiheit endete plötzlich für die, die die Menschenwürde zertrampelt hatten. Und das freundliche Lächeln der Sieger erstarrte, als die ersten Fotos der Konzentrationslager die Runde machten. Es war verführerisch gewesen, der Trommel zu folgen und eigenes Denken abzuschalten. Nun waren wir selbst gefordert, die Trümmerfrauen ebenso wie die differenzierteren Figuren, die das Ende durcheinander gewirbelt hatte.

Die Realität der Stunde waren nicht, noch nicht, die großen Träume, die neuen Möglichkeiten. Die Wirklichkeit hieß: Essen und Wohnen. Wozu wunderbare Bilder malen, wenn noch die Wände fehlten, um sie aufzuhängen?

Wir, im amerikanischen Besatzungssektor, merkten sehr bald, dass wir wieder einmal auf die „Butterseite" gefallen waren. Aber ebenso bald merkten wir, wie abgeschottet von der internationalen kulturellen Entwicklung wir durch die Arroganz (oder war es Angst?) unserer Führung gewesen waren. Die Welt hatte sich inzwischen, ohne uns, weiterentwickelt. Es galt also zunächst, sich mit der Mentalität der anderen auseinander zu setzen, um ohne Schwierigkeiten mit der Besatzung zu leben.

Die erste Begegnung mit den Siegern entbehrte nicht der Komik. Wie immer im Sommer hatte die Leitkuh unseres Hofes unsere Hausglocke zurück gefordert. Danach rief man eben einfach von unten vor der Tür herauf.

Ein einsamer Ami machte sich unten bemerkbar, und als ich, in Sorge um meine letzte Flasche Mosel, die dort im Regal lag, herunterrief, verwechselte ich die Worte und rief anstatt: „What do you want?" Einfach: „What do you catch?" (zu Deutsch: „Was klauen Sie da?") Er war etwas verlegen, denn er hatte sich an meinen Zwiebeln, auch einer Kostbarkeit, vergriffen. So fiel ihm ein zu fragen: „Do you have any guns?" Meine Schwester, leicht schwerhörig, verstand „girls", und sagte: „No, only women." Ich hingegen hatte richtig gehört und meinte freundlich: „Yes, come upstairs, please!" Der arme Junge presste seine MP fest unter den Arm, denn die Wendeltreppe war sehr eng. Unglücklicherweise stieß er auf halber Höhe mit dem Helm gegen einen dort hängenden Sack mit den restlichen Knochen eines getrockneten Hammels. Dann tat sich die Wohnzimmertür auf, und säuberlich auf dem Fußboden ausgebreitet lagen die Jagdgewehre meines Mannes, zwei Pistolen und ein Eierkörbchen mit Munition. Was er sich dabei gedacht haben mag, ging in der Eile seines Rückzuges unter. Er schnappte sich eine Flinte und die Pistolen und verschwand. Mir blieb nur übrig, den Rest der Waffen möglichst unauffällig zur Sammelstelle für Waffen zu schleppen. Zwar hatte ich schon vorher zwei der schönsten Stücke im Möhrenbeet vergraben, gut eingefettet, aber dort habe ich sie nie wiedergefunden und glaube, einer der Franzosen wird diesen nächtlichen Rettungsversuch wohl beobachtet, und sie ausgebuddelt haben. Denn zwei Tage später baten sie bei mir um Munition, sie wären bei Bauern zum „Taubenschießen" eingeladen. Ich bat sie, mir vom „Taubenschießen" ein Rehfilet mitzubringen. Was sie auch ganz selbstverständlich taten.

Der zweite Besuch der Amis war weniger vergnüglich. Sie kamen mit Jeep und mit Schokolade für die Kinder und wollten das Schloss besichtigen, ob es als Wohnsitz für ihren Gouverneur geeignet sei. Unglücklicherweise saßen gerade drei deutsche Soldaten in meiner Küche und badeten ihre müden Füße, in der Hoffnung, vor der Gefangenschaft noch nach Hause zu kommen. Ihr Pferd nebst Rucksäcken hatten wir schon in der Scheune untergebracht, wo es glücklich den Hafer unserer Arbeitspferde verspeiste. Aber auch hier war der gute Gott wieder einmal mit den Helfern. Die Amis zogen wieder ab.

Die nächsten Besucher gebärdeten sich sehr militärisch. Wir wurden aus Schloss und Hütte zusammengetrieben, mussten uns in der Halle aufstellen und erwarteten, schuldlos wie die Lämmer, das Weitere. Aber so einfach war das nicht.

Dort aufgestellt, unter Bewachung zweier Maschinenpistolen im Anschlag, warteten wir lange, um verhört zu werden. Unsere Gewissen waren zwar rein wie Schnee, aber in solchen Situationen weiß man ja nie. Tante Mammi, das war die dicke Köchin der Barone, erklärte plötzlich, sie müsse mal aufs Klo. Was nun? „Es kann ja einer mitkommen", meinte sie, und es erhob sich ein Schwarzer. „Nein, nicht der, der hübsche Blonde soll mitkommen", erklärte sie ungerührt, und wir lachten alle. Als ich an die Reihe kam, verhört zu werden, schrie mich ein Offizier an: „Wo ist Ihr Mann?" Ich meinte, das möchte ich selbst gern wissen. In russischer Gefangenschaft. Wie umgewandelt war der Ton der Offiziere. Sie boten mir einen Stuhl an, fragten nicht mehr nach mir, sondern berichteten endlich, was diese ganze Aktion bezweckte: Man hatte ihnen gesagt, das Schlossgut gehöre einem hohen Nazifunktionär, der sich dort versteckt halte. Als ich die Verwechslung mit Ströbl erklärte, und von der Gefangennahme des Barons sprach, hörten sie zum ersten Mal von dem Verbrechen der Wehrkraftzersetzung. Dieses Intermezzo wäre nun zu aller Zufriedenheit vorüber gewesen, aber leider war da noch etwas: Ein paar der Soldaten drangen in den Keller ein. Meine Schwester bot ihnen, als Gutssekretärin, die Schlüssel an, aber man hielt sie fest, sie brachen die Türen auf und nahmen ein ledernes Köfferchen an sich, aus dem sie, wie sich später herausstellte, Schmuck, Brillianten und Geld stahlen. Dies wurde von uns der Kommandantur gemeldet, der Schmuck aber nie gefunden. – Hätten sie diese Kriegsbeute den von den Deutschen Bestohlenen gegeben, so wäre es in Ordnung. Aber, wie sagte der Tünnes im Kölner Witz: „Heil dir im Siegerkranz, nimm wat de kriegen kannst."

Wenn man den Gerüchten glauben durfte, so waren die Ströbls auf ihrer Flucht zu Fuß nicht weit gekommen. Zu viele Feinde hatten sie sich gemacht. Denunziert an die ersten Amerikaner, die ansprechbar waren, wurde Frau Ströbl nicht festgenommen. „Wir führen keinen Krieg gegen Frauen", hieß es zunächst. Bei der Frage nach ihrem Mann brach sie in Tränen aus: „Er hat sich im Stausee ertränkt!" Aber bei der Suche nach ihm fand man nur seine Kleidung, gut versteckt am Ufer. Es wäre ja auch schade darum gewesen. Ströbl selbst tauchte bald auf, und nach einigen Recherchen wurden sie beide in das Straubinger Gefängnis eingeliefert. Einige Zeit später sind sie dort verstorben.

Da stand ich nun vor den großen Möglichkeiten des ersehnten Neuanfangs. Sofortige Rückkehr nach Köln verbot sich von selbst: Meine Wohnung war von der englischen Besatzung beschlagnahmt, das heißt, was davon noch übrig war. In den Trümmern dort eine Bleibe zu finden war aussichtslos. Das Rheinland hatte Zuzugsgenehmigungszwang. Wieder erinnerte ich mich an den makabren Witz: Tünnes sagt einem Freund: „Wenn der Krieg vorbei ist, mache ich eine Radtour durch Deutschland." „Und was machst du am Nachmittag?"

Das Reich war in Sektoren aufgeteilt und man konnte nicht einfach seinen Wohnsitz wechseln. Trotzdem meldete ich meinen Anspruch als ehemaliger Kölner Bürger an, und fuhr dazu per Rad nach Landshut. Es war ein schöner sonniger Tag und ich genoss die freie Fahrt, weg von der Enge unserer Hütte, in der wir nun zu sechst lebten: Vor Monaten schon hatte ich meine Mutter, total ausgebombt, aufgenommen. Eines Tages schwemmte der Krieg noch ein junges Mädchen vor meine Haustür. Verlassen von ihren BDM-Führerinnen kam sie, Lieselotte, mit zwei anderen zu Fuß aus der Tschechei, die Eltern tot, der Bruder vermisst. Sie schlief bei mir in der Küche und half bei den Kindern und im Haus. – Glücklich, nach erledigten Formalitäten in Landshut doch wenigstens behördlich einen Fuß in Köln gesetzt zu haben, strampelte ich die 14 Kilometer nach Hause.

Unterwegs bewarf mich ein Pole mit Steinen, ich machte, dass ich weiterkam. Ein anderer sprach mich an, ob ich Deutsche sei. Oh, rief ich ihm zu, ich bin Westeuropäer! Das verwirrte ihn etwas und ich hatte Ruhe. Jagte aber etwas verängstigt nach Hause. Ein paar Minuten zu Hause, rief man mich von unten dringlich in den Hof, etwas war mit den Kindern...

Und dann fand ich meine kleine süße Claudia. Ertrunken in der Gartengrube der Barone. Das Törchen, zwar verboten, stand offen, die Abdeckung, aus Bequemlichkeit, auch.
Es war zu spät, aber ich rief um das einzige Taxi und fuhr das Kind ins Krankenhaus nach Landshut, sinnlos wie alles, was ein Schock bewirkt. Dort, im Krankenhaus, gehorchten die Nonnen der Order der Amerikaner und wollten mir das Kind nicht herausgeben. Ich fuhr zurück nach Rost, bat den alten Baron um Pferd und Wagen, und er fuhr mich sogleich zurück. Ich wickelte mein armes Kind in die Decke und trug sie zum Wagen, schreiende Nonnen hinter mir lassend, der Baron ließ das Pferd laufen...
Was um mich herum geschah, wusste ich nicht, ich war versteinert. Ich handelte und ließ geschehen, und ich war für dreißig Jahre lang innerlich versteinert. Und ich trug wie eine Schuld den Gedanken an ein Gebet mit mir herum, als ich während der größten Angst zu Kriegsende Gott bat: „Gib, dass ich niemals wählen muss, falls ich nur eins der Kinder retten kann!" Gott hatte mir eine Entscheidung abgenommen.

Die Kinder des Dorfes kamen mit ihren kleinen Blumenkränzen. Den kleinen Sarg bemalte ich mit goldenen Ranken. Meine Mutter machte das Totenhemdchen aus kostbaren Brüsseler Spitzen. Der katholische Pfarrer des Dorfes segnete die Beerdigung ein, in diesem Augenblick war der schöne Gedanke eines einheitlichen Glaubens Wirklichkeit. Nur Freunde um uns. Am Abend spielte im Schloss ein Quartett: Schuberts „Der Tod und das Mädchen". Niemand wagte, mich einzuladen, ich ging hinüber, denn das Konzert war zu Claudias Ehren. Nach dem Konzertstück ging ich zurück, es war vorbei. Am 2. August 1945.

****

War denn der Todesrausch dieses Jahrhunderts immer noch nicht vorüber? Kurz vor Ende des Krieges war der junge Halbbruder meines Mannes zu uns gekommen, der in Straubing im Fliegerhorst gelegen hatte, Peter Hubertus, nun verschollen in Russland, eingesetzt als völlig ungeübter Infanterist, da seine Jagdstaffel (Flieger) wegen Benzinmangels nicht aufsteigen konnte, als der Hangar zerbombt wurde. Mein Jugendfreund Erich – erfroren in Russland. Wohin, warum, die Jugend Deutschlands! – Es war uns schon so lange das Weinen vergangen, wir erstickten es in der Zuversicht auf die Zukunft. Es ist mir in den langen Kriegsjahren nie der Gedanke gekommen, dass die meisten meiner Landsleute eine gegenteilige Auffassung vertraten. Für Weinen war keine Zeit. Geh an deine Arbeit, das war die Rettung.

Meine Schwester wusste wieder die richtige Hilfe. „Du musst jetzt für die Amerikaner eine Kunstausstellung machen, das bringt dich auf andere Gedanken und uns Geld." Wir stellten eine hübsche Mappe zusammen aus ein paar Aquarellen und Zeichnungen von mir und zogen zur Kommandantur. Dort, vor dem Büro „Erziehung und Religion", lugte ich vorsichtshalber erst durch das Schlüsselloch – und ich schwöre, es war das einzige Mal in meinem Leben –, und als ich drin eine Nonne sitzen sah, packte ich schnell die eigens angefertigten Pin-up-Girls nach unten und die Madonna obenauf. Der Colonel war sehr angetan von meiner Arbeit, meinte aber, für eine Ausstellung sei er nicht zuständig, aber die Arbeit könne er im Rote-Kreuz-Club seiner Truppe gut gebrauchen. Ob ich wohl *Christmas cards* herstellen könne, die Jungs wollten alle etwas nach Hause schicken. Das war natürlich etwas Leichtes, Charlotte und ich wurden beide fest engagiert, für sie zu arbeiten, bekamen ein leerstehendes Arbeitszimmer im Postgebäude, das von den Amis beschlagnahmt worden war, und ein sagenhaftes Gehalt. Plötzlich war wieder ein Nikolaus mit seinem Rentierschlitten als Weihnachtskarte wichtiger, als Lokomotivbremsmuffenfräsen für 41 Pfennig die Stunde. Es blieb natürlich nicht bei den hübschen Postkarten, unsere jahrelang unterdrückte künstlerische Kreativität war nicht mehr zu halten, wenn auch der ferne Traum der ernsthaften

Ausstellungen wieder einmal warten musste. Zu verlockend waren auch die Naturalien, die sich uns hier boten. Nach den Karten kamen die Porträts. Da es noch immer kaum Fotomaterial gab, bot sich wieder die Zeichnung an, ich habe nie gezählt, wie viele Boys ich gezeichnet habe, aus allen der damals 48 Stars der USA, immer ein anderer Typ, eine andere Hautfarbe, anderer Gesichtsschnitt. Mir wurden sie nie langweilig. Dann kamen, von einigen Rote-Kreuz-Damen die Fragen nach Ölporträts. Noch hatte ich etwas Leinwand, Farbe wurde besorgt, die Zigaretten mehrten sich und der nachmittägliche Kaffee mit den berühmten Doughnuts, gesüßt mit vier Löffeln nahrhaftem Zucker, war eine Gabe Gottes. Dann meldete sich ein Offizier der höheren Chargen, der als „Diplomat" gemalt sein wollte. Auch dies bereitete keine Schwierigkeiten, er passte in den Frack meines Mannes, seine Uniformhosen fielen bei einem Brustbild nicht auf, und er war höchst zufrieden. Leider entpuppte er sich später als wenig repräsentative Figur unter den vielen anständigen Besatzern, die ich kannte. Und ausgerechnet er arbeitete als Staatsanwalt. Das deutsche Pendant dazu war der erste Chef meines Mannes in Frankreich, der Major mit der Nerzdecke.

Bill Gingerich, ein blendend aussehender junger Mann, dem wir schon oft bei Einladungen in Schloss Rotting begegnet waren, hatte den Posten eines Staatsanwaltes bei der US-Kommandantur. Sehr liebenswürdig half er uns gern bei dem Ausstellen von Bescheinigungen, Ausgangserlaubnissen etwa, oder bei anderen kleinen Schwierigkeiten. Niemand wunderte sich, als er sich mit der hübschen jungen Gräfin Bärbel verlobte. Die Einreise in die USA als „Braut", zum Kennenlernen der dortigen Familie, gehörte damals dazu, die Aufenthaltszeit war auf etwa vier Wochen begrenzt. Alles lief wunderbar, bis einer der Zoll- oder Einreisebeamten nach dem Namen des glücklichen Verlobten fragte. Da platzte die Bombe: Bill Gingerich stand zuoberst auf der Fahndungsliste bekannter Schmuggler. Als dann noch das Gepäck der jungen Gräfin durchsucht wurde, selbst die Sohlen ihrer Pantoffeln bei der Suche nach Schmuggelgut abgetrennt wurden, verzichtete Bärbel darauf, ihren hübschen Verlobten je wieder zu sehen. Ebenso aber lehnte sie die Rückführung der, schon als Brautgut in die USA verschickten, kostbaren Antiquitäten aus Schloss Rotting ab, und verbrachte statt dessen vier heitere Wochen bei ihren Verwandten, die in Washington lebten. Später heiratete sie einen bekannten Diplomaten in Deutschland.

Ein wunderschöner Tag. Ich radle zurück von einem der notwendigen Einkäufe in der Stadt. Geliebtes altes Fahrrad, mir wertvoller als der beste Mercedes, sanftes Träumen durch das goldflimmernde Grün des Waldes, in den Gedanken an gemeinsame Wege Hand in Hand. Ein Jeep überholt mich, zwei GIs steigen aus und zwingen mich zum Absteigen. Jählings zerreißt wie ein Theaterprospekt die Kulisse, Misstrauen und Angst steigen in mir hoch. Ich bin ganz allein. Sie bieten mir eine Zigarette an. Nein danke, ich rauche nicht. „Wollen wir einen kleinen Spaziergang machen im Wald?" Mein „Nein" genügt nicht, ich sage in das Kindergesicht unter dem martialischen Helm, dem die Verrohung des Krieges nicht erspart geblieben war: „Mein Mann ist in russischer Gefangenschaft. Ich glaube, es würde ihn nicht freuen, wenn er wüsste, dass ich einen ‚Waldspaziergang' mit Ihnen mache." Das Lachen der Jungs verstummte. „Danke", sagte einer. „Wir wünschten uns, dass auch unsere Girls zu Hause so antworten würden." Damit und mit guten Abschiedswünschen sprangen sie in ihren Jeep und sausten davon.

Es wurde Herbst und der niederbayerische Landregen begann. Der Sergeant, der mit seinem Jeep für unseren Transport abgestellt war, kam aus dem warmen Texas. Er fror erbärmlich in dem offenen Jeep, und auch wir, den Fuß unter den Bügel am Boden geklemmt, um nicht herausgeschleudert zu werden, wären für ein anderes Gefährt dankbar gewesen. Er fragte in völliger Unkenntnis der deutschen Situation, ob wir uns nicht einen Wagen kaufen könnten? Keine schlechte Idee, wir träumten schon lange von unserem alten Mercedes, der in der Kölner Garage verbrannt war. Autos standen genug verlassen herum, weil es kein Benzin gab, weil die Reifen fehlten oder der Zündschlüssel. Man brauchte nur noch einen Stempel. Und wo unser Wille, da unser Weg. Wir fanden über einen Händler ein Mercedes Cabriolet, dem nur der Zündschlüssel fehlte. Einen Wagen kurzzuschließen war ein Kinderspiel. Meine Schwester ließ vom Schmied eine Ziegenkette unten am Chassis anschweißen, die durch das Steuerrad gezogen eine absolute Sicherung war und die Amis so begeisterte, dass sich einer an seinen Wagen das Gleiche anbringen ließ. Vor allem das altmodische Vorhängeschloss hatte es ihm angetan. Nun fehlte nur noch etwas mehr Benzin, als uns zugeteilt war, aber die Tauschbörse funktionierte noch. Dann musste ich die Fahrprüfung machen, wofür es zwei Liter Benzin gab. Nach zwei Stunden hatte ich die Prüfung bestanden, es war leicht, denn es gab kein Auto auf den Straßen, und kam mal eine US-Kolonne, so fuhr man rechts ran und wartete, bis sie vorbei war. Es war traumhaft schön, das Auto fahren.

Eines Tages hörte ich, dass der unfertige Bau eines Offizierscasinos aus der NS-Zeit für die Amis fertig gestellt würde. Schon war ich an der Arbeit. Denn: Es gab keine Möbel, keine Tische, keine Lampen, keine Tapeten. Aber es gab uns. Charlotte entwarf Tische im Renaissancestil, besprach sich mit unserem Schreiner, entwickelte schmiedeeiserne Kronleuchter und Stehlampen mit dem Schmied, ich entwarf Wandmalereiszenen für die Säle, eines mit schönen Mädchen, *à la Watteau*, einen anderen Entwurf mit Rehen, Fasanen etc. im Wald. Damit gingen wir zum Townmajor, der, erstaunt, zunächst fragte, warum wir uns darum so bemühten. „Ach", meinte Charlotte. „Sie haben so viel Hässliches über Deutschland gehört. Wir wollten nur zeigen, dass es auch schöne Dinge hier gibt." Ich glaube, dies war der entscheidende Moment. Wir bekamen den Auftrag. Zwar nicht die hübschen Mädchen, aber die Waldszenen.

Die Frage nach dem Material war schnell gelöst. Es war nicht gedacht, ein echtes *al fresco* in stückweise frischen Putz zu arbeiten, das Jahrhunderte hielt. So lange wollten wir auch die großzügigsten Amerikaner nicht bei uns behalten. Was ich brauchte, waren verschiedene Pulverfarben, einen Binder und Pinsel. Hier behielt wieder die Mutterliebe die Obermacht über die Wahrheit: Ich erklärte, den Binder gäbe es zur Zeit nicht, aber ich könne ihn aus Milch selbst herstellen. Wie viel Milch ich denn brauche? Nun, so vierzig Büchsen etwa. Sollte ich dem Townmajor einstmals im Himmel begegnen, ich bin sicher, er verzeiht mir diese Lüge. Die Milch tranken wir und mein Sohn. In der nächsten Drogerie gab es Caparol, auch weiß wie Milch – ein Binder.

Die Arbeit war ein wunderbarer Spaß. Ich stieg auf der Leiter herum, pinselte meine Rehe und Vögel, und tropfte mal etwas Farbe, wohin sie nicht sollte, so saß dann dort ein Mäuschen oder ein Blütenbüschel. Das Beste an der Arbeit war das fabelhafte Menü, das ich in der US-Kaserne täglich erhielt! Zu unserem Glück gab es keine Gewerkschaft und ähnliche Vorschriften. Ich arbeitete vierzehn Stunden am Tag, und ich wog noch keine vierzig Kilo. Aber ich hatte keine Zeit zum Weinen.

Am 11. September 1945, wir waren eben dabei, schlafen zu gehen, klopfte der Großknecht bei uns. Er kam, um uns vorsichtig zu sagen, dass im Pferdestall mein Mann auf mich warte. Welche Situation. Wie hält ein Herz das aus, den Sturm des Schmerzes und, jählings, die Freude. Freude mit dem Erschrecken gepaart, dieses ausgehungerte, erschöpfte Bündel Mensch zu umarmen.

Wir wären gern in diesem Augenblick allein gewesen. Aber die Enge des Aufeinanderhockens hatte wohl das Taktgefühl der Familie abgestumpft. Peter erzählte von den letzten Monaten im Lager, die gleiche Geschichte, wie die der tausenden Gefangenen in anderen Lagern und Ländern. Sein Freund von der Recke war dem Lagertyphus erlegen. Peter, weil er noch arbeiten konnte musste er die nach Sibirien fahrenden Züge mit Zentnersäcken beladen, war einer der Letzten. Ehe er abtransportiert wurde, zerschlug er sich seine Kniescheibe und war nun keine lohnende Arbeitskraft mehr für Sibirien und blieb zurück. Tagelang hätte ihr Waggon mit den Kranken auf den Gleisen gestanden, und die Ungewissheit hätte sie halb verrückt gemacht. Bis sich der Zug endlich in Richtung Heimat in Bewegung setzte. Ich hätte gern meinen Kopf auf seine Knie gelegt, ohne zu reden und ganz still. So hatte er in den letzten Briefen geschrieben: Das Schlimmste ist, man ist in der körperlichen Enge und nie allein.

Welches Glück, dass wir den Kontakt über meine Arbeit mit den Amis hatten. Als einige der „Sieger" von meines Mannes Heimkehr hörten, brachten sie wahre Schätze an Esswaren, Stärkungsmitteln und Vitaminen. Ein rührender Haufen verschreckter Jungen, deren Hilfsbereitschaft aus der Tradition ihres freiheitlichen Landes ihnen selbstverständlich war. Sie hatten in diesem Krieg unendlich viele Verluste zu beklagen, aber wir hatten nie ihr Land zerstört, ihre Städte ausradiert. Wir konnten ohne schlechtes Gewissen ihre Hilfe annehmen. – Bis die ersten Fotos über das Entsetzen von Auschwitz kursierten. Auch mir wurden sie gezeigt, sie haben sich mir eingeprägt in unvergessener Scham und Entsetzen. Die Amerikaner halfen uns weiterhin, doch hatte sich der freundschaftliche Umgang abgekühlt.

In diesen Tagen musste ich zum Townmajor, um die Vorhänge für das Casino zu bestellen. Im Laufe des Gesprächs erzählte er, sie hätten in einem der nachbarlichen Schlösser öfter Konzerte und Tanzabende mit ihren Offizieren. Einige, die mich durch meine Arbeit als Malerin kannten, hätten gefragt, ob ich daran teilnehmen möchte.

Warnend stand vor meinem inneren Auge der Satz: Wehret den Anfängen! – Was nur sagt man in diesem Augenblick, ohne die bekannte Empfindlichkeit der Sieger zu beleidigen... Ich sagte, ganz harmlos, ich käme gern, wenn mein Mann auch eingeladen würde. Das war ein Hammer, ich wusste es. Aber der Townmajor war ein Gentleman, er fragte, ob mein Mann zurück wäre. Ja, sagte ich, seit drei Tagen, aus russischer Gefangenschaft. Es folgten noch ein paar Floskeln, dann sagte er, dass ich von ihm hören würde. Nur zu verständlich, dass dies nie erfolgte.

Es wäre hierzu noch anzumerken, dass eine Freundin, die weniger vorausschauend war, neun Monate nach einem solchen „Konzertabend" ein süßes Baby bekam, während ihr Mann noch immer in Gefangenschaft war.

Unsere Arbeit für das Casino machte gute Fortschritte. Der deutsche Architekt schwelgte in Gedanken an Vorhänge aus englischem Chintz, Nussbaummöbeln und Seidenvelourssesseln, doch zerstörte ich ihm sein prunkvolles Renommee, weil sich bei mir endlich wieder mein vaterländisches Gewissen meldete. So suchten wir hübsche Vorhänge aus einfachem Kattun oder Kunstseide, und die so schön gedrechselten Möbel versteckten ihr schlichtes Fichtenholz unter nussbaumfarbener Beize. Die Steuerzahler von Landshut sparten eine erhebliche Menge. Mit meiner Wandmalerei beeilte ich mich nicht. Zu köstlich war das Soldatenessen.

Durch diese Arbeit hatten wir des öfteren Kontakt mit Frau von Levinski, der Sekretärin des Gouverneurs, einer Halbamerikanerin, mit der wir uns anfreundeten. Ihr Sohn Karl war etwa in Mischas Alter. Eines Tages kam sie mit der Bitte, mein Mann möge sich doch um den kommissarischen Posten des Oberbürgermeisters bewerben, die dazu fähigen Landshuter seien entweder in der Partei, also noch nicht entnazifiziert, oder sie verstünden kein Englisch. Am 3. Oktober, zwei Tage später, wurde Peter als Stadtoberhaupt eingesetzt. Es gibt in den Zeiten eines jeden Umbruchs so absonderliche Widersinnigkeiten, die im normalen Leben unverständlich wären. Gerade seine Tätigkeit als Verwaltungsoffizier der deutschen Besatzung in Frankreich schien den Amerikanern vertrauenswürdig. Noch schlotterten seine alten Anzüge, die ich sorgsam bei meinen verschiedenen Fluchtorten mitgeschleppt hatte, an seinen abgemagerten langen Gliedmaßen, aber die Nonchalance und Eleganz hatte er nicht verloren. Wenn ich aus meiner Kaserne kam, brachte ich ihm eine Thermosflasche dick gesüßten, herrlichen Kaffees und von dem köstlichen Brot, was ich unter größter Vorsicht herausgeschmuggelt hatte. Denn sonst war an dem fabelhaften Posten nichts zu gewinnen. Maggeln war ausgeschlossen, und der Turm aus, durch Porträts verdienten Zigarettenstangen wurde immer kleiner.

Auch sonst veränderte sich unser Leben. Der Oberbürgermeister musste in der Stadt wohnen, so wurde uns eine Wohnung zugeteilt, zehn Zimmer! Wunderbar im Eckhaus der Altstadt, Ländgasse, gelegen. Auch wenn ich es während der letzten Jahre erträumt hatte, seltsam, der Abschied von unserem Refugium über dem Schweinestall in Rost tat mir weh. Wie so oft, wenn man sich an eine Mühsal endlich gewöhnt hat, will man sie nicht mehr aus dem Leben streichen.

Wie viele Ängste hingen in den oft eisverkrusteten Wänden des Schlafzimmers und blieben zurück. Und auch wie viele humorvolle Ideen, wie etwa das gemalte leere Medaillon über dem Bett, das auf den frivolen Spruch für den Urlauber zu warten schien: *faute de mieux le mari se couche avec sa femme.* Oder: F. D. Roosevelt und Stalin, die sich über Hitlers Grab die Hände reichen. Wie viele Hoffnung und glückliche Stunden barg das fröhliche Kinderzimmer. – Und Claudias Grab war in Rost.

Als wir im Sommer 1941 nach Landshut gekommen waren, lag die wunderschöne Altstadt, wie im Bilderbuch, in tiefer Ruhe. Kein Auto störte, nur wenige Fußgänger wanderten unter den geweißten Kolonnaden und an Markttagen hörte man das Getrappel der Pferde vor den Bauernwagen. Der Bürgerstolz, St. Martin, die höchste Backsteinkirche, trug ihren Turmhahn noch ein wenig höher als die Wittelsbacher Burg Trausnitz. Jetzt wachte ich in der Frühe auf vom Trampeln tausender Füße, einem Menschenheer, durchmischt von Flüchtlingen, alle auf der Suche.

Das Wichtigste war nun, die zehn Zimmer mit Bewohnern zu füllen. Frau von Levinski bat uns den neunzigjährigen Archäologen Max von Oppenheim, Onkel unseres Barons von Oppenheim, mit seinem Diener und dem Sekretär aufzunehmen, der ihm half, seine in Dresden verbrannten Aufzeichnungen über seine Forschungen in Mesopotamien zu rekonstruieren. Sein Diener hatte ihn auf einer Schubkarre aus dem brennenden Dresden gerettet. Einmal bat er mich, nach seinem Tode seinen kleinen Finger abzuschneiden und ihn in der arabischen Wüste zu begraben, wo er jahrelang in den Zelten der Scheiche gelebt hatte.

Noch ein junges Paar bat um ein Zimmer. Niemand wollte es aufnehmen, weil sie ein Baby erwartete – was sollte ich anderes tun, als zu helfen? Und das heimatlose Lieselottchen nahm ich aus Rost mit, um ihr in der Stadt eine Arbeitsmöglichkeit zu suchen. Sie hatte ihr sehr gutes Abiturzeugnis gerettet, damit gingen wir zum Lehrerbildungsseminar, das vom Kloster Seligenthal geführt wurde. Das Zeugnis hatte nur einen Schönheitsfehler: Lieselotte war protestantisch.

Die Äbtissin sah die Möglichkeit, Seele und Mensch zu retten, falls Lieselotte konvertieren würde. Wir hatten lange Diskussionen über diese Entscheidung. Ich war innerlich tief empört, die Not eines jungen Menschen so schamlos auszunützen und sie vor solche Gewissensfragen zu stellen. Andererseits war dies vermutlich die einzige Chance, ihr einen geordneten Lebensweg zu bieten. Zu der Zeit durfte man wohl sogar sagen, die Chance zu überleben. Wie würden die heutigen Studenten, die sich über das magere Budget des Bafögs beschweren, diesen Konflikt bestehen? Lieselotte bestand ihre Prüfungen und erhielt später eine Anstellung als Lehrerin in Königssee. Ihr Glaubenswechsel ging, so meine ich, eher zu Lasten der Äbtissin.

Soll ich meine Enttäuschung, die Lieselotte mir bereitet hat, großzügig übergehen, nach meinem Motto: Legt's zu dem Übrigen? Aber ich erinnere an eine Zeit, die so Großes wollte, die Menschen zu Göttern erhob, und es blieb doch bei dem treffenden Ausspruch von Konrad Adenauer: „Du musst die Menschen nehmen, wie sie sind. Es gibt keine anderen." – Lieselotte ließ nicht nur ein komplettes Silberbesteck mitgehen, auch einen Band aus der berühmten Goethe-Ausgabe Wilhelm Großherzog Ernst. Und ließ sich von den Nonnen ausfragen über alle Details unserer Familie. Die BDM-Schulung zeigte Wirkung.

Das Arbeitsamt überraschte uns mit einer Köchin, einer stattlichen Schlesierin, Hedwig, an deren Warmherzigkeit ich mich gern erinnere. Sie hatte neun Jahre bei einem General gearbeitet und anderthalb Jahre im Kuhstall. Diese Mischung passte zu unseren Verhältnissen. Sie brachte neben dem spärlichen Einkauf der Lebensmittel auf Marken auch die Stimme des Volkes mit. So etwa säße der Oberbürgermeister in zehn Zimmern, während die Landshuter kein Dach über dem Kopf hätten. Und die drei neuen Anzüge hingen im Schrank, während die Flüchtlinge nichts anzuziehen hätten. Es kam prompt eine Kontrolle des Wohnungsamtes und zählte die Bewohner unserer Prunkwohnung. Nur die große Diele, ohne Lüftung und Fenster, blieb als unbrauchbar unbelegt, zu ihrer Zufriedenheit, zur Verfügung.

Eine riesige Silberplatte voller Aufschnitt und mit Grüßen vom Metzger nebenan lag eines Tages vor der Tür. Ich wog den Aufschnitt und schickte Hedwig schweren Herzens mit der entsprechenden Menge an Fleischmarken – die gesamte Wochenration der Familie – samt Silberplatte zurück. Zum Glück blieb es bei diesem einmaligen Bestechungsversuch. Man lernt nie aus. In Rost hatten wir Freunde, nur Ströbls als offene Feinde. Hier war die Hälfte der Landshuter Bevölkerung gegen uns. Wir waren Zugereiste, Protestanten und vor allem durch die Amerikaner eingesetzt. Es war verständlich.

Aber es gab auch genug Erfreuliches in diesem Jahr. So konnte mein Mann einem Wanderzirkus helfen, in einer leeren Halle zu überwintern. Zum Dank durften die Jungs, Mischa und Karl, der Sohn des Gouverneurs von Levinski, auf den Zirkuspferdchen etwas reiten, ein großer Spaß, denn die Pferdchen liefen gewohnheitsmäßig immer im Kreis, wie in der winzigen Manege.

Bei einer der Zirkusvorführungen gab es einen Esel, der jeden abwarf, der ihn reiten wollte. Es wurden zwanzig Reichsmark geboten für eine Runde ohne Abwurf. Plötzlich erhob sich mein Sohn, sechs Jahre alt, ging in die Manege und krabbelte auf den Esel. Natürlich war der abgerichtet und Mischa ritt die Runde fehlerlos und verneigte sich danach. Als ihm aber der Zirkusdirektor die zwanzig Mark geben wollte, verzichtete er großzügig: „Ich hab es doch zum Spaß getan!"

Endlich, nach langen Verhandlungen, wurde im Januar 1946 die Genehmigung für die erste Landshuter Zeitung nach dem Krieg erteilt. Der Druck des ersten Exemplars der „Isarpost" wurde entsprechend gefeiert, im wunderschönen alten Rathaus mit seinen prachtvollen Malereien. Die amerikanische Elite war geladen und saß auf der Empore. Die Schönheitskönigin, beziehungsweise die Braut aus dem Historienspiel „Landshuter Hochzeit", trat auf. Mein Sohn, mit einer blonden Perücke als Page gekleidet, sollte jedem der Offiziere ein Geschenk überreichen und das erste Blatt der neuen Zeitung. Dass die hübschen Aschenbechergeschenke ausgerechnet aus den abgeschossenen Kartätschen der Amis hergestellt waren, brauchte ja niemand zu wissen.

Mischa übergab seine Geschenke, da ihm aber ein Leutnant besser gefiel als der höherrangige Colonel gab es eine kleine Verwirrung. Aber als der Colonel, geblendet von der blondlockigen Perücke, ihm wie einem Mädchen einen Handkuss geben wollte und Mischa das empört ablehnte, löste sich der Ernst der Situation in Fröhlichkeit auf. Am Abend, als Hedwig ihn aus seinem hellblauen Kostüm schälte, schrie er empört, sie solle ihn nicht anfassen, er sei ein Prinz und sie sei eine Schlampe.

Noch einmal erhielt ich den Auftrag, ein Porträt zu malen. Alle meine großen Träume rückten wieder in weite Ferne. Dieser Auftrag bedeutete zudem eine große Überwindung für mich, da es ausgerechnet ein kleines Kind zu malen galt. So schob ich die Arbeit vor mir her, bis der Auftraggeber, ein Colonel, nach Bad Wiessee versetzt wurde. Endlich riss ich mich zusammen und brachte das fertige Bild mit dem Zug nach Wiessee. Der Colonel holte mich ab, erschüttert von der Masse Mensch, die sich aus dem Waggon ergoss. So fand er es unmöglich, mich mit den Schätzen, die seine Frau mir als Bezahlung ausgesucht hatte, mit dem Zug nach Landshut fahren zu lassen. Er fuhr mich mit seinem dicken Wagen selbst, und wenn ich an die Freundlichkeit denke, die ich durch diese Menschen erfahren habe, so bin ich noch heute beschämt über die Situation, in der ich sie kennen gelernt hatte.

Anlässlich einer Einladung bei der Gräfin von Spreti in Schloss Rotting wurden wir gebeten, Tante Olly zuliebe, einer russischen Gräfin, die Kettenraucherin war, auch als Nichtraucher Zigaretten anzurauchen, um sie baldmöglichst im Aschenbecher zu löschen. Tante Olly würde die Kippen sammeln und später ihre leeren Röhrchen damit füllen. Es gibt sicher weniger umständliche Möglichkeiten, um an Tabak zu kommen, nicht aber im niederbayerischen Hinterland. Als dankbarer Gast tat ich wie gewünscht. Aber mitten im Gespräch über das bestellte Kinderporträt sagte der Colonel plötzlich: „It smells so funny!" Meine Reaktion kam sofort und unauffällig, ich hatte die schlecht gelöschte Zigarette in die Jackentasche gesteckt. Es war aber nur ein ganz kleines Loch!

Es lohnt sich aufzuzählen, was uns damals die wertvolle künstlerische Arbeit einbrachte: Drei Meter feinsten sandfarbenen Wollstoff für ein Kleid, zwei Paar Schuhe, vier Stangen Zigaretten, eine Stange Toilettenseife, Kaffee, Nescafé, Schokolade, Butter in Büchsen, Rasierseife und tausend Reichsmark. Für das Porträt des Staatsanwaltes erhielt ich: Eine hellgraue Perle, mir war meine an meinem Collier verloren gegangen, eine Orientperle, 44 kleine Rubine und ein Goldstück. Die Ohrringe, die ich daraus arbeiten ließ, waren Luxus. Reine Verschwendung, die der Seele aber sehr gut tat.

Die Zeit war noch immer aus den Fugen. Was in den Jahren der kriegerischen Gefahren aus Lebensangst und Verzweiflung geschah an menschlichen Verwirrungen – jetzt warfen sich die Menschen aus Lebenshunger und Einsamkeit auf jedes Stückchen Glück, das sie erwischen konnten. Um Versäumtes nachzuholen, verwickelten sie sich in unlösbare Dramen. Und alle Menschen waren auf der Suche!

Ununterbrochen strömten Flüchtlinge von Nord nach Süd, von Ost nach West. Landshut lag sozusagen an der Mitte des Weges.

Die Tür zum Amtszimmer des Oberbürgermeisters stand nie still. So erfuhr ich auch von einzelnen Schicksalen, die sich in Einem alle ähnelten, ob es sich um den Verlust eines Rittergutes oder eines Schrebergartens handelte: Der Kummer war der Gleiche.

Der Fürst von Muskau kam und bat um ein freies Stückchen Ackerland. Er hatte ein paar Tüten mit Samen seiner seltenen Pflanzen aus seinem weltberühmten Park in der Lausitz gerettet, die unbedingt ausgesät werden mussten, ehe sie verdarben.

Auf der Rathaustreppe kam mir mein alter Professor aus der Kölner Werkkunstschule entgegen. Er war zu Fuß in seinen eleganten Schuhen aus Bautzen geflohen, wo er die Keramikschule leitete. Auch ihm konnte geholfen werden.

Und dann kam die ganze Gruppe der Wissenschaftler um den Raketenfachmann Wernher von Braun. Sie waren, noch unter Hitler, auf den Wendelstein evakuiert worden. Jetzt wurde höchste Sicherheitsstufe gefordert, denn die Russen machten Jagd auf alle Raketenfachleute. Wernher von Braun wurde schon 1945 in die USA ausgeflogen, die übrigen folgten 1947, als von Braun vorübergehend nach Landshut zurückkam, um zu heiraten. Ich hatte mich mit einer Ärztin aus diesem Team befreundet, so wie man in der Zeit Freundschaften und Sympathien schloss: Wir teilten einen Sitzplatz im Zug von München miteinander und sie war erleichtert, bei mir übernachten zu können. Kurz vor ihrer Abreise in die USA tauschten wir ein paar ihr unbequeme, mir nützliche Gegenstände, und ich übernahm die Miete eines Hüttchens oberhalb von Nussdorf an Inn, einer zauberhaften Landschaft über den Innauen. Anfang der sechziger Jahre kam sie zurück nach Bayern, um einen Platz zum Leben zu finden mit ihren beiden alten Greyhounds, die sie in Bosten zu ihrer Bewachung gebraucht hatte, da dort das Leben auf dem Lande allein zu gefährlich war.

Noch immer war der Geldmangel die treibende Kraft. Voller Neid sah ich in amerikanischen Zeitschriften die Bilder dortiger Künstler. Was hier noch zu verkaufen war, war Kleinkram. Ein liebevoll gemaltes Hinterglasbild für ein halbes Pfund Kaffee zum Beispiel. In München hatte ich einen dankbaren Abnehmer, Köster-Perry, ein Geschäft für Geschenkartikel des guten Stils. Einmal brachte ich einen Spiegel, das heißt zurechtgeschliffene Spiegelscherben, zwar nur in Postkartengröße, aber gerahmt in einem 15 cm breiten, flachen Holzrahmen, den ich sehr kunstvoll mit den Kopien persischer Miniaturen bemalt hatte. Auf der Rückseite prangte eine vom Baron Max von Oppenheim, dem Archäologen und Forscher fernöstlicher Kulturen, gestempelte Bestätigung: „Kopie aus der besten Zeit der Sefewiden." Zufällig fand sich ein Herr in dem Geschäft, der mich ansprach und um eine Unterredung bat. Er hatte die Idee, diese Kopien von mir in größerer Menge machen zu lassen und über den Kunsthandel in die USA zu bringen. Das klang außerordentlich verlockend, obwohl die Miniaturen, auch als Kopien, arbeitsmäßig unbezahlbar waren. Aber es hörte sich wunderbar an, welche, auch schwarze, Verdienstmöglichkeiten darin lagen. Aber, leider, wie immer, wenn man ein wenig kratzt, kommen die Würmer. Er sagte: Die Echtheitsexpertisen dazu ließe er in Frankfurt machen, dort bekäme man für alles Expertisen. Ich ließ ihn mit seinen Expertisen stehen und habe nie wieder eine Kopie von irgend etwas gemacht.

Es schien, als sei nun endlich die Verantwortung für die Familie, die ich bislang allein zu tragen hatte, von mir genommen. Der Damm der Selbstdisziplin und die Versteinerung meines Herzens gaben plötzlich nach und mit ihnen brach ich auch gesundheitlich zusammen. Eine Weile war ich im Krankenhaus, aber als eines Tages mein kleiner Sohn ganz allein den weiten Weg zu mir gefunden hatte, stand ich auf und nahm mich, seinetwegen, wieder zusammen. Die Ärzte hatten mir geraten, mir von meiner älteren Schwester Karin, die in den USA lebte, Medikamente schicken zu lassen, vor allem Penizillin. Es galt nur, ihre Adresse zu erfahren. Aber wie? Wieder half mir der Zufall eines Zeitungsberichtes. Ein bekannter Kunsthändler aus den USA war vorübergehend in München. Ich hoffte, dass er meine Schwester als Malerin kannte.

Die Zeit drängte. Ein Taxi war problemlos zu mieten, nur um an das Benzin für die Fahrt zu kommen, musste ich alle Register ziehen. Den Mercedes hatten wir leider wieder abgeben müssen, nachdem wir nicht mehr für die Amis arbeiteten. Zum Mittagessen war ich wieder zu Hause, glücklich mit der Adresse meiner Schwester Karin in Los Angeles.

Ihre Antwort auf meine Bitte kam prompt: Zunächst würden sie ihren Freunden helfen in den Ländern, die wir Deutschen ausgeplündert hätten. Auch solle ich bei Bauern Fallobst sammeln und in alten Büchsen Tomaten auf dem Balkon ziehen. Kein Penizillin. Kein Kaffe. Kein Fett. Später einmal kam ein Paket: Ein altes Spielzeug für meinen Sohn, dabei ein Pfund verschimmelten Kakaos. Zwei Zigarren, zwei Stangen echte Vanille. Eine alte Hose und eine Weste. Auch mein Vater in Köln erhielt ein ähnliches Paket, mit zwei Zigarren und einer völlig vertragenen Jacke. Er hatte die Großherzigkeit zu glauben, das Paket müsse unterwegs bestohlen worden sein. Seine bittere Enttäuschung behielt er für sich.

Karins Abneigung gegen die deutsche Ideologie kannte ich. Aber wie tief der Hass saß, verstand ich erst später. Sie und ihr Mann hatten im Frühjahr 1940 ihr schönes Haus über dem Loosdrechter Plaazen mit allen Schätzen für einen Tag verlassen, um in Rotterdam Freunde zu besuchen. Dort erfuhren sie, dass das letzte Schiff in zwei Stunden Holland verlassen würde, und mit nichts weiter als ihrem Handtäschchen emigrierte sie in die USA. Als das Haus während der Besatzung Hollands von einem hohen Nazifunktionär bewohnt wurde, fand man, im See schwimmend, alle ihre und die Bilder Ernst van Leydens. Ihre Schwägerin, die Schwester Ernst van Leydens, wurde mit jüdischem Mann und achtjährigem Sohn nach Theresienstadt verschleppt.

Die Fähigkeit, Kummer und Unrecht zu ertragen, ist eine ganz persönliche Eigenschaft und ist mit nichts abzuwägen. Sie kann das Herz versteinern, kann eine Schutzzone des Schweigens und des Erträglichen bilden, ein Niemandsland, zu dem jedem der Zugang versperrt ist. Eine Wüste, worin Glück und Leid gleichermaßen verdorrt. Dies ist das Schlimmste. Sie kann aber auch zum Verständnis fremden Kummers führen.

****

Im Juni 46 kam ein Brief aus Nürnberg. Die bekannte Handschrift. Rudolf Diels hatte überlebt!

24. Juni 46

Lieber Rudolf,
ich kann dir nicht schildern, welche Gefühle mich bewegen, wenn Tote auferstehen! Aus welchen Tiefen müssen wir unsere Freude heraufrufen, nachdem diese letzten Jahre alles in uns verschüttet hatten, was uns früher einmal beglückte. Welche Qual war notwendig, uns innerlich so zu erschüttern, dass wir den Wert der kleinen Dinge wieder lernten, die Stille als ein Glück zu schätzen, das nicht mehr von Äußerem abhing, sondern erfüllt war von unserem innersten Sein. Ich bin unendlich froh zu wissen, wie du diese Zeit überwunden hast, du hast so gern gelebt!
Auch ich habe nicht fern genug der großen Welt gelebt, als dass nicht auch zu uns der Volksgerichtshof seinen Weg gefunden hätte. Meine Schwester hat sich kühn und klug mit ihm geschlagen, während ich in der Nacht 15 Stunden mit dem Rad fuhr, um zu verhindern, dass unser Hausherr ins KZ verlegt wurde. Jedenfalls kam genug Aufregung zu uns, weil wir den Mut hatten, für jemanden einzustehen.
Dann kam die letzte Nachricht von meinem Mann, dass der Russe über ihm sei. Ich wusste nicht, was ich anderes tun sollte, als arbeiten, ich habe gemalt und gemalt. Aber es war noch nicht genug Unglück für mich, es genügte nicht, dass meine Tür nicht stillstand und alle, deren Weg sie über Rost führte, bei uns eine Hilfe fanden. Es war auch nicht genug, dass ich das Elend des zukünftigen und die Tragik des vergangenen Lebens in allen Augen sah und mitfühlte und von meiner Zuversicht vergab, wo immer sie gebraucht wurde. Ich war vielleicht noch immer zu glücklich. Dann nahm mir Gott meine süße Claudia. Vielleicht hat er die reinen Seelen gebraucht, um nicht an der Menschheit zu verzweifeln, und manchmal kommen Augenblicke, da es mir leichter scheint, sie nicht in dieser Welt zu wissen. Und sie war so fertig, mit ihren drei Jahren, so unbeschreiblich rein, wenn ihre Augen wie in unbekannte Fernen brennend schauten. Sie war meine

Sehnsucht nach der Vollkommenheit, und vielleicht sollte sie nicht den schweren Weg der Abnutzung durch das Leben gehen müssen.

O Rudolf, es gibt nichts Schlimmeres als ein Kind zu verlieren! – Aber wie seltsam, an ihrem Todestag, am 1.8.45 wurde über meines Mannes Tod oder Leben entschieden. Am 11.9.45 stand er nachts in Rost im Pferdestall und ließ mir das vorsichtig mitteilen. Er war völlig abgezehrt, wog bei seinen fast zwei Metern Länge noch 112 Pfund. Drei Wochen später holten sie ihn nach Landshut als Oberbürgermeister. Dies Amt hat er nun seit neun Monaten verwaltet.

Ich habe in dieser Zeit meine Arbeit nicht aufgegeben, denn mir ist nichts mehr zuwider, als wenn ein Mann sich in seinen Entschlüssen von der Rücksicht auf die Familie leiten lassen muss. In welche Zwangslage viele in der Vergangenheit dadurch geraten sind, das haben wir ja gesehen. Doch von alldem erzähle ich dir ein andermal, so hoffe ich. Darf ich dir schreiben, sooft ich mag, und darfst du mir schreiben? Ich würde mich so freuen. Und lass mich wissen, bitte, ob ich etwas für dich tun kann.

Ursula

****

Damals in Twenge, im Jagdhaus von Rudolf Diels hatte Lotti Sauer, seine Freundin, damals schon totkrank, mich gebeten, mich um ihn zu kümmern. Es klingt seltsam, für einen Mann mit diesem Charisma sorgen zu sollen, vor dem alle Frauen weiche Knie bekamen, wenn er nur zur Tür hereinkam. Aber das eben war der Reiz dieser Freundschaft, das Unausgesprochene, nie Erreichte, Schwebende. Warum sollte ich das zerstören? Ich war zu feige. Es hätte eine völlige Selbstaufgabe verlangt mit dem Wissen eines schmerzhaften Endes. Dazu fehlte mir die Kraft, und, nötiger als alles brauchte mich mein kleiner Sohn. Die Jahre von Rudolf Diels´ Haft gaben mir genug Gelegenheit zum Abstand. Aber es war möglich, dass er irgendeine Hilfe brauchte. So sprach ich mit meinem Mann und fuhr nach Nürnberg, um etwas über die Umstände von Diels´ Inhaftierung zu erfahren. Selbstverständlich verbot sich auch hier wieder ein Briefverkehr, denn er hielt sich unter Ehrenwort in einer Villa nahe Nürnberg auf, zusammen mit anderen hochrangigen Nazifunktionären, die als Zeugen für den Nürnberger Kriegsverbrecher Gerichtshof zur Verfügung standen.

Folgende Ereignisse erfuhr ich erst nach dem Kriege, von Rudolf Diels persönlich in Nürnberg: Diels fuhr von Twenge aus am 26.8.44 nach Berlin, wurde dort zum Staatssicherheitsdienst bestellt und verhört. Es rollte die zweite Verhaftungswelle wegen des 20. Juli. Außerdem war er an einem Versuch beteiligt über Schweden zu einem Waffenstillstand – ohne Hitler – zu kommen. Man sagte ihm, Graf Helldorf, Polizeipräsident in Berlin, habe alles gestanden und sei bereits liquidiert. Daraufhin, auch um seine noch lebenden Freunde herauszuhalten, belastete Rudolf Diels Graf Helldorf. Man brachte ihn dann in das Staatssicherheitsgefängnis Albrechtstraße, wo er in einer Zelle dem noch lebenden Helldorf gegenübergestellt wurde. Der Sicherheitsdienst scheute wirklich vor keiner Perversität zurück! Rudolf Diels sagte Graf Helldorf, dass er den Totgesagten schwer belastet habe. Er verblieb dann in Haft in der Albrechtstraße. Göring, dessen Nichte Rudolf Diels vor Jahren geheiratet hatte, verlangte die Scheidung, weil er, wie er sagte, keinen Gehängten in der Familie haben wollte. Hitler, der, wie Diels meinte, einen Narren an ihm gefressen hatte, setzte sich dann persönlich dafür ein, dass er in ein Strafbataillon zum Minenräumen versetzt wurde. Von hier desertierte Rudolf Diels kurz vor dem Ende des Krieges und stellte sich den Engländern. In Nürnberg, festgesetzt auf Ehrenwort, musste er als Zeuge in den Nürnberger Prozessen aussagen.
Soweit seine persönlichen Auskünfte über die Zeit seit dem 26.8.44. Im November des Jahres 1957 erlag er einem Jagdunfall, wie ich erst später erfuhr.

Ein Brief von Rudolf Diels aus dem Jahr 1948:

Liebe Ursula.
Ich weiß nicht, woher ich alle Geduld nehme, wo zwischen Zwerchfell und Hirn ein gütiger Gott diese Eigenschaft bewahrt hatte für diese Zeiten. Sie reicht noch für länger aus, Gefängnisse und tatenlose Wartezeiten, wie diese, wo im kribbeligen „Zeugenhaus" jedermann zeigt, dass die Langeweile die große Plage der modernen Menschen ist. Ich glaube, dass ich sehr im Einklang mit den Dingen geschaffen bin und dass mir innere Kämpfe nicht nur erspart sind und sogar fremd, da wo andere suchend die Hände in den Abend strecken, weil ich aus meiner Natur heraus den Dämonen gute Geister entgegenstellen konnte, weil ich gewachsen ein gutes Herz habe, das von bösen Wegen abzuhalten mir nie große Schwierigkeiten bereitet hat. Denn alle Mühe und Plage der faustisch Suchenden kommt doch wohl aus den eigenen Widerständen gegen Menschengüte, Liebesfähigkeit und Gottesglaube. Du würdest mich sehr missverstehen, wenn du auch nur eine Andeutung von Selbstgerechtigkeit aus diesen Worten heraushören wolltest. Ich stehe nur je älter ich werde vor der Gnadengabe um so dankbarer, dass ich ein frommes Gemüt immer klarer aus den Verschleierungen herausschäle, das sich seine Bereitschaft in den wilden Versuchungen und Verstrickungen erhalten und gestärkt hat und nun anfangen will, die Verhärtungen zu beseitigen, die mich schuldig gemacht haben. Nur einen großen Zweifel habe ich, ob der Weg, den ich gehen werde, Gesellschaft verträgt. Wenn es einen Teufel gibt, der sich als Versucher verkleidet, so hat er jedenfalls die schönsten Verkleidungen aufgeboten, deren er fähig ist.
Ich kam darauf dies zu sagen, weil ich meinen Weg sehe und mich nur frage, ob ich die Kraft habe, ihn zu gehen. Und ich glaube, dass ich von meiner Einbildungskraft weder Gefahren noch Befreiungen zu erwarten habe, dass auch das Suchen um des Suchens willen, mag es aus der Konstitution, der Jugend oder der Langeweile kommen, mich nicht mehr ausfüllen kann. Ich brauche all mein strebendes Bemühen,

das Gefäß zu füllen, das fertig vor mir steht. Was kämen für Gestalten zu Tage, wenn du dich dichterisch vervielfältigen könntest! Sie reichten von Dostojewskis Frauen bis zur Konnersreutherin. Ich habe es da einfacher!
Ich habe einige Lied- und Kompositionsproben beigefügt. Ich stelle sie mir im kleinen Druck (seitenfüllend jedes Lied) so vor, dass sie wie in Maximilians Gebetbuch zeichnerisch umrahmt sind. Ich habe keine anderen Proben zur Hand. Es sind fast die schwächsten. Die lyrischen, einfachen und echten Volkslieder schicke ich dir noch. Ich wollte dir die Texte schon sauber auf die Mitte eines Bogens schreiben, damit du gleich an die Arbeit gehen kannst. Doch nun prüfe so, ob es dir liegt. Schicke mir bitte die Anlagen zurück!
Sei sehr gegrüßt! Ich will Sonntag nach Regensburg reisen. Bei einer Wiederholung der Reise komme ich nach Landshut!

Rudolf

****

Es war Zeit, wieder einmal nach Köln zu fahren und nach meinem Vater zu sehen. Seine, von einer Mine durchgeblasene Wohnung hatte wieder vier Wände und Fenster. Die Zwischentür vom Herren- zum Speisezimmer hatte sich nicht wiedergefunden, so war es nun ein Saal von fünf mal achtzehn Metern. Der riesige Perser fand sich in kleinen Fetzen auf dem Dach des Nachbarhauses. Aber was irgendwie noch zusammenzukleben war, hatte er neu gestrichen und arrangiert. Nur der französische Kamin, an dem er so gehangen hatte, musste mit der Kehrschaufel fortgefegt werden. Die winzige Mansarde war mit Bett und Stuhl möbliert, so dass ich ein paar Tage bleiben konnte. Für einen Tisch war kein Platz. So stellte ich meinen Koffer hochkant und legte ein Brett aus einem Schrank darauf. Ein passender Unterbau für die Trümmerzeichnungen, die ich hier machen wollte. Endlich fing ich wieder an zu zeichnen. Nicht für das halbe Pfund

Das Kölner Rathaus nach dem Krieg

Kaffee oder Butter. Endlich war die Arbeit wieder Selbstzweck. Zwecklos sinnvoll und verlockend.

Köln war das Bild einer abstrakten Stadt. Ein paar Tupfer Natur, ein paar Grasbüschel. Eine Kuh an einer Stelle, wo früher ein elegantes Geschäftshaus stand. Die Trümmerblumen und hie und da eine tapfere Birke, in eine Mauerritze gewurzelt. Jeder Schritt trat auf Vergangenheit, doch wusste man oft nicht, wo man sich befand. Die Szenerie war wie für einen surrealen Film von Cocteau. Die skurrilen Verformun-

An die Stadt Köln - Die Hohe Straße nach dem Krieg

gen der Eisengestänge waren ein künstlerischer Vorentwurf, an dem man nichts hinzufügen oder verändern brauchte. Nur – Naturalistisches fand man nicht mehr. Wir brauchten nicht die Kunst des geistigen Auslands, um die neue Zeit zu dokumentieren. Hier war sie.

So ließ ich mich einfach treiben, mein Skizzenbuch wie immer unter dem Arm, mehr brauchte ich nicht, um die Trümmer der Vergangenheit einzusammeln. Wie hatte ich mich immer fortgesehnt, weg aus der Enge der Kindheit, der Stadt und ihren engen Gassen, von der „Lämmerweide" wie der Sonntagmorgen am Hohenzollernring hieß. In andere Länder hatte es mich gezogen und ein wenig mitleidig sah ich auf die zurückgebliebenen Freunde herab. Denn das Heimatgefühl entwickelt sich erst, wenn man ein paar Kilometer Abstand genommen hat. Wenn man plötzlich nicht zurück kann. Jetzt schämte ich mich, das arme Köln verlassen zu haben, wenn auch der Grund dazu vernünftig gewesen war.

Köln in Trümmern

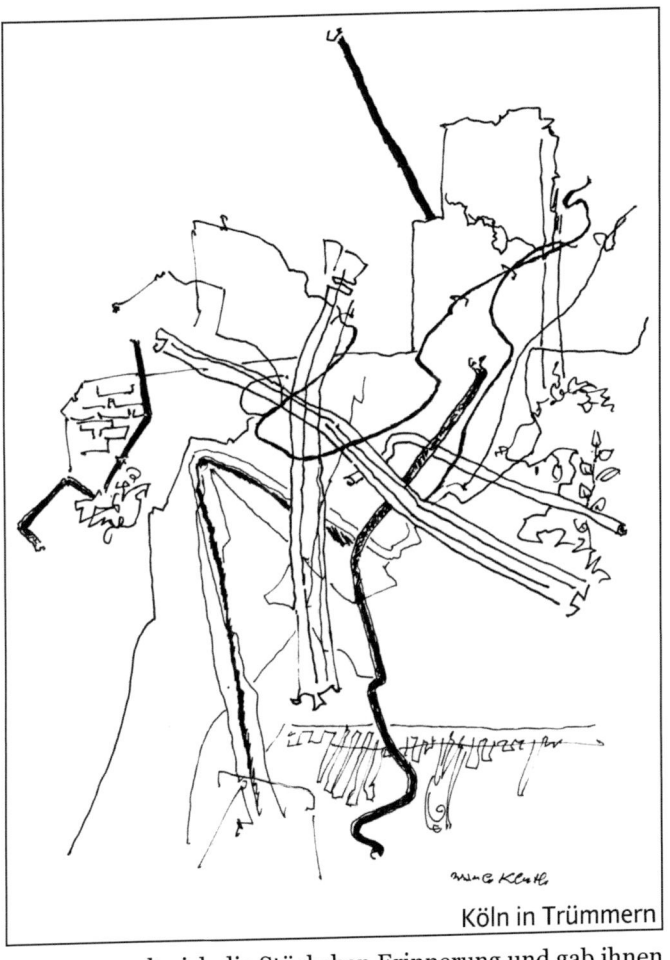

Nun sammelte ich die Stückchen Erinnerung und gab ihnen ein wenig Dauer durch meine Zeichnungen. Mit aller Vorsicht kroch ich durch die Trümmer, über die Trampelpfade, die für die Römer eine Hauptstraße gewesen waren. Fand Dies und Jenes was einen Anhalt zur Orientierung bot oder sah eine Fassade, unbeschädigt, aber wie der Prospekt einer Bühnendekoration, ohne Hinterraum, funktionslos im

Leeren. Die Leere war das Erschütternste. Das Einzige was mir eine Verbindung vom Irrealen zur Wirklichkeit gab, war mein rascher Zeichenstift und das Stückchen Papier. Es war mir vielleicht nicht ganz bewusst, aber jeder Strich war eine Liebeserklärung und eine Grabrede an Köln. Dies alles wollte ich in Landshut ausarbeiten und überdenken.

Aber in diesen Tagen sollte das „Fest in Rot", das Karnevalsfest der Kölner Bühnen, das erste seit dem Kriege, stattfinden. Die Karten waren seit langem ausverkauft, auch für den Schwarzmarktpreis von 600 Reichsmark war nichts mehr zu bekommen. Unbeirrt ging ich zur Verwaltung, wo schon einige hoffnungsvoll warteten. Der Verwaltungsdirektor schaute herein und erklärte: „Wer hier auf Karten für das Fest wartet, kann gehen. Es gibt keine mehr." Alle gingen. Ich blieb. „Und was möchten Sie?", fragte er. „Ich bitte um drei Karten für das Fest in Rot." „Aber ich sagte eben, es gibt keine mehr!" „Ach, ich bin extra dafür von München angereist. Das können Sie mir nicht antun! Ich habe früher Bühnenbilder für die Oper gemacht, ich gehöre einfach dazu. Und ich bin Pressezeichnerin." Und was ich sonst noch schluchzte. Überall in der Welt gibt es Menschen, die echter Begeisterung nicht widerstehen. Ich bekam meine drei Karten.

Das war ein Fest! Es war überwältigend. Es war ein Vulkan, der seine Mütze in die Atmosphäre geschleudert hatte und nun ungehindert Rauch und Feuer unter Getöse auswarf. Das waren keine sanften Walzerklänge, in die man sich hineinschwingen könnte, kein feuriger Tango mit der Grandezza der gekonnten Figuren, kein zärtliches Geplauder in verschwiegenen Nischen. Das war nichts als die jahrelang unterdrückte Freude. Ein Wiederfinden eines Totgeglaubten und schon im nächsten Augenblick war man in der Menge verloren. Ein Gesicht, das man erinnerte, Umarmung und Freude. Wer war es? Ist doch egal, der Portier aus einem Geschäftshaus oder der Generaldirektor. Freude! Einer von früher hat überlebt. Und Lachen und Schreien. Disziplin hatte man lange genug geübt, jetzt, für ein paar Stunden, warf man sie in den Orkus. Am Ende wartete vielleicht nur eine Hängematte, aufgehängt an der unbrauchbaren Heizung, kein Frühstück und nur die Arbeit, aus dem Kaputten wieder ein Ganzes zu machen. Aber die Nacht war eine rauschende Siegesfeier des Lebens.

Der Ort der Szene war das alte Oppenheim Palais am Oberländer Ufer. Das Erdgeschoss hatte zum Teil noch keine Fensterverglasung, man hatte Perserteppiche darüber gehängt. Kein Wunder, dass wer etwas klettern konnte, sich freien Zugang verschaffte. So wuchs die Menschenmenge ins Unzählbare. Man schob in beiden Richtungen, ein Zurück war unmöglich, was man nicht festhielt war unrettbar verloren, ob Schuhe oder Menschen. Charlotte hatte aus altem Seidentaft ein bezauberndes Kleid gefertigt. Es hing in Fetzen. „Jetzt bin ich Miss Europa", sagte sie. „Vergangener Glanz und zerschlissene Seide." Ich hatte mich mit einer kostbaren Pleureuse dekoriert, die in jungen Jahren die Hüte meiner Mutter geschmückt hatte. Zwei Weltkriege hatte dieses Wunderwerk überlebt, das Fest in Rot gab ihm den Todesstoß. Jemand sprach mich an, ein amerikanischer Diplomat, den Freunde mitgenommen hatten. Er war ganz fassungslos über dieses Schauspiel. Es sei unmöglich zu begreifen, meinte er, unverständlich angesichts der Situation der Umwelt in Köln.

Wie war es möglich, bei dem Elend, das war und das uns weiterhin erwarte, so einen Freudentaumel zu erleben. „Das ist Köln!", meinte ich.

Ziellos trieb mich der Strom der Gäste an einem Tisch vorbei, an dem ich Dr. Haubrich, den damaligen Leiter des Kölnischen Kunstvereins erkannte, Rechtsanwalt und bekannter Sammler. Sogleich, wer will es mir verdenken, warf ich den Anker an diesem Tisch. Auch Renee Deltgen, der bekannte Schauspieler, saß dort, und ich beobachtete, wie er genüsslich ein Glas Sekt in den verführerischen Ausschnitt einer Dame schüttete. Inzwischen lockte mich der schöne glatte Rücken einer anderen Dame, und ich begann mit Augenbrauenstift, Lidschatten und Lippenstift Susanna im Bade mit den zwei Alten darauf zu zeichnen. Dr. Haubrich war begeistert, und ich nützte die Gelegenheit, ihn zu bitten, meine Arbeiten einmal anzusehen, im nicht uneitlen Gedanken an die Möglichkeit einer Ausstellung im Kunstverein. Ich hatte wohl seine Neugierde geweckt. Glücklicherweise, denn bekanntlich ist nichts schwerer, als an wichtige Menschen heranzukommen. Wir vereinbarten einen telefonischen Termin. Leider hatte ich versäumt, ihn auf die provisorischen Umstände meiner kurzfristigen Arbeitsstätte aufmerksam zu machen. Und leider hatte ich, wie so oft, die Fantasie meiner Mitmenschen überfordert. Sicher erwartete er das übliche Atelier, viel Raum, viel Licht, viele Bilder.

Er schnaufte mühsam zur vierten Etage herauf, und um ihn eintreten zu lassen, musste ich erst den Raum verlassen. Das Bett war bedeckt, nicht mit indischen Seidenkissen oder dem Tigerfell, nur Zeichnungen auf Papier, Aquarelle, Gouachen lagen ausgebreitet und erwarteten ein kompetentes Urteil. Ein Mann von Welt ist jeder Situation gewachsen, auch der Arbeitsplatte auf dem hochgestellten Koffer. Nun war er wirklich an der Arbeit interessiert, begutachtete und kritisierte die Bilder, und verabschiedete sich mit dem Versprechen, bei dem nächsten freien Termin meine Arbeiten auszustellen. Das würde frühestens 1949 sein. – Mein Herz lief auf Hochtouren.

Ikarus III - 1960

Nun drängte ich so schnell als möglich nach Landshut, um meine hiesige Ernte ausstellungsreif zu machen. Neben den Trümmerbildern lag mir ein Thema besonders am Herzen: Ikarus. Darin sah ich die letzten Jahre Deutschlands verkörpert und habe es immer wieder in meinen Bildern dargestellt.

Es ging mir dabei nicht um den Höhenflug. Den hatte wir bis zu Neige miterlebt. Es ging um den Schwung, den Absturz ins Ungewisse, das Sichauffangen vor dem Abgrund oder das Eintauchen in die Frage: „Was kommt danach?" Ohne es zu wollen, war ich bereits mitten in der Abstraktion.

1948 – 1949

Den ersten Schultag in Landshut, seinen Eintritt in eine neue Lebensphase, hatte Mischa ohne große seelische Belastung über sich ergehen lassen. Schon als Kleinkind gewöhnt an unerwartete, unverständliche Entscheidungen der Erwachsenen, nahm er gelassen hin, dass man ihn aus dem Religionsunterricht entfernte. Ähnlich wie seine Mutter in jungen Jahren hatte er wie gewohnt an das Vaterunser seinen Nachsatz aufgesagt: „Lieber Gott und Vati Amen." Es fehlte die Heilige Maria und die Nonnen waren entsetzt.

Da sich aber freie Tage wie Kohlemangel, Waschtag für die Nonnen und Grippeferien abwechselten, war mit dem gefürchteten Zwang nicht viel los. Dann rief mich unser Hausarzt an. Er fragte, ob ich nicht die Möglichkeit hätte, mit dem Kind schnellstens aus Landshut zu verschwinden, die eingeschleppte Kinderlähmung sei für gesundheitlich gefährdete Erwachsene wie Kinder absolut lebensgefährlich. „Packen Sie und fahren Sie nach Köln so schnell als möglich!"

Es mag im Frühjahr 1948 gewesen sein. Die Schwierigkeit, Geld für die Fahrkarten aufzutreiben, war dank der zehn Flaschen Wein, die mir der gute, alte Wissenschaftler Max von

Oppenheim vererbt hatte, gelöst. Er hinterließ mir auch das Kostbarste, was ihm aus seinen in Dresden verbrannten Ausgrabungen in Mesopotamien geblieben war, eine alte silberne Zigarettenspitze, das Geschenk einer seiner Scheichfreunde. Der Abschied von Landshut fiel nicht schwer. Zum Glück lebte und sorgte immer noch die wunderbare Schlesierin Hedwig für meinen Mann, der sich mehr und mehr nach München zurück gezogen hatte. Der Krieg, Frankreich, und vielleicht am schwersten hatte die russische Gefangenschaft ihn verändert. Mischa hatte ihn nie gekannt und hatte keine Gelegenheit, einen „Vater" kennen zu lernen. Vati war irgendwo fern, wie immer. So freute er sich auf eine neue Familie, wo es wie bei anderen Kindern einen Opa gab. Bis wir uns in der, durch Einquartierung beengten, Wohnung in Köln eingeschachtelt hatten, schlief Mischa auf zwei Sesseln, die mit Kordel zusammengebunden waren. Nachts ein Gepolter und Mischa: „Jetzt liege ich unten. Und da bleibe ich auch."

Die Trümmerstraßen in Köln waren ein beliebter und sehr gefährlicher Spielplatz. Immer wieder geschah es, dass Kinder unter den zerbröckelnden Mauern begraben wurden oder sich an den rostigen Eisenteilen lebensgefährlich verletzten. Auch das „Klüttenklauen" am Güterbahnhof Gereon, wo die Kohletransporte gen Frankreich abgefertigt wurden – ein Teil der Reparationszahlungen –, war nicht ungefährlich. Kardinal Frings, dem die Not der Bevölkerung mehr am Herzen lag als die buchstabengetreue Auslegung der Zehn Gebote, hatte einige Zeit zuvor von der Kanzel aus eine Art Absolution für diese illegale Versorgung mit notwendigem Heizmaterial erteilt. Schon hatte der Kölner ein passendes Wort dafür gefunden: „Mer jon fringsen!" Gesegnetes Köln, das seine Schwierigkeiten in so unverfängliche Wortspiele verpacken kann!

So jedenfalls hatten die Zeitungen die Worte von Kardinal Frings wiedergegeben, oberflächlich und sensationell wie meistens, und haben ihm damit große Unannehmlichkeiten bei den Besatzungsämtern bereitet. Die wirklichen Worte seiner Predigt vom Sylvesterabend 1946 waren folgende: „Beim siebten Gebot habe ich gesagt, wir leben in einer Zeit, in der die öffentliche Gewalt mehr Rechte über das Eigentum hat als in gewöhnlichen Zeiten, weil heute die Not so groß ist. Auch der Einzelne, wenn er in Not ist, kann, um sein Leben und seine Gesundheit zu erhalten, das nehmen, was er dazu nötig hat, wer aber mehr nimmt als das Notwendige, versündigt sich gegen das siebte Gebot und wird einmal darüber vor unserem Herrgott Rechenschaft ablegen müssen."

Was folgte war eine höchstnotpeinliche Untersuchung durch den englischen Zivilgouverneur Asbury.

Der Verkauf von Lebensmitteln auf Marken begann sich in Köln schon zu lockern. Die drohende Währungsreform, die Angstsekunde für alle, die noch Bares auf der hohen Kante hatten, konnte jeden Augenblick einsetzen. Plötzlich waren die Geschäfte voller Waren, die schon lange, auch auf Marken, nicht mehr zu bekommen gewesen waren. Schuhe, Stoffe, lauter unerreichbare Dinge von denen man geträumt hatte, sie wurden freundlichst angeboten, die verborgenen Keller öffneten sich, um schnell noch etwas zu retten. Glücklich schätzte sich einer, dem es gelang, ein paar Tausender für Gleichstromaggregate unterzubringen, nur, leider, erwies es sich bald, dass es nur noch Wechselstrom gab, der Glückliche hatte einen Tausch gemacht wie Hans im Glück. Plötzlich blieben alle Banken geschlossen. Jeder Bürger erhielt 40 Deutsche Mark zur Überbrückung. Der Umtausch von zehn zu eins war ein entsetzlicher Schlag für alle, die Geld beiseite gelegt hatten. Auf Peters Hilfe konnte ich nicht mehr rechnen.

Das einzige Kapital, das ich besaß, auf das ich mich verlassen konnte, war meine geschickte Hand als Zeichnerin und mein Wille, nicht unterzugehen.

In Landshut, ohne nennenswerte Industrie oder Verlage, einer Bilderbuchstadt, die von der Landwirtschaft ihres Hinterlandes lebte, gab es keine Arbeitsmöglichkeiten für mich, das war offensichtlich. Auch in München, wo es mehr Künstler als Industrie gab, waren meine Versuche erfolglos. „Unsere Künstler antichambrieren vier Wochen, ehe sie zur Redaktion vorgelassen werden." Das erfuhr ich nach einem Vormittag sinnlosen Wartens. In Köln genügte ein Besuch in meinem alten Verlag DuMont Schauberg, wo man mich herzlich begrüßte.

So führte mein erster Weg, kaum dass ich wieder in Köln war, zur Breite Straße. Reichlich mitgenommen waren die Gebäude. Aber das Kernstück war noch intakt. Das uralte Treppenhaus mit den ausgetretenen Stufen, wie oft war ich dort klopfenden Herzens hinaufgestiegen. Die Redaktionsräume, das eiserne Geländer, und vor allem der Geruch nach Druckerschwärze, das Rumoren der Rotationsmaschinen, das war heimatlich für mich. Das bewegte Leben zwischen der Gedankenschmiede und der Druckerei! Einer der damaligen Redakteure war inzwischen zum Pressechef der Stadt avanciert, Dr. Hanns Schmitt-Rost, ein hilfreicher Wechsel für mich, der mir manchen Weg geebnet hat.

Arbeit gab es sofort, denn das Dom-Fest, 700 Jahre Kölner Dom, fiel in diese Zeit.

Was für Bilder!

Durch die grauenhafte Öde der ehemaligen Hauptstraßen, vom aufwirbelnden Staub im Glanz der Sonne flimmernd, vorbei an den verarmten Bürgern, die die Straßen säumten oder auf bizarren Stümpfen halbverbombter Bäume wie Vögel hockten, zog die Prozession der Würdenträger aus der ganzen Welt. Sie waren alle gekommen, die Popen, die Kardinäle, schwarz oder weiß, die Bischöfe und höchste Würdenträger der Christenheit. Der Gegensatz des Gepränges der goldstrotzenden Gewänder, der von Edelsteinen blitzenden Kronen und Tiaren, das Purpurrot der Kardinalshüte zu dem schmuddeligen Grau der Umwelt war unbeschreiblich. Welche Gedanken mögen die Kirchenfürsten aller christlichen Glaubensbekenntnisse während ihrer gemurmelten Gebete bewegt haben? Dachten sie wohl daran, wie wenig ihre Arbeit geholfen hat, das millionenfache Morden aufzuhalten? Waren sie sich sicher, genug getan zu haben, um die Verzweiflung aufzufangen, mit der die Menschen nicht fertig wurden? War es genug, sich Christ zu nennen? Und doch war der Glaube noch immer stark genug, das Knie zu beugen und zu beten: Großer Gott wir danken Dir!

Inzwischen hatte ich genügend Einblick in die wirtschaftliche Situation gewonnen, um meinem Mann zu schreiben, welche hervorragenden Möglichkeiten sich hier für ihn mit seiner Berufserfahrung bieten würden. Es fehlte an Fachleuten. Auch war er ja immer noch Juniorchef in der Firma meines Vaters. Mein Vater war sehr gealtert, aber voller Energie betrieb er den Wiederaufbau seiner geliebten Firma. Aber aus Landshut und München hörte ich, wenn überhaupt, nur Berichte von fabelhaften weltweiten Angeboten, die sich aber immer im Nebulösen auflösten, nur kein Geld. Die vagen Erzählungen irritierten mich. Zum ersten Mal bekam ich so etwas wie Existenzangst. Die bayerische Gemütlichkeit hatte ihn wohl eingesponnen. Schließlich schickte ich die vielen, teils flehenden, teils beschwörenden Briefe nicht mehr ab. Sie nützten nichts und verletzten meinen Stolz.

Ein Vers von Else Lasker-Schüler: „Aber du kamst nicht mit dem Abend. Ich stand in goldenen Schuhen..."

****

Landshut, den 24.8.48

Liebe Urs
ich habe – nach zwei Wochen bangem Warten – deine ersten Lebenszeichen von Köln erhalten, dann noch deine zwei Briefe, ferner Mischas Brief und die Zeilen von Vater. Sage beiden meinen Dank.
Was deine beiden Briefe betrifft, kann ich im Augenblick nur sagen, dass sie mir sehr ins Herz gegangen sind. Deine Worte und deine dahinter stehenden Gefühle kommen aus einer sehr hohen Warte und haben den im Dunkeln Stehenden und Ringenden noch mehr in die Wirrnis seiner Gefühle und Überlegungen gestürzt. Du musst mir noch Zeit lassen, dir zu antworten, nicht um meinetwillen, sondern um deinetwillen. Denn es geht hier nicht um mich, sondern um dich. Ich möchte nicht zu aller meiner Schuld noch die größte

auf mich laden, dich für die weiteren Jahre deines Lebens unglücklich zu wissen.

Von hier aus ist – leider — weder Gutes noch Schlechtes zu berichten. Ich bin sehr deprimiert, weil ich geschäftlich nur langsam vorwärts komme, und die finanzielle Situation langsam verzweifelt wird. Noch ist die Augustmiete nicht bezahlt! Dabei arbeite ich wie ein Pferd, die Aussichten sind denkbar günstig, aber alles braucht entsetzlich viel Zeit.

Die Schulen in Landshut bleiben weiterhin geschlossen wegen der Kinderlähmung. Ich lege einen Zeitungsausschnitt bei, der über die medizinische Situation aufklärt. Reitberger und Frau gehören auch zu den Opfern! Es ist also ratsam, zunächst noch mit Mischa in Köln zu bleiben.

Seit Wochen regnet es in Strömen, alles ist grau in grau. Entsprechend ist die Stimmung.

Grüße alle und sei selbst gegrüßt.

Peter

****

„Geh an deine Arbeit!", das war wieder einmal mein Stichwort. So stürzte ich mich in die Arbeit für die Kölnische Zeitung und andere Zeitungen und Verlage. Aber die Pressezeichnung verlangte, dass ich noch in der gleichen Nacht nach einer Aufführung die druckreife Zeichnung zur Redaktion brachte. Zu Fuß, versteht sich, wie denn sonst. In einer Nacht kam ich erst gegen 23 Uhr nach Hause. Mischa lag in seinem Bettchen, tränenüberströmt. Grund: Der Lehrer hatte in der Kölner Schule gesagt: „Heute Nacht geht die Welt unter." Eine Diskussion mit dem Lehrer erübrigte sich, wie immer handelte ich sofort, denn dass es so nicht weiterging, war offensichtlich. Von guten Freunden hörte ich von einem hervorragenden Internat im Odenwald nur Gutes. Wir fuhren dorthin. In den Wald hineingebaut lagen die kleinen Häuser, jedes eine „Vollfamilie" beherbergend, Schüler und Schülerinnen aller Altersgruppen, alle jeweils unter der Obhut einer Lehrerfamilie. Im Park lag eine etwas abschüssige Wiese. Mischa rollte sich da herunter und rief: „Mammi, wenn sie mich nehmen, hier bleibe ich!" Endlich war er wieder auf dem Lande und im Wald, wie er es immer gewohnt gewesen war. Der Odenwaldschule ist er noch heute verbunden und dankbar. So wie ich auch.

Die ersten Monate des erträumten Wiederaufbaus waren die kummervollsten meines Lebens. Noch immer war ich unzugänglich und innerlich versteinert durch den Tod meines Kindes. Jedes Gespräch darüber lehnte ich ab. Ich hatte sie in mir begraben und niemand durfte daran rühren. Es war mir nicht bewusst, dass ich mich an der Hilfsbereitschaft der Menschen versündigte. Schmerz ist ein Egoismus, ebenso wie Glück. Aber es lernt sich langsam und voller Unrecht ist man, auch dem Sohn gegenüber. Vorbei, vorbei –
Ich betäubte mich mit der Arbeit für die Zeitung. Eine wunderbare Aufgabe bot sich mir an: Durch die anfänglich noch schwierige Situation der Fotografen, und wohl auch durch die noch etwas unvollkommene Reproduktion von Fotos im einfachen Zeitungsdruck, waren meine Zeichnungen, die sich durch die Knappheit des Strichs, die Prägnanz des Augenblicks besonders für die Tagespresse eigneten, sehr gefragt. Möglich, dass es meine eigene Erfindung war, auf jeden Fall wurde ich zu jeder Theaterpremiere geschickt, zu jedem Konzert eines berühmten Dirigenten, zu jedem bekannten Tänzer auf Tournee, ich war dabei und skizzierte und zeichnete, teils im Dunkel des Zuschauerraumes, teils und oft bei den Generalproben. Es waren so interessante Themen, ausgehungert wie wir nach den „verbotenen" ausländischen Stücken wie denen von Sartre waren. Pro Zeichnung erhielt ich fünf bis zehn Mark. Ob der Verdienst meinem Arbeitseinsatz gerecht wurde, habe ich nie überprüft: Vom frühen Morgen an war ich unterwegs, zum Nachdenken kam ich da nicht. Ein Nuntius aus Rom hielt eine Predigt. Foto unmöglich. Aber die Zeichnung erschien. Der Komponist Pierre Boulez erlaubte mir, ihn sogar in der Garderobe zu porträtieren. Der Tänzer Harald Kreuzberg, wie habe ich seine Figurinen geliebt und

Buchillustration

verewigt. – Stundenlang saß ich im Theater, kannte alle Schauspieler, Skizzenbücher voller Studien, plötzlich dazwischen ein Eishockeymatch, das Schnellste, was ich je gezeichnet habe. Pferderennen, Zoo, Hundeausstellung. Aber auch die neuen Autos, die neue Superkonstellation der Lufthansa. Gab es etwas, was ich nicht gezeichnet habe?

Nur sehr langsam lernt man mit dem Alleinsein und dem Kummer umzugehen. Aber ich brauchte mich nur umzusehen, um ringsum die gleichen Probleme, die ähnliche Trauer zu entdecken. Ich gehörte zu den Glücklichen: Ich fand eine Wohnung, die ich mit der großzügigen Hilfe meines Vaters

Theaterzeichnung

ausbauen konnte, meine Arbeit war eine Freude und die Erfolge halfen auch finanziell. Meinen Sohn wusste ich für seine Ausbildung in der Odenwaldschule in den besten Händen, ich konnte ruhig schlafen. Und langsam heilte auch die Wunde, die Landshut mir geschlagen hatte. Es war ja nicht nur mein Mann, der sich verändert hatte. Hatte er sich verändert? Hatte ich ihn nicht in den sechs langen Kriegsjahren, bei nur drei Mal Kurzurlaub, in meinen Gedanken zu einer Kultfigur hochstilisiert? Wie sollte er dem genügen, was man sich in den langen Träumen vorgestellt hatte. War es nicht verständlich, diesen Ansprüchen auszuweichen, eine bequemere Umgebung zu suchen? Es war ja nur Papier, das uns in den sechs Jahren zusammen hielt, und ich selbst hatte mich grundlegend verändert.

War ich ein anlehnungsbedürftiges kleines Mädchen gewesen, so hatte ich inzwischen gelernt, die Entschlüsse für die Familie zu übernehmen, ob falsch oder richtig, es blieb meine Verantwortung. Und es gab nur Eines für mich: nicht meinem Sohn die besten Möglichkeiten zu bieten – denn ich hatte keine – aber zu zeigen, welche Möglichkeiten die Welt vor ihm ausbreitet. Und er hat sie genutzt.

Meine Arbeiten, die ich für die geplante Ausstellung im Kölnischen Kunstverein vorgesehen hatte, konnte ich inzwischen noch ergänzen, auch zur Zustimmung von Dr. Haubrich. Die Formate unserer Künstler hielten sich noch in Grenzen, gedrosselt durch allerlei äußere Schwierigkeiten. So konnte der Kunstverein in der Hahnentorburg seine Räume zwei Künstlern öffnen, und meinen Zeichnungen angepasst wurden noch Zeichnungen über und aus Hiroshima ausgestellt. Als die Eröffnung endlich stattfand, auf die ich so sehnsüchtig gewartet hatte, war ich wieder einmal auf Wolken schwebend. Nie wieder bei den vielen nun folgenden Ausstellungen war ich über einen Erfolg so glücklich wie zu diesem Tag. Nach all den Schwierigkeiten, Hemmnissen, Zweifeln und Umwegen. Jetzt hing quer über dem Tor ein fünf Meter langes Schild mit meinem Namen: Ursula Kluth. Endlich. Und ich freute mich am meisten darüber für meinen Vater. Er war so stolz.

Endlich konnte ich ihm beweisen, dass ich den für mich richtigen Weg gegangen war. Endlich erhielten meine Zeichnungen den ihnen als ernsthafter Kunst zugemessenen Wert, nicht nur im spröden, kommerziellen Zeitungsdruck, in den mir mein Gemüse eingewickelt wurde.

Harald Kreuzberg

1949

An die Stadt Köln

Als ich hierher kam, standen die Bäume noch voll im Saft. Sie wurden golden und braun, und ich blieb in der Stadt. Die letzten Blätter sanken lautlos, und es schwangen die leeren Zweige vom schweren Abflug der Krähen. Und wieder füllt sich das Jahr mit dem Schmuck des Sommers, und aus verbrannten Baumskeletten sprießt üppig das Laub.

Was ist es, was mich hier hält, in der Öde einer zerstörten Stadt, farblos und ohne Reiz, zwischen dem Staub vermodernder Steine und dem Gewirr verbogener T-Träger und verrosteter Wasserrohre, die ihre bizarren Formen vor den Himmel strecken wie die Drahtplastiken moderner Künstler oder den filigranen Untergrund einer abstrakten Zeichnung. Was hält mich stärker hier, als es jemals das heilige Meer der Alten vermochte, wenn es mir die Füße spülte, oder der Berge reiner Wind, der nichts Trübes im Geiste duldet? Was macht das Herz gerade hier so leicht und lässt mich meine Wege hier beschwingter gehen, mühsame Wege über Haufen von Müll und Schutt durch lehmige, aufgeweichte Straßen, die einmal in der Welt Geltung und Namen hatten, und heute kaum die Bedeutung eines Feldweges haben?

Ruhelos ging der Fuß über das staubige, harte Gras der Campagne, glitt mit nackter Sohle über die heißen Kiesel, auf deren glattem Rund das Salz seine schimmernde Kruste zurückließ. Mühte sich auf der brüchigen Lava, die, auf ihrem Wege erstarrt, wie gedrehte Taue zu seltsamen Formen verschlungen war. Eilte weiter zu den Tempeln, die aus verbrannter Erde wachsen, ein letzter Gruß Europas zu einem anderen Erdteil hinüber. Ruhelos suchten die Augen an fremden Himmeln das Gelb und das Violett, das uns die feuchte Luft der Heimat nicht geben kann. Und ohne Rast fuhren die Hände die bizarren Formen nach, die weichen Konturen ferner Horizonte, die andere Länder verschwenderisch für uns bereit hielten, und das Ohr sammelte in seiner Höhlung die süßen und verlockenden Laute anderer Völker, wie Tritons Sang in des Meeres Muscheln.

Nirgends war ein Bleiben, wie voll das Leben auch in jeder Stunde war, am Ende jeder Wanderung floss immer wieder der breite, arbeitsame Strom, verschwammen die Brücken in silbernem Nebel, stand vor dem matten Himmel die Silhouette dieser Stadt.

Der Strom und die Stadt waren noch zu finden, als ich zum letzten Mal wieder kam, aber die Silhouette war zersplittert wie ihr Spiegelbild, wenn eine raue Hand den Wasserspiegel zerstört.

Und dennoch, glücklich der Mensch, der seinen Fuß noch auf Heimaterde setzen darf, wenn auch von seinem Haus nur die Leere blieb, unendlicher Raum, dessen begrenzende und schirmende Mauern zu einem Haufen zerbröckelnder Steine wurden. Hier ist der Boden seiner Kraft, hier sind noch die lebendigen Wurzeln, und wer es versteht, sie mit liebender Hand aus den Trümmern zu graben, dem grünt das erste zarte Reis der Hoffnung wieder.

Heimat ist Jugend, ist Erinnerung, die leuchtet und blutet in unserem Herzen. Von einem Haus blieb nur ein schmaler Streifen Mauerwerk, aber das Fenster ist noch da, und des Himmels Fahnen leuchten da hindurch, wo einmal ein Kind gestanden hat, mit großen Augen auf das Gepränge eines Fronleichnamszuges schauend. Verkohlte Säulen, einmal den Anschein von Marmor täuschend, zeigen ihr Inneres wie ein Gerippe, wie den trügerischen Schein des Lebens selbst. Dort saß man einmal, und lernte zum ersten Mal den Schmerz der Enttäuschung hinter einem Lächeln zu verbergen. Mitunter ist nur noch der Bordstein einer Straße vorhanden, und selbst das ist noch Erinnerung und reißt an unseren Herzen mit dem Schmerz, den Unwiederbringliches uns zufügt.

Dies ist es, was mich hier hält, zwischen zerborstenen Kirchen, zwischen armseligen Baracken und kühnen Geschäftshäusern, zwischen zusammenstürzenden Ruinen und rastlos wachsenden Neubauten, wo Stein auf Stein sich fügt – ein Stein zu sein, der eine der tausend Wunden schließen hilft.

Ursula Dietzsch-Kluth